Führen ohne Auftrag

C

Roger Fisher ist Direktor des Harvard Negotiation Project und emeritierter Professor der Rechtswissenschaft an der Harvard Law School. Er ist Gründer zweier Consulting-Firmen. Sein Bestseller *Das Harvard Konzept. Sachgerecht verhandeln – erfolgreich verhandeln* (Campus, 16. Auflage 1997) wurde weltweit über zwei Millionen Mal verkauft. 1997 erschien von ihm bei Campus *Arbeitsbuch verhandeln. So bereiten Sie sich schrittweise vor* (zusammen mit Danny Ertel).

Alan Sharp ist Management-Berater, Team-Trainer und Mitglied der Geschäftsführung der dänischen Consulting-Firma Coverdale Scanas.

Roger Fisher, Alan Sharp

unter Mitarbeit von John Richardson

Führen ohne Auftrag

Wie Sie Ihre Projekte im Team erfolgreich durchsetzen

Aus dem Englischen von Kerstin Dietrich

Campus Verlag
Frankfurt/New York

Die amerikanische Ausgabe »Getting it Done.« erschien zuerst 1998 bei HarperCollins
Publishers, Inc., New York.

Die Deutsche Bibliothek – CIP-Einheitsaufnahme

Fisher, Roger:
Führen ohne Auftrag : wie Sie ihre Projekte im Team erfolgreich
durchsetzen können / Roger Fisher ; Alan Sharp. – 2. Aufl. – Unter Mitarb. von
John Richardson. Aus dem Engl. von Kerstin Dietrich. – Frankfurt/
Main ; New York : Campus Verlag, 1998
Einheitssacht.: Getting it done <dt.>
ISBN 3-593-36028-4

2. Auflage 1999

Umschlaggestaltung: Guido Klütsch, Köln
Umschlagmotiv: The Image Bank
Satz: Fotosatz L. Huhn, Maintal-Bischofsheim
Druck und Bindung: Druckhaus Beltz, Hemsbach

Inhalt

Danksagung 7

Einführung
Warum dieses Buch? 11

Teil I
Der große Entwurf
15

Kapitel 1
Wie wir es schaffen können 17

Kapitel 2
Laterale Führung 30

Teil II
Die Grundelemente effektiven Arbeitens
57

Kapitel 3
Zielsetzung: Die Formulierung erfolgversprechender
Etappen zur Umsetzung von Visionen 59

Kapitel 4
Denken: Machen Sie sich die Kraft organisierten
Denkens zunutze 104

Kapitel 5
Lernen: Denken und Handeln integrieren 146

Kapitel 6
Jeder ist »engagiert«: Alle bekommen eine wichtige Rolle
zugeteilt 174

Kapitel 7
Feedback: Drücken Sie Anerkennung aus –
und geben Sie Rat 201

**Teil III
Die Summe der Erfahrungen
231**

Kapitel 8
Setzen Sie Ihre persönlichen Fähigkeiten systematisch ein   233

Kapitel 9
Und wenn Sie der Chef sind? 241

Kapitel 10
Entschließen Sie sich zur Hilfsbereitschaft 248

Analytisches Inhaltsverzeichnis 253

Danksagung

Im Verlauf der letzten sieben Jahre hat dieses Buch nach und nach Gestalt angenommen. Die darin enthaltenen Gedanken machen wir uns dagegen schon seit etlichen Jahrzehnten zunutze. Im Laufe der Zeit haben viele Menschen unsere Methoden durch ihre Gedanken bereichert. Auf zahlreiche Fußnoten haben wir nicht deshalb verzichtet, um etwa alle vorgetragenen Ideen als unsere eigenen auszugeben, sondern weil wir so viele Gedanken aufgegriffen und weiterverwendet haben, daß es uns schließlich unmöglich erschien, alles seinen Urhebern zuzuordnen. Hiermit soll allen gedankt werden. Einigen jedoch gebührt besondere Erwähnung.

Wir, die Autoren dieses Bandes, lernten uns um das Erscheinungsdatum des Buches *Das Harvard-Konzept* herum kennen. Herb Behrstock vom Entwicklungsprogramm der Vereinten Nationen machte uns miteinander bekannt. Er besaß bereits einige Kenntnis unserer jeweiligen Arbeitsgebiete und hatte den Eindruck gewonnen, daß wir ein fruchtbares Team ergeben würden. Unser erster Dank gilt also Herb. Ohne ihn wären wir niemals zusammengekommen, wäre auch dieses Buch niemals geschrieben worden.

Der Schwerpunkt von Rogers Arbeit hatte vor allem mit der Frage zu tun: »Auf welche Weise können Menschen am besten mit ihren unterschiedlichen Einstellungen umgehen?« Im einzelnen war dann jeweils die Frage zu beantworten: »Welchen Rat müssen wir jeder Seite geben, damit die Auseinandersetzung für beide Teile zufriedenstellend sein kann?« Die Antwort lautete: »Sachgerechtes Verhandeln«, das heißt, eine praktische Methode an die Hand zu geben, um Verhandlungsergebnisse zu erreichen, ohne daß eine Seite nachgeben muß.

Bei Alans Arbeit stand folgende Frage im Mittelpunkt: »Welchen Rat kann man Leuten geben, die bereits auf derselben Seite stehen, die aber die Art und Weise ihrer Zusammenarbeit verbessern möchten – um bessere Resultate zu erzielen und das Gefühl zu bekommen, ihre Fähigkeiten so gut wie möglich umgesetzt zu haben?«

So taten wir uns zusammen, um für die verwandten Probleme eine gemeinsame Fragestellung zu finden: »Welchen Rat können wir einer Person – gleich welcher Position – geben, die erreichen möchte, daß die Arbeit ihrer Gruppe effektiver wird?« Damit ist ein Dilemma angesprochen, mit dem Angestellte, Chefs und Kollegen, Familien wie Unternehmen, sogar Nationen jeden Tag aufs neue konfrontiert werden. So versuchten wir, einen Ausweg aus diesem Dilemma zu finden, indem wir unsere jeweiligen Erfahrungen kombinierten, um dann die Methode des ›lateralen Führungsstils‹ zu entwickeln, also der Kunst, die Führung von der Seite aus zu übernehmen. Jeder kann sich dieser Methode bedienen, um die Zusammenarbeit einer Gruppe zu fördern. Bevor wir damit begannen, unsere Gedanken in einem Buch darzulegen, haben wir sie mit vielen Menschen zusammen erprobt. Mit großer Dankbarkeit erkennen wir hier die Vorschläge und Kommentare dieser Menschen an.

Alan möchte an dieser Stelle seinen tiefen persönlichen Dank ausdrücken, den er gegenüber dem verstorbenen Ralph Coverdale empfindet, der ihm zuerst die Gelegenheit zur Tätigkeit auf diesem Feld gab. Der verstorbene Bernard Babbington Smith war viele Jahre lang Alans Mentor. Gemeinsam haben die erwähnten Wissenschaftler das Konzept des *Coverdale Training* entwickelt. Viele wichtige Gedanken, die in dieses Buch eingeflossen sind, gehen auf sie zurück. Dank gebührt in diesem Zusammenhang auch Alans dänischem Kollegen Flemming Madson, der jahrelang mit Alan zusammen an einigen dieser Konzepte arbeitete.

Chris Thorne verbrachte mehr als einen Sommer damit, unsere ursprünglichen Konzepte in Worte zu kleiden und den ersten Entwurf zu einem Band zu gestalten, aus dem nach etlichen Jahren der Metamorphose dieses Buch wurde. Obwohl besagter Entwurf in seiner Urform so gut wie verschwunden ist, ist jedoch die Wirkung von Chris' Beiträgen das ganze Werk hindurch zu spüren.

Unsere Söhne – Kevin und Neil Sharp sowie Peter und Elliot Fisher – haben unser Werk überarbeitet und uns bei der Verbesserung vieler Grundideen geholfen. Wir sind ihnen dankbar für den beständigen, fruchtbaren Austausch.

Doug Stone hat jahrelang mit uns beiden zusammengearbeitet. Am Anfang dieses Projekts hat er lange Stunden des Brainstormings mit uns gemeinsam verbracht. Am Ende war er uns beim Lesen der Druckfahnen behilflich, so daß er uns während des gesamten Arbeitsprozesses eine unschätzbare Hilfe war.

Jeff Weiss von der Conflict Management Inc. hat viele unserer Entwürfe studiert und uns dabei manchen guten Ratschlag gegeben. Er leitete einen Sommerkurs an der Harvard Law School auf der Grundlage dieses Buches und half uns, die Konzepte zugänglicher zu machen. Es war stets eine Freude, mit ihm zusammenzuarbeiten.

Wayne Davis las einige Entwürfe und erwies uns einen großen Dienst, indem er uns überzeugte, was wir nicht hinauswerfen sollten. Sein Enthusiasmus und seine Ermutigungen kamen immer genau dann, wenn wir sie am nötigsten brauchten.

William Jackson, der, bevor er Anwalt wurde, mehrere Jahre lang in Vollzeit für Roger tätig war, steuerte neben der Bewältigung zahlreicher anderer Aufgaben unermüdlich seine Energie, seine Fähigkeiten und seine Einblicke zu diesem Projekt bei.

Sheila Heen gab uns Ratschläge hinsichtlich der besseren Lesbarkeit des Textes und half uns, ihn weniger ›sexistisch‹ klingen zu lassen. Sollte es dennoch Passagen geben, die ein wenig altmodisch klingen, so hat Sheila sicherlich zumindest versucht, uns eines besseren zu belehren.

Die Verwaltungsassistentin des Negotiation Project, Lori Goldenthal, verbrachte unzählige Stunden damit, den Text einzugeben und zu formatieren. Vor allem gab sie das beste Beispiel für eine Mitarbeiterin ab, die, ohne formale Autorität zu besitzen, ihren Chefs wertvolle Ratschläge geben und damit deren Dankbarkeit hervorrufen konnte. Sie hat Cambridge verlassen, und wir vermissen sie sehr.

Caroline Fisher hat uns über einige lange Sommer auf Martha's Vineyard beherbergt, wo der größte Teil der Arbeit getan wurde. Viele Jahre lang mußten sie und Marie Sharp mit arbeits- und schreibwütigen Ehemännern klarkommen. Ihre kritischen Beiträge genießen unsere tiefe Wertschätzung.

Kirsten Sandberg, Dave Conti und Janet Dery vom Verlag Harper versorgten uns mit guten Ratschlägen, wie dieses Buch lesbarer gestaltet werden konnte. Ihnen sind wir zu Dank verpflichtet – und das nicht nur, weil ihre Ideen gewiß dazu führen werden, daß mehr Menschen Zugang zu den Inhalten dieses Buches finden.

Für John Richardsons unschätzbaren Beitrag Worte zu finden, ist sehr schwierig. Das Buch ›mit‹ ihm geschrieben zu haben, würde suggerieren, daß er ein ›Ghostwriter‹ sei, der unsere Namen und Ideen verwendet habe, um das Buch selbst zu schreiben. Auch ein ›Lektor‹ war er nicht, denn das würde bedeuten, daß er unsere Gedanken in die richtige Form gebracht hätte, ohne eigene Ideen einzubringen. John schrieb jedoch erste Entwürfe zu einigen Kapiteln, er schrieb jedoch einige unserer Entwürfe um, trug Geschichten und Beispiele bei und half, das Ideengerüst aufzubauen. Der Begriff ›Co-Autor‹ trifft seine Arbeit vielleicht am besten. Danke, John.

Roger Fisher, Alan Sharp,   Februar 1998

Warum dieses Buch?

Kennen Sie die Frustration, die entsteht, wenn man gezwungen ist, zusammen mit anderen eine Aufgabe zu lösen, obwohl hierzu nichts organisiert ist? Dann ist dieses Buch genau das richtige für Sie.

Wahrscheinlich sind Sie mit einer Situation, wie sie nachfolgend wiedergegeben ist, bestens vertraut:

Joe: Ich habe über diese Aufgabe nachgedacht, und ich weiß jetzt genau, wie wir die Sache angehen müssen.

Sally: Warte. Erst möchte ich gern wissen, warum wir diese Arbeit überhaupt machen.

Joe: Das ist doch vollkommen klar. Der Chef ist mit der gegenwärtigen Situation unzufrieden.

Charlie: Nun gut, dennoch möchte ich einen Zeitplan erstellt haben, bevor wir anfangen.

Bill: Okay. Bis wann müssen wir diese Aufgabe erledigt haben?

Christine: Bevor wir das klären: Trägt irgend jemand die Verantwortung für diesen Job?

Bill: Drückst du damit aus, daß du die Verantwortung tragen willst?

Christine: Nein, das nicht. Ich frage nur, ob jemand die Verantwortung trägt – und falls nicht, ob jemand sie übernehmen sollte.

Joe: Ich weiß nicht, wie es den anderen geht, aber ich kann nicht den ganzen Tag mit dieser Sache zubringen. Ich habe noch eine Menge andere Dinge zu tun.

Sally: Ich bin noch immer nicht ganz sicher, was wir hier eigentlich tun sollen.

Und so geht es weiter, bis irgendein Fortschritt zu verzeichnen ist – oder bis die Zeit ausgeht. Dann denkt so gut wie jeder beim Hinausgehen, wie wenig doch erreicht wurde und was für eine Zeitverschwendung das Ganze doch war. Vielleicht waren Sie schon des öfteren in solch einer Lage, als Ihnen lieb ist. Das wirft jedoch kein schlechtes Licht auf Sie, denn nahezu jedem ist dies so schon ergangen.

Denken Sie noch einmal über die eben geschilderte Szene nach. Was braucht diese Gruppe eigentlich? In sehr vielen Antworten taucht der Begriff ›Führung‹ auf. Dann heißt es etwa: »Kein Wunder, daß die nichts schaffen. Es gibt niemanden, der die Verantwortung hat.« Unserer Erfahrung nach können Führungspersönlichkeiten mit ihrer Autorität vieles erreichen, bessere Zusammenarbeit auf Befehl gehört jedoch nicht dazu.

Dieses Buch möchte Ihnen dabei helfen, zusammen mit anderen Ergebnisse zu erzielen. Es handelt sich dabei nicht um Dinge, die eine Führungspersönlichkeit mit ihrer Autorität erreichen kann, sondern um die Dinge, die Sie persönlich erreichen können. Es handelt sich auch nicht um denkbare Ziele, die möglich sind, sondern ›nur‹ um ein einziges, wesentliches: das Ziel guter Zusammenarbeit. Es gilt, brauchbare Resultate zu erreichen, wenn Sie mit anderen zusammenarbeiten.

Ob Sie es dabei jeweils schaffen, Ihre Kollegen in die richtige Richtung zu stoßen, hängt stark davon ab, wie genau Sie wissen, in welche Richtung sie gestoßen werden müssen.

Eine alte Anekdote aus der Welt der Eisenbahn handelt von einem Experten, der zu einer brandneuen Diesellokomotive gerufen wurde, weil sie trotz aller Bemühungen des Lokführers einfach nicht anspringen wollte. Der Experte traf ein, untersuchte die Lage und versetzte der Lokomotive schließlich einen leichten Hammerstoß. Sofort sprang die Lokomotive an. Die Eisenbahngesellschaft erschrak jedoch über die Höhe der Rechnung, die der Experte danach stellte. Sie betrug 1.000 $. Nachdem die Eisenbahngesellschaft den Experten gebeten hatte, die Rechnung zu erläutern, unterbreitete der Angesprochene folgende Spezifikation:

- Schlagen der Lokomotive mit einem Hammer .... $ 10
- Das Wissen um die richtige Stelle beim Zuschlagen .... $ 990

12

Mit der Herbeiführung guter Zusammenarbeit verhält es sich ganz ähnlich. Der genaue Schritt, den Sie dabei letztlich unternehmen, ist jeweils nur der geringere Teil der betreffenden ›Kur‹.

Wir nehmen an, daß Sie – ungeachtet des Autoritätsgrades, der mit Ihrer Position verbunden ist – die Kraft in sich spüren, Führung zu übernehmen. Immer wieder stellen Sie fest, daß Sie die Dinge zum Besseren kehren, indem Sie Fähigkeiten einsetzen, die wir ›laterale Führungsfähigkeiten‹ nennen.

Das Ziel dieses Buches ist es, Sie in die Lage zu versetzen, eine sehr gute Zusammenarbeit zwischen Ihnen und Ihren Kollegen zu erreichen – eine Zusammenarbeit, die zu hervorragenden Ergebnissen führen wird. Sie können dies erreichen, ohne Autorität über Ihre Kollegen zu haben, und zwar durch ›seitliche‹, eben laterale Führung. Die hierbei praktizierte Methode setzt sich aus drei Grundschritten zusammen: Der erste Schritt ist die Organisation und die Herausbildung Ihrer persönlichen Fähigkeiten, Dinge selbst zu erledigen. Der zweite Schritt besteht in dem klaren Verstehen Ihres strategischen Zieles, aufgrund von gezielter Organisation einen Weg zu finden, die Arbeit mit anderen zusammen zu erledigen. Beim dritten Schritt werden schließlich einige Taktiken der partizipatorischen Führung erlernt. Dabei geht es für Sie um das Begreifen von Techniken, mit deren Hilfe Sie – als gleichberechtigtes Mitglied einer Gruppe – Fragen stellen, Angebote machen und andere Dinge tun, welche die übrigen Mitglieder der Gruppe dazu anregen, die Zusammenarbeit zu verbessern.

Diese drei Schritte kann man mit der Herausforderung vergleichen, welcher sich ein Jazz-Musiker ausgesetzt sieht, der den Sound seiner Band harmonisieren möchte. Zuerst sollte er bestrebt sein, seine Fähigkeiten im Solospiel zu entwickeln. Sodann muß er verstehen lernen, was guten Gruppen-Jazz ausmacht – Harmonie, Kontrapunkt – und welche Art von Hintergrundmusik den Klang jedes einzelnen Solisten am besten unterstreicht. Erst danach ist er in der Lage, die Mitglieder seiner Band dazu zu bringen, am Erreichen eines besseren Zusammenspiels zu arbeiten.

Wir sind davon überzeugt, daß Sie wie andere, die in einem Geschäft, einer Organisation, einem Komitee oder einer anderen Form gemeinsamer Aktivität tätig sind, Handlungsweisen finden können, welche die Art und Weise, in der gemeinsame Ergebnisse erreicht werden, entscheidend verbessern können.

Teil I

Der große Entwurf

Kapitel 1

Wie wir es schaffen können

Gleichgültig, ob Sie leitender Angestellter, Berater, Belegschaftsmitglied, Gewerkschafter oder Regierungsbeamter sind – in keinem Beruf werden Sie je in der Lage sein, alle Aufgaben allein zu bewältigen. Vielmehr benötigen Sie Untergebene, Kollegen, Vorgesetzte, Lieferanten oder Kunden – allesamt Leute, von denen Sie tagtäglich abhängig sind. Noch nicht einmal ein Schriftsteller kann ganz allein arbeiten, denn er braucht Lektoren und Herausgeber. Nur einem Einsiedler ist es möglich, gänzlich auf andere zu verzichten; der Rest der Menschheit ist auf gute Zusammenarbeit angewiesen.

Nun läßt sich aber eines nicht leugnen: Zusammenarbeit ist ziemlich schwierig. Roboter am Fließband sind so konstruiert, daß sie präzise aufeinander abgestimmt sind und somit »ohne Bruchstelle« zusammenarbeiten. Bei Menschen ist das nicht der Fall. Jeder von uns hat seine eigenen Gedanken. Und im Gegensatz zu Robotern haben wir alle unsere Gefühle – wir spüren Ärger, Vertrauen oder Unsicherheit, Freundschaft oder Eifersucht. Außerdem bilden wir unsere Urteile darüber, was wir für unfair oder fair, richtig oder falsch halten. So ist es ganz selbstverständlich, daß die Zusammenarbeit zwischen mehreren Individuen nicht gerade einfach ist.

Zwei geläufige Symptome

Die Zusammenarbeit ist schwach

Viele Leute verlieren den Mut, wenn sie sehen, wieviel Energie sie bei der Zusammenarbeit mit anderen verschwenden. Kooperation ist das Produkt eines Wirrwarrs aus verschiedenen Lösungsvorschlägen und Ideen. Ein jeder verläßt sich dabei auf seine Erfahrung, seine Intuition und seine Gewohnheiten. Jeder hat jedoch andere Erfahrungen, andere Intuitionen und andere Gewohnheiten. Der Umstand, daß Individuen verschieden denken, kann durchaus eine Quelle für positive Ergebnisse sein. Die Vielzahl der Gedanken kann zu einer Vielzahl guter Ideen und Lösungsmöglichkeiten führen. Unterschiede sind allerdings auch eine Last, denn gerade sie machen effiziente Zusammenarbeit manchmal schwierig.

Man verschwendet seine Zeit, setzt seine Fähigkeiten falsch ein und kommt immer und immer wieder in Konflikt. Ein jeder kennt diese Meetings, die ungemein viel Zeit kosten und doch zu keinem Ergebnis führen. Darüber hinaus ist es bekannt, daß die Organisation für die Umsetzung einer vorgegebenen Maßnahme mehr Zeit beansprucht als die eigentliche Arbeit. Nicht wenige Menschen sind aus dieser Frustration heraus zu der Einsicht gelangt, daß es immer noch angenehmer sei, eine schwierige Aufgabe allein zu lösen, als sich dem Streß der Organisation und Umsetzung einer gemeinsamen Anstrengung auszusetzen.

Niemand trägt zur Verbesserung der Situation bei

Wenn Sie selbst nicht mehr erkennen können, welchen Beitrag Sie eigentlich leisten, ist das nicht gerade ermutigend, denn Sie müssen sich eingestehen, daß Sie ebensowenig wie alle anderen einen positiven Beitrag leisten. Auch wenn Sie es wollten – Sie wüßten nicht wie. Sagen Sie nichts, werden die Dinge nicht besser. Rufen Sie die anderen zu besserer Zusammenarbeit auf, verbessert sich ebenfalls nichts Nen-

nenswertes. Heben Sie hervor, wieviel Zeit gerade verschwendet wird, verbessert sich noch immer nichts Wesentliches. Je stärker Sie Ihre Frustration zum Ausdruck bringen, desto mehr werden Sie ein Teil des Problems.

Natürlich wissen Sie den Aufwand an Zeit, an Mühen und Gefühlen, der so oft umsonst investiert wird, zu schätzen. Auch die Leute, mit denen Sie arbeiten, tun das. Gelingt es Ihnen also nicht, die Zusammenarbeit effektiver zu gestalten, wird es wohl auch den anderen nicht gelingen. Woran liegt das? Dieses Buch erklärt Ihnen, warum das so ist und wie Sie etwas verändern können.

Diagnose: Wir wissen nicht so genau, wie wir es besser machen sollen

Bevor man überhaupt eine Chance hat, eine Gruppe zu besserer Zusammenarbeit zu bewegen, muß man drei dringende Probleme lösen, die immer wieder zum Scheitern besserer Zusammenarbeit führen ...

Die persönlichen Fähigkeiten sind begrenzt

Selbst dann, wenn wir allein arbeiten, sind die meisten von uns auf dem Gebiet der Effizienz doch keine Experten, und unsere Kollegen wissen das. Wenn wir noch nicht einmal in der Lage sind, den einfachsten Fall (die Arbeit allein) zu meistern – wie in aller Welt sollen wir dann die Fähigkeit besitzen, den viel komplexeren Fall der Zusammenarbeit mit anderen zu bewältigen?

Gelegentlich gibt es Momente, in denen wir ganz und gar uneffektiv arbeiten. Womöglich gehören gerade Sie zu den Menschen, die auf der Suche nach der richtigen Straße lieber stundenlang durch die Gegend fahren, anstatt anzuhalten und sich nach dem Weg zu erkundigen. Vielleicht ist Ihr Konto nicht immer ausgeglichen. Eventuell sind Sie nicht gerade ein Musterbeispiel perfekten Benehmens am Arbeitsplatz. Oder erwischen Sie sich gelegentlich dabei, wie Sie alles anfangen und nichts fertig machen?

Darüber hinaus haben die meisten Menschen die fatale Neigung, ihre Fehler zu wiederholen, wie das folgende Beispiel verdeutlicht ...

Während eines gemütlichen Beisammenseins in einer Kneipe verspürte einer der Anwesenden den Drang, einen Popstar nachzuahmen. Dabei schnellte er seinen Arm in die Höhe – und verletzte seine Hand, als seine Faust an die niedrige Decke stieß. Als er sich einige Tage später in derselben Bar aufhielt, fragte ihn ein anderer Gast, wie das denn hatte passieren können. Zur Erklärung wiederholte der Verletzte die Geste – und stieß wiederum mit seiner Faust an die Decke! Leider hat unser Freund nichts aus seinen Erfahrungen gelernt, und so geht es uns häufig auch.

Allzu oft wird unsere Leistung durch einen Mangel an guten Strategien, Anstehendes zu regeln, negativ beeinflußt. Was uns meist fehlt, ist ein einfaches System, auf das wir beim Umgang mit den verschiedenen Situationen, in die wir geraten, zurückgreifen können. Auch unseren Kollegen fehlt ein solches System. Da es den meisten Menschen noch nicht einmal gelungen ist, sich selbst zu organisieren, ist es nicht besonders verwunderlich, wenn sie es nicht schaffen, ein ganzes Büro voller Leute guter Zusammenarbeit zu bewegen.

Wir haben keine klare Vorstellung davon, wie gute Zusammenarbeit aussehen könnte

Bitte überlegen Sie kurz. Wie würde eine Gruppe aussehen, die effektiv kooperiert? Wie ist jenes Ziel guter Zusammenarbeit definiert, auf das Sie oder jemand anderes die Gruppe zuführen möchte?

Hier liegt der zweite Grund für das Scheitern des Versuchs, die gemeinsame Arbeit effektiver zu gestalten: Sie sind sich nicht darüber im klaren, was Sie vermitteln möchten. Einige Leute gehen davon aus, daß kooperatives Verhalten darin bestehe, »nett« zu den anderen zu sein, höflich zu sein und freundlich und den Ideen ihrer Kollegen zu folgen. Nett zu sein ist sicherlich kein Fehler, aber oft sind die »nettesten«

Mitarbeiter im Büro diejenigen, die am ineffektivsten arbeiten – obwohl: Auch mancher Widerling kann ineffektiv sein.

Wenn wir es also »richtig« machten, wie würde die Sache dann aussehen? Zunächst fallen Ihnen sicher einige Dinge ein, die man abschaffen müßte, wie zum Beispiel endlose Meetings, die zu nichts führen. Aber auch, wenn wir wissen, was wir nicht wollen, haben wir deshalb noch lange keine klare Vorstellung dessen, was wir wollen. Wie würden wir die Tagesordnung für ein besseres Meeting gestalten? Worüber würden wir sprechen? Wer würde darüber entscheiden, wer was tut? Sofern wir keine Vorstellung davon haben, wie wir es besser machen könnten, wird es uns schwerfallen, unbrauchbare Verhaltensweisen abzuschaffen.

Indem Sie klarstellen, daß Sie von einer guten Zusammenarbeit andere Vorstellungen haben, möchten Sie sich keinesfalls über Ihre Mitarbeiter stellen. Als Gleicher unter Gleichen sind Sie jedoch bestrebt, die Zusammenarbeit zu verbessern.

Wir wissen nicht, wie wir das Verhalten anderer beeinflussen können

Selbst wenn Sie in der Lage wären, Ihre eigene Arbeit zu organisieren und eine klare Vorstellung einer besseren Zusammenarbeit hätten, so gäbe es noch immer ein Problem. Mit ziemlicher Sicherheit fehlt Ihnen eine Methode, wie Sie die anderen dazu bringen können, adäquatere Verhaltensweisen anzunehmen.

Es gibt jede Menge Beispiele von Leuten mit Verantwortung, von Leuten, die soviel Autorität wie nur möglich besitzen – und die dennoch vergeblich versuchen, die Dinge ins Laufen zu bekommen. (Unbrauchbare) Verhaltensweisen entstehen nicht über Nacht, sondern entwickeln sich über einen sehr langen Zeitraum. Man kann sie nicht einfach mit einem Wort oder einer Erklärung ändern. Die meisten leitenden Angestellten haben gelernt, daß die ausdrückliche Anweisung, sich des Kampfes um die Führungsrolle zu enthalten, keineswegs das Rennen um den ersten Platz aufhalten kann – und das aus gutem

Grund: Sobald beispielsweise eine Mitarbeiterin einseitig aufhören würde, ihre Pfründe zu verteidigen, kann sie davon ausgehen, daß sie mit der Zeit immer weniger Territorium zu verteidigen hat.

Wenn es noch nicht einmal denjenigen, welche volle Autorität besitzen, gelingt, die Qualität der Zusammenarbeit ihrer Mitarbeiter zu verbessern, wie sollen dann Sie – ein(e) Untergebene(r) – je dazu in der Lage sein, das Verhalten Ihrer Kollegen positiv zu beeinflussen?

Da Sie keine besondere Kenntnis darüber haben, wie man allein effizient arbeiten kann, auch keine klare Vision effektiver Kooperationspraktiken, die Sie der Gruppe gern vermitteln würden, und da Sie schließlich auch über keinerlei Strategie verfügen, wie eine solche Praktik vonstatten geht, haben Sie drei gute Gründe, überhaupt nichts zu tun. Übrigens: Nichts zu tun ist immer noch der einfachste Weg.

Rezept: Persönliche Fähigkeiten entwickeln, ein klares Ziel fassen und dann Einfluß nehmen

Eine zersplitterte Gruppe zusammenfügen zu wollen erscheint oft hoffnungslos. Menschen mit verschiedenen Gewohnheiten zu koordinieren ist eine derartig schwierige Aufgabe, daß wir leicht zu der Überzeugung gelangen, eine einzelne Person könne da wenig ausrichten. Und dennoch arbeiten in der Praxis einige Gruppen besser zusammen als andere. Dabei kann es sich nicht nur um eine glückliche Fügung handeln. Irgend etwas müssen die Mitglieder dieser Gruppe anders machen.

In der Tat gibt es Menschen, die sich von ihren Zeitgenossen unterscheiden. Nahezu jeder von uns kennt den ein oder anderen, der Chaos in Ordnung verwandeln kann, obwohl er nicht jene Autorität besitzt, die ihn dazu berechtigt, anderen zu sagen, was sie zu tun haben.

Gehört eine solche Person einer Gruppe an, so wird es in dieser Gruppe weniger Auseinandersetzungen, mehr Konzentration auf das Wesentliche, mehr Energie, bessere Harmonie und schließlich bessere Arbeitsergebnisse geben. In manchen Büros wird diese Rolle von ei-

22

nem altgedienten Vorstand im Halbruhestand eingenommen, in anderen von einer Sekretärin. Wie macht diese Person das? Und was müssen Sie tun, um eine solche Persönlichkeit zu werden?

Dieses Buch gibt Ihnen einfache Ratschläge an die Hand, wie Sie eine solche Persönlichkeit werden können. Das Anliegen des Buches ist es, Sie mit dem notwendigen Rüstzeug und den entsprechenden Strategien auszustatten, um Ihre persönlichen Fähigkeiten auszubilden, um eine klare Vorstellung einer besseren Zusammenarbeit zu finden und um Ihre Kollegen in dieselbe Richtung zu stoßen.

Verbessern Sie Ihre Fähigkeit, sich in die Gruppe einzubringen, indem Sie Ihre persönlichen Fähigkeiten weiterentwickeln

Am einfachsten läßt sich das eigene Verhalten verändern. Man kann andere am besten dadurch stärken, indem man sich selbst stärkt. Ihre Fähigkeit, anderen dabei zu helfen, Dinge zu erledigen, wird größer sein, wenn Sie für sich selbst einen systematischen Weg gefunden haben, Ihre täglich anstehende Arbeit zu bewältigen. Als erstes müssen Sie daher die Verbesserung Ihrer persönlichen Fähigkeiten anstreben. Wenden wir uns noch einmal unserer Jazzband zu. Stellen Sie sich vor, Sie seien ein Mitglied dieser Band und als solches bestrebt, unbedingt den Sound zu verbessern. Um den Sound der Band positiv weiterzuentwickeln, ist es zunächst einmal erforderlich, sich selbst als Musiker zu verbessern. Dazu gehört in erster Linie Übung. Daneben wird es sehr hilfreich sein, einiges über die grundlegende Organisation der Musik zu erfahren, das heißt, sich Kenntnisse über Tonleitern, Rhythmus, Melodieführung und Akkorde anzueignen – zum »Anleiten« der anderen Bandmitglieder gehört eben mehr als das schlichte Erlernen von Tätigkeiten, die ein Dirigent ausübt, also zum Beispiel das Schwingen des Taktstocks und das Schwingen der Arme im Takt der Musik. Ob Sie nun zum Leiter der Band bestimmt sind oder einfach nur in ihr spielen – in beiden Fällen werden Sie mit Sicherheit das Bedürfnis haben, ein guter Musiker zu werden und darüber hinaus einige grundlegende Fakten zu erlernen, die für Sie und andere hilfreich sein werden. Und während Sie ein guter lateraler Bandleader werden, wollen Sie natürlich ebenso gern ein guter Mitspieler sein.

Einige Berufsgruppen kommen gar nicht darum herum, Kategorien zu schaffen. Ein Arzt beispielsweise teilt bei der Diagnose und der Behandlung von Krankheiten sein Wissen zwangsläufig in entsprechende Kategorien ein (Blutkreislauf, Nervensystem, Skelett, Verdauungssystem usw.). Solche Kategorien sind äußerst hilfreich für das Verstehen, die Verbreitung von Wissen und zum erfolgreichen Lösen anstehender Aufgaben.

In unseren Kursen über erfolgreiches Verhandeln haben wir erfahren, wie hilfreich es ist, den Teilnehmern einige Grundelemente zu vermitteln, die bei jeder Verhandlung, ganz gleich, in welchem Kulturkreis, von Bedeutung sind. Es sind dies Interessen, Optionen, Kriterien, Kommunikation, Beziehungsverhältnisse, Verpflichtung und Alternativen zum Verhandeln. Desgleichen finden es Teilnehmer von Arbeitsgruppen, die das Erlernen besserer Zusammenarbeit zum Ziel haben, immer wieder nützlich, ein paar Grundelemente an die Hand zu bekommen, nach denen sie die wichtigen Unterrichtseinheiten einteilen könnten. Die nützlichste Methode ist für Teilnehmer daher weder die komplexe Analyse aller beteiligten Fakten noch ein detaillierter Katalog von »Dos« und »Don'ts.« Vielmehr ist eine Handvoll Organisationselemente hilfreich – wenig genug, um sie sich merken zu können, und wichtig genug, um nützlich zu sein.

In diesem Buch schlagen wir nun fünf Basiselemente vor, die bei der Erledigung von Aufgaben – allein oder in der Gruppe – von höchster Bedeutung sind. Jedem Element ist ein eigenes Kapitel gewidmet:

Ziel (Kapitel 3)

Es ist schwer, eine Aufgabe zufriedenstellend zu lösen, wenn man nicht genau weiß, was man eigentlich tun soll. Einige Ziele verleihen Energie und wirken inspirierend. An ihnen kann man die Fortschritte messen; außerdem helfen sie beim Treffen von Entscheidungen. Anderen Zielen liegen dagegen solche positiven Auswirkungen nicht inne. Das Ziel ist also wichtig. Denn Menschen, welche die Gelegenheit haben, eine Zielsetzung zu beeinflussen, werden härter auf ein Ziel hinarbeiten.

Denken (Kapitel 4)

Nahezu jeder von uns hat die Neigung, seine Gedanken ziellos und planlos umherschweifen zu lassen. Einige einfache Techniken können Ihnen dabei helfen, disziplinierter und zielgerichteter zu denken; sie können Ihnen dabei helfen, neue Ideen hervorzubringen und diese außerdem in Handlungspläne umzuwandeln. Wenn nun Menschen zusammenarbeiten, so können dieselben Techniken dazu führen, daß all die anderen Köpfe am Tisch keine Last mehr darstellen, sondern ein Kapital.

Lernen (Kapitel 5)

Denken allein – und sei es noch so intensiv – ist nicht ausreichend, um eine gute Lösung für ein Problem herbeizuführen. Sie müssen die Möglichkeit haben, Ihre Ideen in der Wirklichkeit auszuprobieren. Zusammen mit anderen können Sie einige *Lerngewohnheiten* entwickeln, die dazu dienen, Ihre *Arbeitsgewohnheiten* zu verbessern.

Engagement (Kapitel 6)

Man kann seiner Arbeit Enthusiasmus, aber auch Desinteresse entgegenbringen. Das persönliche Engagement, das man einer Tätigkeit entgegenzubringen vermag, hängt vom Grad der Anforderungen ab, die man an sich selbst stellt. Dasselbe gilt für die Gruppe. Anstatt einfach zu akzeptieren, daß die Einsatzbereitschaft gering ist, kann man versuchen, sie zu steigern, indem man Aufgaben verteilt, welche die Einsatzbereitschaft stimulieren. Dabei kommt es vor allem darauf an, *auf welche Weise* man sie verteilt.

Feedback (Kapitel 7)

Eine Lernstrategie beruht darauf, das eigene Denken an der Realität zu messen, indem man auf die Ergebnisse achtet. Man kann auch von den Beobachtungen und Ratschlägen eines Kollegen profitieren. Andererseits können Sie sich verbessern, indem Sie Ratschläge erteilen und erhalten. Die gewonnenen Fähigkeiten kann man wiederum seinen Kollegen zugute kommen lassen.

Schließlich kann in Ihrer Organisation gegenseitige Unterstützung an die Stelle von Konkurrenzdenken treten und eine Atmosphäre herrschen, in der Feedback gewünscht und in unterstützender Weise gegeben wird.

Zunächst wird Ihnen daran gelegen sein, persönliche Fähigkeiten im Umgang mit den genannten fünf Elementen zu entwickeln – gleichgültig, ob Ihr Ziel darin besteht, selbst »gute Musik« zu machen, oder eher darin, eine Gruppe dahingehend zu beeinflussen, insgesamt »bessere Musik« zu machen. Auf jeden Fall müssen Sie sich über Ihr Ziel im klaren sein, müssen Sie auch das Verlangen in sich spüren, systematisch zu denken ...

Entwerfen Sie einen Plan für gute Zusammenarbeit unter Einbindung dieser fünf Grundelemente

Kehren wir noch einmal zu unserer Jazzgruppe zurück. Wir wollten ja wissen, wie wir selbst musizieren sollten, *und* wir wollten eine klare Vorstellung davon haben, wie ein »gutes Zusammenspiel« zu klingen hat. Gleichgültig, ob wir unsere persönlichen Fähigkeiten verbessern oder ob wir erreichen wollen, daß die Gruppe besser zusammenspielt – immer werden die Grundelemente Tonleitern, Rhythmus, Noten, Melodie und Akkorde die Grundlagen unserer Planung sein.

Als Musiker, der außerdem seine Mitspieler anleitet, brauchen Sie eine klare Vorstellung von einem guten Zusammenspiel, ähnlich einem Dirigenten, dessen Beruf es ist, ein Symphonieorchester zu leiten. Sie möchten selbst das Ziel verstehen, das Sie herüberbringen möchten. Bevor Sie sich nun daranmachen, die Zusammenarbeit zwischen Ihnen und Ihren Kollegen im Büro zu verbessern, brauchen Sie eine Vorstellung davon, wie das aussehen (bzw. klingen) wird.

Die Kapitel 3 bis 7 erläutern Ihnen nicht nur die Grundelemente und die hierzu benötigten Fähigkeiten, die Ihnen als Individuum dabei helfen, Ihren Job zu erledigen. Sie beschreiben außerdem, wie man es sich zum Ziel setzen kann, alle fünf Fähigkeiten gemeinsam einzusetzen. Haben Sie erst einmal erkannt, welche grundsätzlichen Organisationselemente Ihnen persönlich bei der Erledigung Ihrer Arbeit nützlich sein werden, dann sind Sie auch in der Lage, mit Hilfe der betreffenden Organisationselemente einen Überblick darüber zu bekommen, wie produktive Gruppenarbeit aussehen könnte.

Danach ist es an der Zeit, einige Grundtechniken zu erlernen, mit deren Hilfe man andere zu besserer Zusammenarbeit anregen kann

Haben Sie erst einmal erkannt, was Sie benötigen, um Ihre eigene Arbeit effizient zu erledigen, wird es Ihnen leichtfallen, genau zu erkennen, was Sie zu tun haben, um gemeinsam mit anderen eine Arbeit effizient zu erledigen. Gleichzeitig wird Ihr eigenes Geschick wachsen, anderen Ihre Zielvorstellungen zu vermitteln. Ein klares Ziel – in der Form einer Reihe von realistischen Etappen – wird Ihnen helfen, in der Spur zu bleiben. Klares und systematisches Denken ist jedenfalls erforderlich, um in allen Phasen der Zusammenarbeit analysieren zu können, wo die Gruppe gerade steht und welche Veränderungen vorgenommen werden müssen. Dabei können Sie Lerntechniken anwenden, um aus den Erfolgen und Mißerfolgen Ihrer anfänglichen Anstrengungen zu profitieren. Bei der Anwendung Ihrer Erkenntnisse zur Verbesserung Ihrer Zusammenarbeit mit anderen sollten sie sich auf die Bereiche konzentrieren, die am ehesten geeignet sind, Ihre Motivation und Ihr Engagement zu stimulieren. Sie können sich auf den Wegen um Feedback Ihrer Kollegen bemühen, über die Sie versucht haben, sie zu beeinflussen, oder umgekehrt auf den Wegen, die Ihre Kollegen in Ihre Richtung beschritten haben.

Zusätzlich zu den fünf Grundelementen, deren Beherrschung Sie benötigen, um Ihre Arbeit effizient zu erledigen, brauchen Sie eine einfache Strategie, andere zu beeinflussen. Solange Sie als ein Spieler unter anderen Ihr Instrument in der Jazzband spielen, werden Sie kaum »Befehle« an die anderen Spieler ausgeben. Vielmehr werden Sie »lateral«, das heißt aus der Gruppe heraus, Anregungen geben. Das kann so aussehen, daß Sie eine simple Phrase spielen und dabei durch ein Nicken, ein Lächeln oder ein paar Worte die anderen auffordern, Ihre Anregung aufzugreifen. Umgekehrt können Sie Beiträge aufgreifen, die von anderen ausgehen. Sie können sozusagen ein Modell der Art improvisierter Zusammenarbeit darstellen, von dem Sie meinen, daß sie der Gruppe in dieser Form gefallen würde. Jeder von uns kann im Prinzip andere dazu anregen, die eigenen Bemühungen so einzubringen, daß sich die gemeinsamen Anstrengungen am Ende zu einer beachtlichen Leistung addieren.

Es gibt drei einfache Wege, andere zur Entwicklung besserer Arbeitsmethoden zu motivieren:

- Man kann eine *Frage* stellen, die andere zum Nachdenken über das Problem der Zusammenarbeit und dessen Lösung anregt,
- Man kann seine eigenen Gedanken *anbieten* und die anderen dadurch einladen, die Gedanken zu verwenden, auf sie aufzubauen oder sie zu korrigieren.
- Schließlich kann man *etwas tun*, was dann als Modell für besseres Verhalten dienen kann.

Der Aufbau dieses Buches im einzelnen

Jedes der fünf zentralen Kapitel mit Schwerpunkt auf jeweils einem Grundelement effektiven Arbeitens sowie den entsprechenden Fertigkeiten, ist in drei Teile untergliedert: *Erstens* erfahren Sie, wie Sie die im Kapitel beschriebene Fertigkeit dazu verwenden können, Ihr Arbeitsziel zu erreichen, wenn Sie allein arbeiten. *Zweitens* legen Sie Ihr Ziel fest. Sie machen sich eine Vorstellung davon, wie es wäre, wenn alle Teilnehmer Ihrer Arbeitsgruppe gemeinsam diese Fertigkeit einsetzten. *Dann* machen Sie sich daran, jene Fertigkeiten und die Grundtechniken des *Fragens, Anbietens* und *Tuns* einzusetzen, um die Art der Zusammenarbeit zwischen Ihnen und Ihren Kollegen zu verändern. Ihre Ziele können zwei verschiedene Ausrichtungen haben: das Erreichen eines Arbeitsergebnisses (z.B. die Erbauung einer Hütte) oder den Ablauf der Arbeit (z.B. die Verbesserung der gemeinsamen Arbeitsweise zwischen Ihnen und Ihren Kollegen mit dem Ziel, eine bessere Hütte mit weniger Auffand zu bauen). Bei beiden werden Ihnen die persönlichen Fertigkeiten, die Sie entwickeln, erstens dazu dienen, Ihr Endziel zu definieren, und Ihnen zweitens dabei helfen, dieses Ziel zu erreichen.

In diesem ersten Kapitel haben wir eine kurze Einführung zu den fünf Elementen und den dazugehörigen Fertigkeiten gegeben. In Kapitel 2 werden die übrigen Aspekte der lateralen Führungsmethode, der Techniken und Taktiken, die das Hauptgewicht dieses Buches ausmachen, dargestellt.

Kapitel 2

Laterale Führung

In Kapitel 1 haben wir Ihnen unsere Methoden zur Arbeitsbewältigung im Überblick vorgestellt. Der erste Schritt besteht demnach darin, jene Fähigkeiten zu bestimmen, die Sie entwickeln können, damit Sie künftig bessere Resultate erzielen. Spätere Kapitel werden jeweils eine dieser Fähigkeiten zum Gegenstand haben, das heißt, es wird beschrieben, wie man bestimmte Fähigkeiten entwickeln kann und wie Sie und andere diese dann zusammen einsetzen können. Auch wenn Sie schon wissen, was andere Ihrer Meinung nach tun sollten, nützt Ihnen diese Erkenntnis nur dann etwas, wenn Sie gleichzeitig wissen, wie Sie die anderen dazu bewegen können, Ihrem Rat zu folgen. Ihre Organisation wird sich nur dann verändern, wenn Ihre Kollegen sich dazu entschließen, vorgeschlagene Fähigkeiten und Verhaltensweisen zu übernehmen. Dieses Kapitel beschäftigt sich daher mit dem Problem, wie man andere dazu bewegen kann, Ihre Verhaltensweisen zu ändern.

Symptom: Es gelingt Ihnen nicht, die anderen dazu zu bewegen, sich zu ändern

Nahezu jeder weiß, wie es ist, in einem Meeting zu sitzen, das zu nichts führt. Vielleicht sind Ihnen die Gefühle der allmorgendlichen Frustration wohlvertraut, wenn Sie in ein Büro kommen, in dem die Mitarbeiter Schwierigkeiten haben, zusammenzuarbeiten. Was aber können Sie daran ändern?

Für die Lösung interner Gruppenprobleme gibt es zwei gängige Rezepte: entweder sich zurücklehnen und gar nichts tun oder die Sache in die Hand nehmen und anderen sagen, was sie tun sollten. Indes: Keine der beiden Methoden funktioniert.

Problemvermeidung verändert jedenfalls nichts, auch nicht zum schlechteren – ein Umstand, der immerhin einen kleinen Trost darstellt. Was aber auch immer der Grund des Übels sein mag - durch Vermeidung läßt es sich nicht beseitigen.

Das Unterfangen, das Verhalten anderer durch Anordnungen in die richtigen Bahnen lenken zu wollen, führt ebenfalls mit Sicherheit nicht zum Erfolg. Bestimmt haben Sie schon einmal beobachten können, wie jemand anderes versuchte, die Zusammenarbeit einer Gruppe zu verbessern. Der Erfolg war gleich Null, und die Ernte war ebenfalls unbefriedigend, ja, mehr noch: Der Agierende erhielt als Lohn für seine Bemühungen schlichte Mißachtung und schlechte Behandlung. Bisweilen wird ein Verbesserungsvorschlag einfach vom Tisch gewischt: »Verschwenden Sie nicht unsere Zeit; wir haben auch noch etwas anderes zu tun.« Und mitunter erntet derjenige, der einen Verbesserungsvorschlag macht, auch noch herbe Kritik: »Was glauben Sie eigentlich, wer Sie sind, etwa mein Chef?« Angesichts solcher Mißerfolge ist die Versuchung nur zu groß, um mit den Schultern zu zucken und zu sagen: »Tja, was kann ich da tun?«

Natürlich kann man die letzte Frage auch anders betonen: »Ja, was also kann ich tun?« Immerhin ist die Lage nicht ganz hoffnungslos, haben wir doch auch schon Gruppen erlebt, die erfolgreich zusammenarbeiteten. Wahrscheinlich kennen Sie den ein oder anderen, dem es gelungen ist, eine gute Zusammenarbeit unter verschiedenen Mitarbeitern zu erreichen. Gibt es in Ihrem Büro nicht einige Mitarbeiter, denen Sie diese Fähigkeiten zutrauen würden und die Sie daher gern bei einem der vergangenen Projekte dabeigehabt hätten?

Das Ziel ist nun, herauszufinden, worin der Erfolg dieser Leute liegt, und es ihnen gleichzutun. Auch wir haben uns die Frage gestellt, worin der Erfolg solcher Menschen begründet sein könnte. Im folgenden möchten wir Ihnen nun zeigen, was wir festgestellt haben. Es ist Ihnen überlassen, ob Sie unserem Gedankengang folgen und unsere Vorschläge übernehmen möchten oder ob Sie meinen, es besser machen zu können.

Bevor man eine Antwort auf die Frage: »Was kann ich tun?« finden kann, muß man zunächst verstehen lernen, warum so viele Leute daran scheitern, die Zusammenarbeit einer Gruppe positiv zu beeinflussen. Es ist leicht einzusehen, daß sich nichts ändern kann, wenn man nichts tut. Aber wenn man etwas unternimmt – warum kommen unsere guten Ratschläge bei den Kollegen so selten an?

Diagnose: Anweisungen können ein Verhalten nicht verändern

Eine mögliche Erklärung für das Scheitern von Bemühungen, die Zusammenarbeit einer Gruppe zu verbessern, könnte bei Ihren Kollegen zu suchen sein. Womöglich sind sie nicht hinreichend motiviert, sich mit so komplexen Problemen wie den Mechanismen der Gruppenarbeit auseinanderzusetzen. Vielleicht hat ein Gruppenmitglied ein so starkes Verlangen nach der Führungsrolle, daß es nicht mit ansehen kann, wenn jemand anderes in der Gruppe Einfluß ausüben will. Andere wiederum sind so eigenbrötlerisch, daß ihnen Gruppenarbeit verhaßt ist.

Es ist durchaus denkbar, daß solche Erklärungen zutreffen. Ebensogut könnten sie aber auch falsch sein. So sollte es Sie beispielsweise stutzig machen, daß solche Diagnosen Sie im Grunde entlasten. Menschen haben allgemein die Neigung, andere für Probleme verantwortlich zu machen (und Erfolge für sich selbst in Anspruch zu nehmen). Ein jeder möchte lieber glauben, daß die Schwierigkeit der anderen, Anregungen zum Ändern ihres Verhaltens anzunehmen, in der Schuld der anderen und nicht in der eigenen liegt. Auch Sie sind versucht, Erklärungen für richtig zu halten, die zu Ihrem Vorteil ausfallen. Dieser Versuchung sollten Sie indes widerstehen.

32

Es gibt noch einen weiteren Grund, sich näher mit dieser Problematik zu beschäftigen. Alle Fehler Ihren Mitarbeitern in die Schuhe zu schieben führt in die Sackgasse. Sollte das Problem wirklich darin begründet sein, daß Sie mit schlechten Leuten zusammenarbeiten, haben Sie keine andere Möglichkeit, als sich in das Unvermeidliche zu fügen und die bestehende Situation zu akzeptieren – oder sich einen neuen Job zu suchen. Dagegen ist die Aussicht auf Erfolg wesentlich größer, wenn sich herausstellt, daß auch Ihr Verhalten zum Entstehen der gegenwärtigen Situation beigetragen hat. Dann nämlich könnten Sie die Situation positiv beeinflussen, indem Sie Ihren Beitrag verbessern. Es mag zunächst etwas paradox klingen, aber: Je mehr Sie zum Bestehen einer schlechten Situation beigetragen haben, desto mehr Macht haben Sie, etwas zu verändern. Entwickeln Sie keine Schuldgefühle, wenn Sie Ihren Beitrag zu einer Problematik erkennen, sondern konzentrieren Sie sich auf Ihre eigenen Handlungen, statt anderen die Schuld zu geben. Das ist nämlich der einfachere Weg, Ihre Position zu verbessern.

Wenn Ihre Kollegen also nicht so reagieren, wie Sie es gerne möchten, gehen Sie zunächst von der Annahme aus, daß Sie etwas falsch machen.

Anordnungen geben dem Empfänger das Gefühl, einen niedrigeren Status als der Aktive zu haben

Wir alle sind um unseren Status besorgt. Die Akzeptanz Ihrer Botschaft hängt in starkem Maße davon ab, welche Aussage Ihre Worte an Ihr Gegenüber über Ihr Verhältnis zueinander implizieren. Mißfällt zum Beispiel einer Zuhörerin eine implizierte Botschaft über ihren Status, wird sie der gesamten Botschaft wahrscheinlich ablehnend gegenüberstehen.

Ihre Kollegen fassen Ihre Worte meist als Schuldzuweisung auf. Sogar eine einfache Frage kann unter Umständen als implizite Schuldzuweisung aufgefaßt werden – wie das folgende Beispiel zeigen mag ...

Er denkt Sonntag morgens am Frühstückstisch nach, welche Pflichten er im Haushalt erledigen könnte. Gerne würde er irgendwo Ordnung schaffen, um die großen Probleme im Büro für eine Weile aus dem Kopf zu bekommen. »Ist der Keller immer noch unaufgeräumt?« fragt er seine Frau. »Vielen Dank!« schießt Sie zurück. »Die ganze Woche machst du nichts im Haus, und dann beschwerst du dich über die Unordnung im Keller. Gib gefälligst nicht mir die Schuld!«

Am Montag kehrt er an seine Arbeitsstelle in einem Montagewerk zurück. In seiner Person als leitender Angestellter bringt er den halben Vormittag damit zu, wegen einiger Geräte, die er dringend benötigt, damit seine Abteilung weiterarbeiten kann, mit dem Einkaufsbüro zu telefonieren ...

Leitender Angestellter: »Wann werden endlich die elektrischen Motoren geliefert, die ich bestellt habe? Sie waren mir bereits für letzten Mittwoch in Aussicht gestellt.«

Einkaufsleiter: »Das war, bevor Sie den Auftrag dahingehend geändert haben, daß Sie größere Motoren verlangten. Wenn Sie den Auftrag ändern, verzögert sich die Auslieferung. Das weiß jeder.«

Leitender Angestellter: »Nun ja, das habe ich nicht bedacht. Können wir nicht ... schon gut. Sagen Sie mir das nächste Mal direkt Bescheid, damit wir da nicht wieder durcheinandergeraten. Wenn jemand den Auftrag ändert, teilen Sie ihm doch bitte umgehend den neuen Liefertermin mit.«

Einkaufsleiter: »Wir haben es gemacht, wie es bei uns üblich ist. *Außer Ihnen* hatte noch keiner ein Problem damit. Wenn Sie durcheinandergekommen sind, ist das nicht mein Fehler.«

Das klingt doch irgendwie vertraut, oder? In beiden Fällen wurde ein Verbesserungsvorschlag als Beschuldigung aufgefaßt – und sofort hat sich das sachliche Gespräch in einen unproduktiven persönlichen Schlagabtausch verwandelt. Warum?

Wann immer Sie Anweisungen geben, besteht die Gefahr, daß der Empfänger folgende Kritik mithört: »Sie sind das Problem. Ich habe die Lösung.« Wohl jeder Kollege ist besorgt um seine Selbstachtung und um seine Position. Dabei hält er sich selbst für kompetent und will von den anderen respektiert werden – und er möchte auf keinen Fall, daß man ihm die Schuld für etwas gibt.

So ist es leicht verständlich, warum Änderungsvorschläge häufig als Anschuldigung aufgefaßt werden. Viele Mitarbeiter gehen nicht selten davon aus, daß kein Bedarf an Verbesserungen besteht, sofern nichts schiefgeht. (»Was nicht kaputt ist, muß nicht repariert werden.«) Dementsprechend läßt sich ohne weiteres feststellen: Wenn etwas repariert werden muß, dann muß es kaputt sein. Und wenn etwas kaputt ist, muß es jemand kaputt gemacht haben. Folglich wird: »Vielleicht könnten wir etwas verbessern« zu: »Die Sache läuft nicht, und Sie sind daran schuld.« Wenn Sie Anweisungen zur Verbesserung der Zusammenarbeit geben, können Sie schnell diesen empfindlichen Nerv treffen. Auch eine noch so gut gemeinte Anmerkung kann als persönliche Kritik aufgefaßt werden.

Wenn sich Menschen angegriffen fühlen, setzen sie sich zur Wehr. Einige leugnen dann schlicht und einfach ab, Fehler gemacht zu haben, selbst wenn dies objektiv der Fall ist, und spielen eine Sache herunter, um so keinen Grund für eine Beschuldigung zu geben: »Nun mal langsam, so schlimm ist es doch gar nicht.« Andere wiederum wehren sich gegen einen Vorschlag, damit ihnen nicht vorgeworfen werden kann, nicht eher etwas unternommen zu haben: »Das würde sowieso nicht funktionieren.« Wieder andere greifen Sie an, weil Sie überhaupt einen Vorschlag gemacht haben: »Wollen Sie mir etwa sagen, wie ich meine Arbeit machen muß?«

Eine durchaus denkbare Reaktion auf ein solches Verhalten wäre es, nach dem Ausspruch: »Was für ein Trottel! Ich habe doch nur versucht, behilflich zu sein« in Zukunft den Betreffenden ziemlich gering zu schätzen. Besser wäre da folgende Reaktion: »Das Verhalten des anderen ist nur natürlich. Jetzt, da ich weiß, warum er auf diese Weise reagiert, fällt mir vielleicht ein geeigneterer Weg ein, ihm zu helfen.«

Die Kollegen meinen Ihre Absicht herauszuhören, ihnen geringere Rollen zuzuweisen. Ein Gedankengang, über den wenig nachgedacht wird, der aber oft in den Köpfen der Mitarbeiter und Mitarbeiterinnen vorherrscht, die aufgefordert werden, neue Arbeitsmethoden anzunehmen, ist der folgende: »Welche Rolle bekomme ich in diesem neuen Schema?« Eine Kollegin könnte sich beispielsweise fragen: »Welche Rolle fällt mir zu bei der Aufgabe, etwas zu verändern?« Schnell könnte dann eine andere Kollegin negativ auf Ihren Versuch reagieren, die Zusammenarbeit zu verbessern, wenn sie das Gefühl hat, außen vor zu sein. Sie denkt: »Er fällt die Entscheidungen, während ich ausgeschlossen bleibe. Ich befürchte, er versucht, die Führung der Gruppe zu übernehmen, wobei mir eine geringere Rolle zufallen wird.«

Gesetzt den Fall, Sie nehmen an einem Meeting der Vertriebsabteilung ihres Unternehmens teil. Bei diesem Meeting machen Sie nun den Vorschlag, das Aufzählen der Verkaufserfolge der vergangenen Woche zu beenden und statt dessen mögliche Verkaufstaktiken für die Kunden der nächsten Woche auszutauschen. Wenn sich die anderen einverstanden erklären, was würden sie dann für eine Geschichte darüber verbreiten? »Lucy hatte eine glänzende Idee. Wir haben sie aufgegriffen. Lucy ist die Anführerin der Gruppe. Ich folge ihr.« Widersetzen sie sich Ihrem Vorschlag, haben sie eine ganz andere Geschichte parat: »Sie hatte da so eine bekloppte Idee, aber wir haben ihr nicht gestattet, uns zu sagen, was wir zu tun haben.« Solange nur diese beiden Geschichten zur Auswahl stehen, haben alle Grund, sich Ihrer Initiative zu widersetzen. Die Wahrscheinlichkeit, daß Kollegen einen Vorschlag unterstützen, mit dessen Entstehung sie dem Anschein nach nichts zu tun haben, ist eher gering.

Schlimmer noch: Sie könnten sich damit abfinden, ausgeschlossen worden zu sein. Viele Menschen vermeiden Konfrontation. Wenn man sie nicht teilhaben läßt, ziehen sie sich vollständig zurück und lassen jemand anderen die Arbeit machen. Wenn Sie also wollen, daß das Team voll und ganz von jedermanns Ideen und Energie profitieren soll, kann das Ziel nicht sein, Mitarbeiter zum Rückzug zu veranlassen.

Bloße Anordnungen sind nicht überzeugend

Das, *was* Sie sagen, kann so aufgefaßt werden, daß Sie andere und ihre Handlungsweisen als das eigentliche Problem betrachten und ihnen eine untergeordnete Rolle zuweisen wollen. Was Sie *versäumen* zu sagen, kann leicht dazu führen, daß die anderen Ihrer Argumentation nicht folgen, daß sie demnach an Ihren Gedanken nicht teilhaben können und somit keinen Versuch unternehmen, die Ideen in die Tat umzusetzen.

Die Leute verstehen nicht, warum sie sich ändern sollen. Ein Freund der Autoren dieses Buches arbeitet als Managementberater, der Veränderungsprogramme für Unternehmen entwirft. Die meisten seiner Klienten sind große Unternehmen der Informationstechnologie. Seiner Meinung nach liegt der größte Fehler des Managements darin, daß den Leuten nicht erklärt wird, *warum* das Unternehmen Abläufe verändert. Die Angestellten wissen um die Kosten und den Aufwand, welche die Veränderung ihrer Arbeitsweise verursachen, haben aber keinerlei Vorstellung darüber, warum eine Veränderung eine Verbesserung bedeuten könnte. So ist es selbstverständlich, daß sie sich widersetzen - oder daß sie pro forma das ausführen, was man ihnen sagt (wobei sie nur halbherzig bei der Sache sind). Dasselbe ist Ihnen möglicherweise auch schon bei dem Versuch widerfahren, andere dazu zu bringen, eine neue Methode anzunehmen.

Warum lassen Sie nicht einfach die anderen an Ihrem Gedankengang teilhaben? Vielleicht sind Ihnen selbst Ihre Gedanken gar nicht ganz klar. Es kommt Ihnen ein zündender Gedanke, Sie denken, es sei eine gute Idee, aber oft sind Sie – noch nicht einmal für sich selbst – nicht in der Lage, exakt darzulegen, warum diese Idee so gut ist. Vielleicht zögern Sie auch, Ihren Gedankengang darzulegen, aus Angst, jemand könnte darin einen Fehler entdecken. Womöglich fehlen Ihnen auch die Worte, um darüber zu sprechen. – Die Art der Zusammenarbeit ist ein sehr komplexes Thema. Sehr wahrscheinlich wissen Sie eine Menge darüber, was funktioniert und was nicht, aber Sie haben nicht die geringste Erklärung dafür, warum das so ist. So ist die Versuchung natürlich groß, einfach zu den anderen zu sagen: »Hört mal, folgt doch einfach meinem Plan. Vertraut mir.«

Die anderen haben an Ihrem Denkprozeß nicht teilgehabt. Auch wenn Sie Ihren Denkprozeß mit großer Klarheit darlegen, bleibt der Plan Ihr Plan – und nicht der Ihrer Kollegen. Die anderen haben sozusagen kein »Eigentumsrecht« an den Ideen, die sie auf Ihre Anweisung hin umsetzen sollen. Jemand, der keine Gelegenheit hat, am Denkprozeß teilzuhaben und zum Ergebnis beizutragen, zeigt mit großer Wahrscheinlichkeit wenig Enthusiasmus, die vorgebrachten Ideen umzusetzen.

Die anderen kennen Ihre Ideen nicht in der Anwendung. Ein Vorschlag für eine Handlung ist oft absolut nicht überzeugend, wenn er nur auf der theoretischen Ebene von Ideen und Worten existiert. Wie oft hat man uns nicht erzählt: »Handlungen zählen mehr als Worte«, aber wie selten wird diese Erkenntnis in die Tat umgesetzt! Falls Sie es versäumen, auch das zu tun, was Sie predigen, werden Ihre Worte wenig Überzeugungskraft haben. Ihre Inaktivität liefert den anderen eine ausgezeichnete Entschuldigung dafür, genau das nicht zu tun, was Sie vorschlagen.

Rezept: Führen Sie lateral, um zu vermeiden, daß die anderen negativ auf Ihre Vorschläge reagieren

Wenn es also so ineffektiv ist, anderen zu sagen, was sie tun sollen – wie ist statt dessen vorzugehen? Im wesentlichen besteht die Methode der lateralen Führung darin, Ihre Kollegen dazu einzuladen, mit Ihnen zusammen an der Lösung bestimmter Probleme zu arbeiten. Die Aussichten sind gering, die Dinge allein zu einem guten Abschluß zu bringen. Versuchen Sie daher nicht, für jedes Problem eine Lösung zu präsentieren. Der Schlüssel liegt darin, den Prozeß der gemeinsamen Arbeit zu verbessern. Führen Sie ein, daß jeder daran arbeitet, die Methoden der Zusammenarbeit zu verbessern. Wenn Ihnen das gelingt, dann wird die Gruppe in der Lage sein, gemeinsam einen endlosen Strom weiterer konstruktiver Schritte zu produzieren. Kurz, Lösungen sind nicht die Antwort. Die Antwort liegt vielmehr in einem besseren Verfahren, um gemeinsam Lösungen zu finden.

Um das Verhalten Ihrer Kollegen zu beeinflussen, sollten Sie Analysen, Ideen, Informationen und Vorschläge unterbreiten, die von einem Gleichgestellten stammen, nicht von jemandem mit übergeordnetem Status. Sie »verhandeln« formlos – und so sollte sich auch künftig Ihr gemeinsames Verhalten darstellen. Wie in jeder Verhandlung ist alles, was Sie vorschlagen, Gegenstand gemeinsamer Beratung. Es macht einen enormen Unterschied aus, ob Sie anderen sagen, was sie zu tun haben, oder ob Sie andere einladen, am Denkprozeß teilzuhaben. Was Sie sagen, sollte nicht den Charakter einer Anordnung, einer Unterweisung oder gar eines Befehls haben, noch sollte es sich dabei um ein endgültiges Urteil darüber handeln, was richtig und was falsch ist. Gleichzeitig sollten aber sowohl Fragen als auch Vorschläge spezifisch genug sein, um die Tür für Aktivitäten zu öffnen, die attraktiv, klar und überschaubar sind.

Wenn die anderen das Gefühl haben, daß sie ebenfalls profitieren werden, wenn sie Ihnen dabei helfen, die Art der Zusammenarbeit zu verbessern, wird ihre Bereitschaft zur Kooperation größer sein. Natürlich wird am Ende jeder von den Verbesserungsmaßnahmen profitieren. Aber um dieses Ziel zu erreichen, ist es hilfreich, Kollegen gleich am Anfang etwas anzubieten, indem man sie an der Entstehung und Beurteilung von Verbesserungsvorschlägen teilhaben läßt. Durch Fragen und Vorschläge kann ihnen die Arbeit schmackhaft gemacht werden – auf ganz ähnliche Weise schaffte es auch Tom Sawyer, seine Freunde dazu zu bringen, den Zaun zu streichen.

Ob Tom nun seinen Freunden geholfen hat, eine sinnvolle Beschäftigung zu finden, oder ob er sie einfach ausgetrickst hat, lassen wir einmal dahingestellt. Fest steht, daß Sie es im Umgang mit Ihren Kollegen nicht nötig haben, mit Tricks zu arbeiten. Um eben jene negativen Reaktionen zu vermeiden, die so oft erfolgen, wenn Sie einem Kollegen einfach sagen, was er tun soll, sollten Sie nach spezifischen Schritten suchen, die in den weiten Rahmen adäquater Methoden fallen – wie etwa Fragen stellen, Vorschläge anbieten –, oder selbst etwas tun, das als Modell derjenigen Verhaltensweisen dienen kann, die Sie gern anregen möchten.

Trennen Sie die Menschen vom Problem

Nehmen Sie den anderen das Gefühl, es könnte riskant sein, über Probleme bei der gemeinsamen Arbeit zu sprechen. Versuchen Sie, Ihre Kollegen davon zu überzeugen, daß das Beleuchten von Problemen keine Bedrohung darstellt – und daß Sie nicht die Absicht haben, anderen irgendeine Schuld zu geben.

Die Methoden sind das Problem, nicht die Kollegen. Es wird Ihren Kollegen und Kolleginnen wesentlich leichter fallen, mit Ihnen zusammen nach Verbesserungsmöglichkeiten zu suchen, wenn sie keine Angst haben müssen, kritisiert zu werden. Das sollte eigentlich nicht schwierig sein, denn schließlich geht es nicht darum, einen Schuldigen für ein Problem zu finden, sondern darum, ein Problem zu lösen – und das läßt sich unter anderem sehr gut dadurch erreichen, indem man sich zusammensetzt und ein Problem angeht. So versuchen Sie, gemeinsam herauszufinden, *was* die Ursache des jeweiligen Problems ist, und nicht, *wer* entscheidend zu dem Problem beigetragen hat. Während des Gesprächs wird dann allen klar werden, daß man sich mit einem Problem auseinandersetzt – und nicht mit einem Kollegen bzw. einer Kollegin.

Per definitionem ist Interaktion etwas, das Menschen gemeinsam herstellen. Daher kann niemals nur eine Person allein für Probleme verantwortlich sein, die während dieser Interaktion auftreten. Auf der anderen Seite kann auch keiner je frei sein von Verantwortung. Statt sich mit persönlichen Qualitäten und Defiziten zu beschäftigen, sollte man einen Blick auf die gemeinsam verwandten Methoden werfen und sich dabei Gedanken darüber machen, ob es nicht effizientere Arbeitsweisen geben könnte. Die Frage ist nicht, ob ein Kollege ein guter oder schlechter Tischler ist, sondern warum man einen Hammer verwendet, wenn eine Säge geeigneter wäre.

Erinnern Sie sich bitte noch einmal an den leitenden Angestellten, der seine elektrischen Motoren nicht rechtzeitig bekommen hat. Natürlich hätte er folgendes zum Einkaufsleiter sagen können: »Wenn Sie Ihre Sache das nächste Mal nicht besser machen, gehen wir gemeinsam zum Chef und unterhalten uns über Ihre wenig hilfreiche Arbeitshaltung.« Vielleicht hat die Einstellung des leitenden Angestellten ihre Berechtigung, doch der unmittelbare Effekt auf den Einkaufsleiter wird sich durch folgendes Handeln ausdrücken: Er geht in die Defensive und denkt darüber nach, warum ein Problem immer die Schuld eines anderen sein muß. Er wird nach Gründen dafür suchen, warum er persönlich die Sache einfach nicht besser machen konnte, also Gründe heranziehen, die ihn in ein positives Licht stellen. Hätte der leitende Angestellte ihm nicht die Schuld zugewiesen, sondern statt dessen den Fehler bei der Interaktion gesucht, hätte der Einkaufsleiter eine andere Botschaft erhalten: »Es sieht so aus, als wenn die Sache diesmal schiefgelaufen wäre. Ich habe Sie nicht gefragt, ob sich das Lieferdatum ändern würde, und ich kann mich nicht erinnern, ob Sie mich darauf hingewiesen haben. Wir sind eben beide davon ausgegangen, daß es kein Problem geben würde. Vielleicht sollten wir es nächstes Mal anders machen. Haben Sie eine Idee, was wir ändern könnten, damit es das nächste Mal klappt?«

Gehen Sie von der Annahme aus, daß der andere für sein Verhalten gute Gründe hat. Auch wenn Kollegen manchmal Dinge auf eine Weise tun, die unproduktiv erscheint, haben sie sicherlich ihre Gründe dafür. Nur wenige Menschen setzen sich wirklich als Ziel, etwas zu verhindern, wollen also nicht, daß es nach vorne geht. Wahrscheinlicher ist, daß hinter ihrer ablehnenden Haltung etwas anderes steckt, das ihnen auf der Seele liegt. Einer ist vielleicht brüsk, weil ihm ein Abgabetermin im Nacken sitzt, weshalb er so schnell wie möglich wieder an seine Arbeit zurückkehren möchte. Eine andere hält sich womöglich zurück, weil sie einen hohen Anspruch an sich selbst stellt und deshalb auf noch bessere Ideen hofft. Versuchen Sie, welche Gründe die Gruppenmitglieder für ihr Verhalten haben könnten. Wenn Sie über ein Thema sprechen wollen, sollten Sie zunächst davon ausgehen, daß bei den anderen grundsätzlich eine Hilfsbereitschaft vorhanden ist. Sagen Sie daher: »Ich weiß, daß Sie alle sehr beschäftigt sind und sich um mögliche Kosteneinsparungen Sorgen machen. Dennoch würde ich Sie gerne bitten, über eine Sache nachzudenken, über die ich mir seit längerem den Kopf zerbreche ...«

Ihr Interesse an den Standpunkten der anderen wird es für Ihre Kollegen einfacher machen, sich mit Ihrer Meinung zu befassen. Darüber hinaus können sie sich noch einmal vergewissern, daß Sie für ihre Sorgen Verständnis haben und daß alle neuen Vorschläge diese Sorgen berücksichtigen werden.

Übernehmen Sie einen Teil der Verantwortung. Das Niveau in einer Gruppe resultiert aus dem Individualverhalten der einzelnen Mitglieder. Jeder trägt sein Scherflein zu positiven Entwicklungen wie zu auftretenden Schwierigkeiten bei. Vielleicht ist Ihnen gerade in bezug auf die Schwierigkeiten gar nicht bewußt, wieviel Sie selbst zu einer bestimmten, sich negativ entwickelnden Dynamik beisteuern – um so bewußter ist es Ihren Kollegen.

Daher ist es klug, wenn Sie einen Teil der Verantwortung für ein bestimmtes Problem übernehmen: »Ich denke, wir könnten in unserem Team eine bessere Zusammenarbeit erreichen. Mir ist klar, daß ich wie jedes andere Gruppenmitglied meinen Teil zur Entstehung unserer Schwierigkeiten beigetragen habe. Wir sollten also darüber nachdenken, wie wir die Dinge besser in den Griff bekommen können.« Falls Sie über die Fehler sprechen, die Sie vielleicht gemacht haben, wirken Sie überzeugender, wenn Sie konkrete Beispiele nennen. Eine Aussage wie: »Okay, ich bin eben nicht perfekt« ist da nicht sehr ratsam. Schon besser ist da etwa folgende: »Ich fürchte, wir haben aneinander vorbeigeredet. Auf mich trifft das jedenfalls zu. Neulich war Linda gerade dabei, ihre Idee vorzustellen, als ich sie unterbrach, um über meine eigene Idee zu sprechen. Das war nicht gut. Vielleicht könnten wir eine

Liste mit einigen Ideen anlegen, um dann eine Idee nach der anderen zu besprechen. Wir könnten mit Lindas Idee anfangen.«

Einen Teil der Verantwortung für die bestehende Situation zu übernehmen ist angemessen. Vor allem wird Ihr Verhalten die anderen weniger defensiv machen, beweist es doch, daß niemandem etwas passiert, der ankündigt, er wolle sein Verhalten verbessern, und daß Sie niemandem etwas Böses wollen.

Stellen Sie sich vor, wie die anderen die Rollenverteilung sehen könnten

Indem Sie Fragen stellen und Lösungsmöglichkeiten anbieten, helfen Sie den anderen dabei, ihre jeweiligen Rollen zu definieren. Der Versuch, die Zusammenarbeit einer Gruppe zu verbessern, erinnert ein wenig an das Filmemachen. Wenn Kollegen darüber nachdenken, ob sie eine Rolle annehmen sollen, haben mit großer Wahrscheinlichkeit alle die Frage im Kopf: »Bekomme ich eine gute Rolle?« Sie könnten also daran mitarbeiten, Rollen zu schaffen, die sowohl Ihre Kollegen befriedigen als auch dazu beitragen, daß die Gruppenarbeit produktiv und effizient wird.

Machen Sie die Rolle attraktiv. Alle – oder fast alle - müssen bereit sein, ihre Rolle zu spielen, denn andernfalls wird es Ihnen nicht gelingen, die Gruppenarbeit zu verbessern. Also muß die Rolle so beschaffen sein, daß jeder Lust hat, sie zu spielen. Die Rolle sollte aktiv sein. Nur bei wenigen wird Freude aufkommen, auf der Zuschauerbank zu sitzen und der Vorstellung der anderen beizuwohnen. Eine Rolle wird um so attraktiver, je mehr interessante Dinge der Akteur zu tun bekommt. Darüber hinaus sollte die Rolle Respekt gebieten – Selbstrespekt und Respekt, den ihr die anderen entgegenzubringen haben. Niemand wird ein Angebot attraktiv finden, das etwa so klingt: »Warum machst du nicht den Abwasch, während wir anderen das morgige Picknick planen?« Eine Rolle wird um so attraktiver, je mehr sie dem einzelnen gestattet, seine Fähigkeiten unter Beweis zu stellen. Wenige

Menschen möchten überfordert, aber noch weniger unterfordert werden.

Verleihen Sie der Rolle Einfluß. Sicher werden Sie mehr Mitspieler gewinnen, wenn Sie Rollen vorschlagen, bei denen jeder etwas zu sagen hat. Die meisten von uns möchten das Gefühl haben, etwas bewirken zu können. Wohl jeder wird lieber an einem Unternehmen teilnehmen, wenn er ein gewisses Maß an Einfluß auf seine eigenen Handlungen und den Verlauf der Gruppenarbeit hat.

Wenn die Kollegen die Gelegenheit bekommen, ihre Fähigkeiten zu verbessern, wird jeder davon profitieren. Vor allem wird sich jeder daran gewöhnen, daß sein Einfluß zählt. Auch wenn vorerst nur Sie laterale Führungseigenschaften einsetzen, um die Zusammenarbeit der Gruppe zu verbessern, ist das schon ein großer Erfolg. Sobald auch die anderen beginnen, ihre Initiative, ihre Ideen und ihre Energie einzubringen, um die Zusammenarbeit zu verbessern, wäre das hervorragend. Ob Sie Ihre lateralen Führungseigenschaften erfolgreich eingesetzt haben, wird sich dann zeigen, wenn diejenigen, mit denen Sie arbeiten, ähnliche oder noch bessere Fähigkeiten als Sie entwickeln.

Beteiligen Sie Ihre Kollegen an der Planung von Veränderungen

Soll die Veränderung unserer Methoden wirkungsvoll sein, muß jeder im Team die Maßnahme erstens verstehen und zweitens versuchen, sie erfolgreich umzusetzen. Der beste Weg, beides zu erreichen, ist der, jeden an der Planung der Veränderung zu beteiligen. So werden alle genau wissen, warum diese Idee ausgewählt wurde, und alle werden das Gefühl haben, so weit an der Gestaltung der neuen Praktiken beteiligt zu sein, daß sie sich deren Erfolg wünschen.

Aufnahmebereit bleiben

Sicherlich möchten Sie gern, daß Ihre Kollegen ein offenes Ohr für Ihre Ideen haben. Das erreicht man am besten, indem man selbst ein offenes Ohr hat. Im übrigen wird es wesentlich einfacher sein, Ihre Kollegen von Ihrem Anliegen zu überzeugen, indem Sie offen sind für ihre Ansichten. Ziel ist es ja nicht, daß die anderen dem Fluß Ihrer Gedanken lauschen und jedem einzelnen Ihrer Wörter Zustimmung entgegenbringen. Sie möchten ja selbst von den Gedanken Ihrer Kollegen profitieren.

Jede Idee kann verbessert werden. So sind zum Beispiel die Autoren davon überzeugt, daß die in diesem Buch dargestellten Methoden zur Verbesserung der Zusammenarbeit von Menschen brillant sind. *Gleichzeitig* sind wir jedoch der Überzeugung, daß die vorgeschlagenen Methoden noch verbessert werden können. Würden wir ein weiteres Jahr in die Erarbeitung der Ratschläge investieren, könnten wir sie wahrscheinlich noch verbessern. Würden wir die Fragen und Vorschläge der Leser mit einbeziehen, würden wir mit Gewißheit Verbesserungen erzielen. Der Punkt ist jedoch, daß wir niemals für jeden einzelnen Leser das perfekte Buch schreiben könnten, denn jeder Leser setzt Ideen auf seine Weise um.

Wenn Sie einmal eine der Praktiken vorschlagen, die in diesem Buch vorgestellt werden, kann es gut sein, daß ein Kollege oder eine Kollegin die betreffende Praktik verbessern kann. Bleiben Sie deshalb nicht zu eng mit Ihrem ersten Vorschlag (oder mit einem späteren) verwoben. Hören Sie Ihren Mitstreitern zu, und seien Sie jederzeit bereit, gute Gedankengänge aufzugreifen und anzunehmen.

Wenn etwa eine Kollegin den Versuch unternimmt, die Zusammenarbeit zu verbessern, dann unterstützen Sie sie dabei. Versuchen Sie nicht, ihre Idee »abzuwürgen« oder die Aufmerksamkeit auf ein anderes Thema zu lenken (was später immer noch geschehen kann).

Die schlimmsten Meetings sind diejenigen, die vollkommen aus professionellen Schlichtern und Vermittlern bestehen – jeder ist eifrig bemüht zu beweisen, daß er oder sie das meiste über die

Verbesserung der Gruppenarbeit weiß. Ein wirklich guter Führer kann jedoch nur jemand sein, der gleichzeitig ein guter Gefolgsmann ist.

Anwendung in der Praxis: Wählen Sie eine Taktik, welche die anderen anregt, mitzudenken

Die allgemeinen Rezepte in diesem Kapitel können in einfache, gebrauchsfähige Taktiken umgewandelt werden, mit deren Hilfe andere zu eigenen Beiträgen angeregt werden. Wir haben schon gesehen, daß man nichts dadurch erreicht, indem man anderen einfach sagt, was sie tun sollen. Dagegen gibt es drei Methoden, die weniger Widerstand hervorrufen: *Fragen* stellen, Ideen *anbieten* und etwas *tun*, das als »zur Nachahmung empfohlenes« Handlungsmodell gelten kann. Es handelt sich bei diesen Techniken nicht etwa um üble Tricks. Vielmehr hängt der Erfolg von der Ehrlichkeit ab. Wenn Sie wirklich mit Neugier und Interesse auf eine Antwort warten, werden Sie entsprechend ehrliche Fragen stellen. (So gehört etwa die Frage: »Warum sind Sie ein solcher Idiot?« nicht in diesen Bereich.) Sie möchten Ideen anbieten, welche die anderen als solche anerkennen. Darunter sind weder Folgerungen noch Entscheidungen, noch Ankündigungen zu verstehen, sondern Möglichkeiten, eine Diskussion oder eine neuerliche Überprüfung in Gang zu setzen. Und wenn Sie etwas tun, so sollte es etwas Nützliches sein. Es sollte ein Beispiel dafür sein, wie jemand eine konstruktive Initiative ergreift – und nicht dafür, wie jemand eine Show abzieht. Aus diesem Prinzip der »Transparenten Ehrlichkeit« ergeben sich einige Richtlinien ...

Bitten Sie Ihre Kollegen, ihre Gedanken einzubringen

Der einfachste Weg, andere dazu zu bewegen, die gemeinsamen Arbeitspraktiken zu verändern, ist der, ihnen Fragen zu stellen. Auf diese Weise wird die Aufmerksamkeit auf ein Thema konzentriert, ohne eine bestimmte Antwort vorzugeben (die ein Kollege womöglich ablehnen wird). Stellt man die Frage richtig, fühlt sich niemand kritisiert. Die meisten Menschen möchten gerne als jemand angesehen werden, der die Gruppe bei der Erstrebung ihres Zieles unterstützt. Nur wenige lehnen es ab, um Rat gefragt zu werden (solange die Fragestellung nicht gerade einem Verhör gleicht).

Erklären Sie den Zweck einer Frage. Auch eine echte, offene Frage kann Unsicherheit hervorrufen, wenn nicht klar ist, warum sie gestellt worden ist. Denken Sie an den Ehemann, der fragte, ob der Keller immer noch unordentlich sei (um entscheiden zu können, ob er den Vormittag damit verbringen müsse, den Keller aufzuräumen). Seine Frau unterstellte ihm jedoch eine ganz andere Absicht: In ihren Augen war die »Frage« eine indirekte Kritik (sie hatte noch keine Zeit gefunden, den Keller aufzuräumen).

Wenn Kollegen nicht verstehen, warum Sie eine Frage stellen, könnten sie das Schlimmste vermuten. Es ist besser, wenn sie sich auf die Frage als solche konzentrieren können, statt sich fragen zu müssen, was Sie da wohl herüberbringen wollen. Wenn man sich einen Moment Zeit nimmt, um seine Absichten zu erklären, kann man damit eine Menge Druck vom anderen nehmen. »Liebling, ich denke gerade darüber nach, welche Aufgaben ich heute erledigen könnte. Was müßte *deiner* Meinung nach am dringendsten erledigt werden? Etwa der Keller?«

Desgleichen werden Sie vom Lieferanten eine wesentlich nützlichere Reaktion erfahren, wenn Sie etwas in dieser Art sagen: »Joe, ich brauche Ihre Hilfe. Wir haben zwar die Spezifikation dieser Motoren verändert, brauchen sie aber dennoch dringend. Ohne die Motoren wird die Produktion sinken, und dann bekomme ich eine Menge Ärger mit meinem Chef. Kann ich nicht irgend etwas tun, damit es einfacher für Sie wird, die Motoren für uns zu beschaffen?«

Stellen Sie echte Fragen. Man gewöhnt es sich leicht an, die Frageform zu benutzen, um in Wirklichkeit die Verantwortung für eine Entscheidung jemand anderem zuzuschieben. »Wir müßten uns wirklich morgen früh um acht sehen, meinen Sie nicht?« oder: »Sind Sie nicht auch der Meinung, der derzeitige Stand der Dinge sei inakzeptabel?« sind Äußerungen, die zwar als Fragen formuliert sind, aber in Wahrheit dazu dienen sollen, jemand anderen zu einer Zustimmung zu drängen.

Anstatt Fragen zu stellen, die nur eine bestimmte Antwort zulassen, sollte man seine Frage so formulieren, daß sie auf einen bestimmten Problembereich hinlenkt. »Was könnte Ihrer Meinung nach dieses Problem verursachen?« ist eine offene Frage. Geschlossene Fragen, die als Antwort nur ein »Ja« oder ein »Nein« zulassen, begrenzen die Möglichkeit der Anteilnahme. Die Frage: »Meinen Sie, Andrews Widerstand ist der Grund für das Problem?« ist keine offene Frage. Ermutigen Sie Ihre Mitstreiter, vollwertige und gleichberechtigte Teilnehmer zu werden.

Kollegen erkennen in der Regel ganz genau, ob Sie beim Stellen Ihrer Frage schon eine Antwort im Hinterkopf haben. Statt sich ihre eigenen Gedanken zu machen, werden sie raten, welcher Meinung Sie sein könnten. Ob sie dann mit Ihrem Standpunkt übereinstimmen oder nicht, hängt dann mitunter davon ab, was sie über Sie denken, dann aber auch, wie sie real etwas einschätzen. Darüber hinaus stößt es sie womöglich prinzipiell ab, daß sie Fragen gestellt bekommen, die in eine bestimmte Richtung gehen, da sie sich in diesem Fall in eine Lehrer-Schüler-Beziehung gedrängt sehen.

Bieten Sie Ihre Gedanken an

Wie gehen Sie nun vor, wenn Sie von einer Sache schon eine bestimmte Ansicht haben? Es ist nicht notwendig, so zu tun, als stelle man eine Frage, wenn man davon überzeugt ist, bereits eine gute Antwort zu kennen. Falls Sie über Informationen, Ideen, Vorschläge und Meinungen verfügen, sollten Sie nicht zögern, sie mitzuteilen.

Im normalen Sprachgebrauch ist es kein Unterschied, ob ich meine Gedanken *mitteile* oder ob ich sie *anbiete*. Im Rahmen unserer Problematik ist es aber von Bedeutung, ob ich anderen mitteile, daß sie meine Ideen übernehmen sollen, oder ob ich meine Ideen zur Diskussion stelle. Eine Mitteilung wird leicht zum Befehl: »Das ist es, was wir zu tun haben.« Biete ich dagegen meine Ideen an, ist alles offen und kann erforscht werden: »So könnten wir es machen, sofern uns nichts Besseres einfällt.« Wie ein guter Gastgeber sollten Sie Ihren Kollegen Ideen anbieten (die sie annehmen oder auch ablehnen können). Drängen Sie »Ihren Gästen« auf keinen Fall etwas auf. Es sollte Ihnen nicht daran gelegen sein, eine bestimmte Idee zu verteidigen, sondern daran, die beste Idee von allen zu finden, unabhängig von ihrem Urheber. Begrüßen Sie es daher, wenn die Gruppe über die Vorzüge Ihres Vorschlags uneinig ist. Lassen Sie die Gruppe entscheiden, ob sie Ihre Idee als Ausgangspunkt verwenden oder ob sie sie verwerfen oder annehmen möchte.

Durch das Anbieten von Ideen sollen Ihre Mitstreiter ermutigt werden, sich an dem jeweiligen Denkprozeß zu beteiligen. Statt sie auszuschließen, werden sie durch das Anbieten mit einbezogen. Dadurch werden sie aufgefordert, Ideen zu beurteilen und neue zu erfinden.

Fügen Sie nur ein Teil in das Puzzle ein. Der Versuch, die Zusammenarbeit einer Gruppe zu verbessern, ist ein wenig mit dem gemeinsamen Lösen eines Kreuzworträtsels vergleichbar. Es wird nicht allzu viel dabei herauskommen, wenn Sie – oder jemand anderer – allein herumrätseln, während sich die übrigen den Hals verrenken, um Ihnen über die Schulter zu gucken, oder warten, bis »des Rätsels Lösung« vorliegt. Sie werden bessere Ergebnisse, mehr Anteilnahme und weniger Ablehnung hervorrufen, wenn Sie das Rätsel herumgehen lassen.

Auch wenn Ihre Idee noch so gut ist – alleinseligmachend ist sie nicht. Anders als ein Gemälde von Rembrandt, das durch weitere Veränderungen nur verdorben werden könnte, ist Ihr Werk noch gestaltungsfähig, und es ist besser, wenn Sie nur ein paar Pinselstriche machen und den Pinsel dann weiterreichen. Ermutigen Sie andere, vorgetragene Ideen weiter auszuformen und zu verbessern. Fordern Sie Ihre Kollegen auf, den Denkprozeß voranzutreiben: »Die Art und Weise, in der wir unseren Vorschlag niederschreiben, scheint nicht besonders gut zu funktionieren. Ich habe Ihre Version überarbeitet, dann haben Sie sich meinen Entwurf angesehen und einige Änderungen wieder rückgängig gemacht. Meiner Ansicht nach hakt es bei uns im Moment daran, daß ich den Gedankengang hinter Ihren Worten nicht verstanden habe und Sie nicht den meinen. Klingt das richtig? Wie könnten wir das Ihrer Ansicht nach ändern?«

Sie können andere auch dazu ermutigen, detaillierte Pläne für die Umsetzung einer Idee zu entwerfen: »Ich denke, wir müssen zunächst verstehen, welcher Gedankengang hinter einer Veränderung steht, bevor wir die Veränderung rückgängig machen. Wie ließe sich das bewerkstelligen? ... Wir könnten in einer Fußnote unseren Gedankengang erklären, oder wir könnten laut vorlesen, was wir geschrieben haben, und dann darüber sprechen. Haben Sie eine andere Idee?«

Das »Vier-Quadranten-Modell« in Kapitel 4 ermöglicht eine einfache Präsentation von Daten, Analysen, aber auch neuen Ideen in einem der Quadranten, um dann nach weiteren Gedanken zu fragen, die sich auf das Vorhandene beziehen und darauf aufbauen. Sie können damit Beobachtungen über Funktionsweisen austauschen und andere ermuntern, diese Beobachtungen mitzuteilen oder eine Diagnose vorzuschlagen, welche sich auf die betreffenden Beobachtungen bezieht.

Fordern Sie andere dazu auf, Ihre Gedanken in Frage zu stellen. Einige scheuen sich vielleicht, über Ihre Analyse zu diskutieren, etwa aus Angst, einen Disput zu provozieren. Andere, die eine gewisse Unsicherheit beim Diskutieren über eine Idee an den Tag legen, sind mitunter schnell geneigt, Sie persönlich anzugreifen. In beiden Fällen sollten Sie versuchen, die anderen dahin zu führen, daß sie nicht Ihre Person, sondern daß sie Ihre Ideen als Herausforderung betrachten. Indem sie Ihre Gedankenschritte darlegen, machen Sie es den anderen leichter, Ihre Schlußfolgerungen zu überprüfen. Je klarer Sie Ihren Denkprozeß darstellen können, desto leichter wird es für die Gruppe sein, Denkfehler zu erkennen und zu korrigieren. Gleichzeitig verringert sich die Gefahr, daß durch »Gruppendenken« ein Plan, der wenig Sinn hat, erstellt wird und daß Reibungen zwischen den Mitgliedern des Teams entstehen.

Tun Sie etwas Konstruktives

Indem Sie handeln, können Sie das Verhalten anderer auf zwei verschiedene Arten beeinflussen. Handeln ist manchmal der beste Weg, eine Idee zu erklären. Nur darüber zu reden, wie eine gute Zusammenarbeit vonstatten gehen soll, kann oft abstrakt und verwirrend sein. Langatmige Versuche verbaler Klärung führen oft zum Gegenteil dessen, was angestrebt wird – am Ende herrscht weitere Konfusion und starke Frustration. Die meisten von uns haben nicht viel Übung darin, über eine Sache zu sprechen – ein Bild, ein »Vor-Bild« sozusagen, bewirkt daher oft mehr als tausend Worte.

Wenn Ihre Aktion erfolgreich war, haben Sie außerdem folgendes demonstriert: Es kann auch jemand ohne die Autorität, anderen zu sagen, was sie zu tun haben, Initiative ergreifen. Legen Sie daher eine bestimmte Verhaltensweise an den Tag, und übermitteln Sie gleichzeitig ein starkes Zusammengehörigkeitsgefühl.

Um durch eine eigene Handlung eine Botschaft aussenden zu können, muß man erst einmal selbst ein Vorbild beobachtet haben. Als ein Vorstandsmitglied einer erfolgreichen Kabelfernsehanstalt eines abends spät seine Arbeitsstelle verlassen wollte, um nach Hause zu gehen, bemerkte er, daß der Teppichboden vor dem Aufzug erheblich verschlissen war. Außerdem war er an einigen Stellen so zerrissen, daß jemand leicht darüber stolpern konnte. Der Betreffende war enttäuscht darüber, daß offensichtlich noch niemand die Initiative ergriffen hatte, den Teppichboden zu reparieren. Er wünschte sich in diesem Moment, Leiter eines Unternehmens zu sein, in dem jeder, der ein Problem wahrnahm, sofort selbst daran arbeiten müßte, statt sich darüber Gedanken zu machen, in wessen Ressort die Arbeit wohl fallen würde. Am nächsten Tag brachte er Klebeband von zu Hause mit, um es abends, nach der Arbeit, über die zerrissenen Stellen des Teppichbodens zu kleben. Einige Monate später löste sich das Klebeband. Nach einer weiteren Woche begann sich unser Freund zu fragen, warum wohl wiederum er derjenige sein sollte, der den Teppichboden flicken würde. Da kam ihm die Erkenntnis, daß wohl niemand seinem Beispiel folgen würde, der ihn nicht zuvor bei der Arbeit gesehen hätte.

Am nächsten Morgen gegen 9.00 Uhr hatten einige Angestellte den Teppichboden mit Klebeband versehen, nachdem sie zuvor darauf bestanden hatten, die Arbeit auszuführen, als sie ihren Vorgesetzten damit beschäftigt sahen, wie er auf Knien mit dem Klebeband hantierte.

Beispielhaftes Verhalten wird den anderen noch mehr auffallen, wenn es gegen ihre Erwartungen verstößt. Ein leitender Angestellter, der sich am Ende eines Meetings nicht zu schade ist, die leeren Kaffeetassen einzusammeln, gibt ein eindrucksvolles Vorbild ab. Seine Sekretärin kann die Erwartungshaltung im Betrieb bezüglich Initiative und Verantwortung verändern, indem sie anregt, die Abteilungsleiter könnten sich treffen, um Informationen über das laufende Projekt auszutauschen. Es würde vielleicht niemandem auffallen, wenn die beiden gegensätzliche Aufgaben erfüllten. Ihr Versuch, das Verhalten anderer durch Ihr Beispiel zu beeinflussen, ist sicherlich dann am erfolgreichsten, wenn Ihre Kollegen davon Kenntnis nehmen.

Verwenden Sie die »vier Quadranten«, um Ihren Gedankengang zu organisieren und zu erklären

Wenn Sie Ihre Ideen anbieten oder andere um weitere Ideen bitten möchten, kann eine einfache Struktur die Erörterung des betreffenden Problems erheblich vereinfachen. Schlußfolgerungen werden um so überzeugender sein, je einfacher man seinen Gedankengang erklären kann. Hat man dann noch ein paar Standardfragestellungen in petto, ist man niemals um Methoden verlegen, andere zum Mitdenken und zur Unterbreitung von Verbesserungsvorschlägen anzuregen. Dabei hat sich das folgende Schema (in Kapitel 4 expliziter dargestellt) bewährt – wohl auch deshalb, weil es einfach zu gebrauchen ist:

I. Daten	II. Diagnose	III. Richtung	IV. Nächste Schritte
Was ist das Problem?	Welche Ursachen hat es?	Welche Strategie ist ratsam?	Konkrete Folgeschritte?

Die »vier Quadranten« bilden gemeinsam eine Grundstruktur für die Problemerfassung. Immer dann, wenn Sie versuchen, etwas zu tun, sei es eine bestimmte Tätigkeit (einen Fisch fangen), sei es das Anliegen, Ihre Zusammenarbeit zu verbessern (die Art und Weise, einen Fisch gemeinsam zu fangen), können Sie Ihre Vorgehensweise in diese vier Kategorien einteilen. Auf diese Art hat man ein unübersichtliches Wirrwarr von Dingen fein säuberlich in Schubladen sortiert. Nun ist es Ihnen leicht möglich, einen Kollegen dazu anzuregen, sich eines überschaubaren Stücks der größeren Aufgabe anzunehmen. Schritt für Schritt kann er sich nun durch das Problem arbeiten, ohne in die Gefahr zu geraten, den Wald vor lauter Bäumen nicht mehr zu sehen. Das »Vier-Quadranten-Paradigma« hilft Ihnen auch einzuschätzen, wo die Gruppe in ihrem Kampf mit dem Problem der Zusammenarbeit gerade steht. Sie können die Quadranten für die Gruppe auf einem Flipchart abbilden, können aber auch durch Fragen den Weg weisen.

Gehen wir einmal von folgender Situation aus: Einige von Ihnen, die in unterschiedlichen Abteilungen arbeiten, sind gebeten worden, einen Schulungszeitplan für das nächste Jahr aufzustellen. Der gegenwärtige Zeitplan hat viel Kritik ausgelöst, und schon deshalb wollen Sie das Ganze für alle zufriedenstellend lösen. Leider müssen Sie bei dem ersten von mehreren Meetings feststellen, daß die Zusammenarbeit nicht so reibungslos verläuft, wie Sie sich das erhofft hatten.

Zwei Probleme stehen dabei im Vordergrund. Zunächst das Anliegen: *Was* wollen wir hier tun? Antwort: Den Schulungszeitplan für das nächste Jahr aufstellen. Dann die Methode: *Wie* werden wir zusammenarbeiten? Antwort: Zunächst das Problem der Interaktion in der Gruppe bewältigen. Beginnen Sie mit dem zweiten Problem. Die Gruppe möchte bei dem Entwurf des Schulungsprogramms für das nächste Jahr erfolgreich sein, und deshalb muß sie zuallererst ein gutes Konzept für die Zusammenarbeit entwickeln.

Vielleicht hat sich die Gruppe bereits so sehr bei der Bearbeitung der Aufgabe verheddert, daß sie gar nicht mehr erkennen kann, warum ein Teil der Schwierigkeiten in den Methoden der Zusammenarbeit zu suchen ist. Statt voreilige Vorschläge zu machen, um nur ja schnell zum Ende zu kommen, sollten Sie sich bemühen, die Aufmerksamkeit auf das Problem der Zusammenarbeit zu lenken, indem Sie eine Diskussion über *Daten* vorschlagen: »Es sollte uns eigentlich nicht so schwer fallen, einen Zeitplan zu erstellen. Ich weiß ja, daß wir alle sehr beschäftigt sind und zurück an unsere Arbeit müssen. Und dennoch sitzen wir seit fünfundvierzig Minuten zusammen, ohne recht voranzukommen. Was ist los?«

Es ist gut möglich, daß jeder bereits erkannt hat: Die Gruppe kommt nicht mehr voran, und daß jeder auch genau weiß: Diese und jene Symptome gefallen mir nicht. In einem solchen Fall können Sie versuchen, die Aufmerksamkeit der Mitarbeiter auf die Ursachen zu lenken: Welche *Diagnose* erklärt die Schwierigkeiten der Gruppe? Sie können eine Anzahl von Diagnosen prüfen, um zu sehen, welche den besten Bezug zu den Fakten hat. Daraufhin sollten Sie jeden einzelnen ermutigen, sich mit folgendem Gedankengang auseinanderzusetzen: »Vielleicht haben wir Probleme, weil wir nicht hinreichend geklärt haben, was wir hier eigentlich erreichen wollen.« Nun kann sich ohne weiteres herausstellen, daß ein Gruppenmitglied denkt, man habe die Gruppe beauftragt, einen Bericht mit Empfehlungen für die Zukunft zu erstellen; ein anderes Gruppenmitglied ist der Meinung, die Gruppe solle neue Kurse entwerfen; ein drittes Mitglied ist schließlich der Ansicht, die Aufgabe der Gruppe bestehe lediglich darin, jedermanns Beschwerden zu sammeln und in einem Bericht zusammenzufassen.

Wenn die Gruppe über die Ursachen der Schwierigkeiten Einigkeit erzielt hat, können Sie eine Frage stellen, welche die Gruppe zu Gedanken darüber anregt, wie die Probleme zu lösen sind – also welche *Richtung* die Gruppe einschlagen könnte: »Das kann eventuell helfen, den Zweck zu erhellen. Was sollte nach Ihrer Meinung das Produkt dieses Komitees sein?«

Oft ist es das fehlende Stück im Puzzle, das eine gute Idee anwendbar macht. In einem solchen Fall können Sie dem Team einen hilfreichen Dienst erweisen, indem Sie sich auf einen bestimmten *nächsten* Schritt konzentrieren, mit dessen Hilfe das Team besser vorwärtskommen könnte: »Wie sollten wir vorgehen, damit unsere Arbeit eine hohe Effizienz erreicht? Was sollten wir nach Meinung der Mitarbeiter in genau einem Monat in der Hand haben?«

In diesem Kapitel wurde beschrieben, warum es ineffektiv ist, wenn man jemandem einfach sagt, was er tun soll. Des weiteren haben wir gesehen, wie sich die »Methode der lateralen Führung« so einsetzen läßt, daß man andere beeinflußt, ohne ihnen zu sagen, was sie tun sollen. Die Gruppenmitglieder haben so nicht mehr das Gefühl, kritisiert zu werden, sondern fühlen sich womöglich sogar geschmeichelt, weil man sie um ihre Meinung gebeten hat. Vielleicht wird sich die Kollegin jetzt nicht mehr gegen eine verordnete Lösung zur Wehr setzen müssen, da sie die Chance bekommen hat, selbst einen Gedankengang zu entwickeln und eigene Ideen einzubringen. Statt eine untergeordnete oder unwichtige Rolle zu spielen, wird sie an der Führungsrolle teilhaben und einen wichtigen Beitrag leisten.

In den nächsten fünf Kapiteln wird jeweils ein Element effektiver Arbeit genauer betrachtet, wobei Ihre persönliche Fähigkeit, dieses Element zu meistern, geschult werden soll. Sodann wird das Ziel umrissen, ebendiese Fähigkeit und jene Praktiken gemeinsam zu nutzen. Schließlich werden wir sehen, wie uns die lateralen Führungstechniken des *Fragens, Anbietens* und *Handelns* dabei helfen, das oben genannte Ziel zu erreichen.

Teil II

Die Grundelemente effektiven Arbeitens

Im vorigen Kapitel haben wir Techniken behandelt, mit deren Hilfe man andere davon überzeugen kann, ihre Verhaltensweisen zu ändern. Aber in welche Richtung sollen Sie sich ändern? Die beschriebenen Techniken sind nutzlos, wenn Sie nicht wissen, welche Gewohnheiten und Vorgehensweisen Ihre Kollegen übernehmen sollen.

An guten Ratschlägen herrscht kein Mangel. Buchläden und Zeitschriften quellen über von Ratgebern aller Art. Manche sind gut, andere nicht. Allerdings wird es niemandem je möglich sein, alle zu lesen. Der ideale Ratschlag müßte demnach so einfach sein, daß man ihn sich merken kann, und robust genug, um die meisten Probleme abzudecken, die bei einer Zusammenarbeit gewöhnlich auftreten.

Wenn angehende Ärzte den menschlichen Körper studieren, ist es ihnen unmöglich, sich die Unzahl von Knochen, Drüsen und Venen zu merken; damit wären sie maßlos überfordert. Also vereinfacht man das Studium der Anatomie, indem man den Körper in Systeme einteilt: das Skelett, das Blutsystem, das Nervensystem, das Verdauungssystem usw. In ähnlicher Weise unterteilt dieser Teil des Buches das Problem der Gruppenarbeit in einige Grundelemente. Er bietet Ratschläge zum Umgang mit jedem Element bei Ihrer persönlichen Arbeit an und umreißt knapp, wie ein besseres Management des jeweiligen Elements in einer Gruppe aussehen könnte.

Schließlich machen wir Bekanntschaft mit Techniken der lateralen Führung. Diese können Sie dann anwenden, um andere dazu zu bringen, bessere Verhaltensweisen anzunehmen.

Zielsetzung: Die Formulierung erfolgversprechender Etappen zur Umsetzung von Visionen

Es ist schwierig, erfolgreich zu sein, wenn man nicht weiß, was man erreichen möchte. Unser erstes Element, die *Zielsetzung,* eignet sich gut als Ausgangsposition, wenn man sich zunächst ansehen will, wie die eigene Organisation funktioniert. Und bevor Sie damit beginnen, das Verhalten anderer zu analysieren, sollten Sie zunächst einen Blick auf das eigene Verhalten werfen. Ist Ihr Ziel so beschaffen, daß Sie produktiv darauf hinarbeiten können? Falls Sie noch kein Ziel haben ... Wissen Sie, wie Sie eines bekommen können?

Ein junger Rechtsanwalt war gerade als Partner in eine prominente New Yorker Anwaltsfirma eingestiegen. Jeden Tag, wenn er spät abends das Gebäude verließ, um den Zug zu erreichen, fiel sein Blick auf die »Mission« seiner Firma. Diese Zielsetzung war gut leserlich in der Lobby angebracht:

»Es ist unsere Mission, ein hohes Maß an Exzellenz in der Rechtspraxis zu erreichen, mit Eifer unseren Klienten zu dienen und unseren Rechtsanwälten und sonstigen Mitarbeitern berufliche und persönliche Zufriedenheit zu geben.«

Die Erklärung ging ihm nicht aus dem Kopf, und er dachte auf der Heimfahrt weiter darüber nach. »Ein hohes Maß an Exzellenz in der Rechtspraxis«, sinnierte er. »Ich weiß noch nicht einmal, was das ist. Ich wüßte weder, woran ich merken sollte, dieses Ziel erreicht zu haben, noch, warum ich mich dafür anstrengen sollte, und selbst wenn ich mich anstrengen wollte, wüßte ich nicht, womit ich morgen anfangen sollte.«

Entwickeln Sie zunächst eine persönliche Fähigkeit: Das Ausformulieren Ihres Zieles

Bevor Sie darangehen können, die Gruppe bei der Formulierung ihrer Ziele zu unterstützen, sollten Sie zunächst für sich selbst die Fähigkeit entwickeln, Ihr eigenes Ziel zu formulieren. Das Geschick, Ihren Bemühungen eine Zielrichtung zu geben, impliziert einige Standardpraktiken, die bei der Findung des Zieles helfen - auch dann, wenn Sie allein arbeiten. Beginnen Sie mit der Entwicklung solcher Praktiken, indem Sie bei der Auswahl eines Zieles einen genauen Blick auf Ihre derzeitigen Gewohnheiten werfen.

Problem: Auch wenn Sie hart arbeiten, kommt mitunter sehr wenig dabei heraus

Vielleicht haben Sie sich schon des öfteren inmitten eines Arbeitsprozesses plötzlich gefragt: »Warum mache ich das eigentlich?« Dann wiederum fällt Ihnen auf, wie Sie von einer Aktivität zu einer anderen springen: Sie beantworten einen Telefonanruf, reagieren dann auf die Frage einer Kollegin, setzen sich daraufhin mit einem Mitarbeiter auseinander, ehe sie zu einem eingegangenen Brief Stellung nehmen. Mit solch einem Arbeitsablauf stehen Sie nicht alleine da. Eine Studie über das Verhalten von leitenden Angestellten in großen Organisationen belegt: Ein maßgeblicher Teil der Arbeitszeit von Managern vergeht damit, daß sie von Kollegen unterbrochen werden – oder daß sie ihre Kollegen unterbrechen. Die meisten von uns verbringen jedenfalls eine Menge Zeit mit Dingen, die wenig oder gar nichts mit dem zu tun haben, was wir vollbringen möchten. Manchmal erzielen wir sogar um so weniger, je härter wir arbeiten.

Ursache: Sie haben keine brauchbare Zielsetzung

Eine Erklärung für die im vorigen Abschnitt genannten Schwierigkeiten liegt darin, daß Ihnen Sinn und Zweck Ihrer Arbeit überhaupt nicht klar sind. Wie bei unserem jungen Rechtsanwalt gibt es vielleicht auch in Ihrem Job so etwas wie eine offizielle Begründung für Ihre Tätigkeit; dennoch ist sie wenig hilfreich, um Sie persönlich zu motivieren.

Ohne erkennbaren Sinn kann man nicht viel leisten. Das *Buch der Sprichwörter* sagt: »Ohne Visionen gehen die Menschen unter.« Wenn Sie keinen Zweck vor Augen haben, ist es für Sie schwierig zu erkennen, ob Ihre Arbeit gut ist. Auch wenn es präzise Anweisungen gibt, wird Ihre Motivation gedämpft, wenn Sie nicht wissen, *warum* Sie etwas tun. Wer möchte schon eine Aufgabe erfüllen, die keinen Sinn hat? Vor noch gar nicht langer Zeit wurden in der Armee Soldaten, die sich etwas zu Schulden hatten kommen lassen, unter anderem dadurch bestraft, daß man sie ein tiefes Loch graben und anschließend wieder füllen ließ. Für einen an harte Arbeit gewöhnten Soldaten bestand der schlimmste Teil der Übung in seiner Nutzlosigkeit. Arbeiten ohne Zweck ist Bestrafung. Es gehört zum Standardrepertoire jeder Managementtheorie, daß die Artikulation einer eindeutigen Zielsetzung von größter Bedeutung ist, will man Leistungssteigerungen erreichen. Jeder weiß das, und es ist ja auch wahr. Woran aber liegt es dann, daß man nicht regelmäßig seine »Mission« der anstehenden Arbeit artikuliert, also ihren Sinn und Zweck? Woraus erklärt sich dieses Verhalten? Denken wir ein wenig über einige mögliche Diagnosen nach.

Wir reagieren auf die Vergangenheit, statt die Zukunft zu formen

Eine mögliche Erklärung wäre, daß es uns natürlicher erscheint, rückwärts zu schauen. Wenn wir uns fragen, »warum« etwas geschieht, können wir daraus zwei ganz verschiedene Frageformen ableiten:

- »Was hat mich *veranlaßt,* eine bestimmte Sache zu tun?«
- »Zu welchem *Zweck* tue ich diese Sache?«

Die erste Frage geht zurück auf ein vorhergehendes Ereignis, während die zweite auf ein erwünschtes Resultat vorausblickt.

Vielen von uns gelingt es häufig nicht, zwischen der Ursache unserer Handlung und dem Ziel, das wir erreichen möchten, zu unterscheiden. Zu oft antworten wir, wenn wir um eine Erklärung unserer Handlungsweise gebeten werden, mit einem Satz, der mit »Weil ...« beginnt (und sich auf etwas Vergangenes bezieht), statt zu erklären: »Damit ...« (was in die Zukunft weist).

Vorhergehende Ereignisse liefern oft eine gute Begründung für unser Tun. Unsere Handlungen sind wohl meist Reaktionen auf irgendein Ereignis: Die Kosten sind gestiegen, der Lagerraum wird knapp, ein Arbeitskampf, eine Hungersnot, eine Flutkatastrophe. Besonders dann, wenn das auslösende Ereignis der Auftrag eines Dritten ist, versäumen wir oft, Sinn und Zweck der verlangten Arbeit zu erforschen. Schließlich ist es einfacher, das Denken einem Vorgesetzten zu überlassen und eine begrenzte Zahl von Anweisungen auszuführen, statt die Verantwortung für das Erreichen eines Zieles zu übernehmen. Aber selbst wenn man nur die Anweisungen eines Vorgesetzten ausführt, sind vorhergehende Ereignisse keine ausreichende Erklärung für unser Handeln.

»Warum diese Eile beim Zeitungholen?« – »Weil meine Chefin es so wünscht.«

Wenn die Chefin die Zeitung »schnell« haben möchte, ist das wahrscheinlich Grund genug, sich zu beeilen, denn schließlich möchte man ihrem Wunsch entgegenkommen. Dennoch könnten Sie vielleicht bessere Dienste leisten, wenn Sie wüßten, wofür die Zeitung benötigt wird. Benötigt Ihre Chefin eine Zeitung, um einen verschmierten Farbtopf darauf zu stellen? Oder ist sie gespannt auf die neuesten Nahost-Nachrichten? Oder will sie den aktuellen Preis der Firmenaktie so schnell wie möglich erfahren?

Wenn Sie den Zweck des Auftrags nicht kennen, können Sie auch nicht entscheiden, ob es am besten ist, eine alte Zeitung aus dem Altpapierhaufen hervorzukramen, die Tageszeitung am Kiosk zu kaufen oder den aktuellen Aktienpreis aus dem Internet abzurufen. Kennt man das Ziel der Arbeit nicht, wählt man wahrscheinlich auch nicht die richtigen Arbeitsmethoden.

Oft jedoch vermeiden wir es, das Ziel zu suchen, denn das bedeutet (meist) harte Arbeit. Nach vorne zu schauen ist schwieriger, als rückwärts zu blicken. Was wir getan haben, wissen wir; schließlich heißt es nicht umsonst: »Hinterher weiß man immer alles besser.« Die Beschreibung dessen, was wir erreichen wollen, verlangt hingegen einiges an Vorstellungskraft. Zum Teil haben unsere Schwierigkeiten etwas mit der Art unserer Realitätswahrnehmung zu tun. Die Ereignisse der Vergangenheit sind lebhaft, real, unmittelbar. Dagegen ist die Zukunft, für die wir planen, ungewiß, vage, verschwommen. Folglich kostet die Planung in die Zukunft mehr Energie als der Umgang mit den Dingen, die uns im Moment betreffen.

Der Zweck der Arbeit ist klar, aber Sie kommen trotzdem nicht voran

Der Blick nach vorn auf das Ziel ist nur der Anfang. Ebenso, wie man manchmal blind arbeitet, weil man rückwärts auf den Auslöser blickt statt vorwärts auf das Ziel, ist man bisweilen auch blind bei der Suche nach dem Ziel.

Ein Unternehmen oder eine Regierung sollte eine erklärte Zielsetzung haben; das ist allen einleuchtend; Aktionäre wie Beamten erwarten das. Für den einzelnen Menschen ist weit weniger klar, warum er eine Zielsetzung haben sollte. Sofern Sie nicht den Grund erkennen, warum Sie ein Ziel haben sollten, kann Ihr Streben nach dem Ziel recht ineffektiv sein. Daher taugen die erklärten Zielsetzungen oder Ziele vieler Organisationen in keiner Weise zur Motivation der Mitarbeiter, und sie sind auch wenig hilfreich bei der Ausrichtung ihrer Bemühungen oder beim Setzen von Prioritäten.

So gut wie jedes »Mission Statement« enthält mindestens einen Fehler:

Das Ziel wirkt nicht inspirierend. Einige Ziele sind zwar klar artikuliert, aber wirken nicht motivierend. Das trifft vor allem dann zu, wenn eine Routinearbeit verlangt wird: Die Daten ordentlich ablegen, damit wir sie jederzeit leicht finden können; die Formulare ausfüllen, damit sich der Chef nicht darüber beschweren kann, daß wir keine Aufzeichnungen haben. Ein Arbeitsziel zu haben, das niemanden interessiert, ist praktisch so, als habe man kein Ziel.

Das Ziel hilft nicht, den Erfolg zu messen. Eine gut formulierte Zielsetzung enthält außerdem ein Kriterium, mit dem wir unseren Erfolg messen können. Am Ende eines Tages, einer Woche, eines Monats oder eines Jahres möchten wir in der Lage sein, zurückzublicken und zu sehen, daß etwas erreicht wurde – wir möchten einen Meilenstein erreichen.

Das Ziel weist nicht in eine bestimmte Richtung. Es ist möglich, eine inspirierende Vision zu haben, aber kein direktes Ziel. Das große Ziel, das Sie inspirieren soll, befindet sich vielleicht in so weiter Ferne, daß Sie nicht wissen, womit Sie morgen konkret beginnen sollen, um es zu erreichen. Stellen wir uns einmal eine gemeinnützige Organisation vor, deren idealistische Mitarbeiter bei dem Gedanken an die Verluste von Menschenleben in einem Krieg der reine Horror befällt. Sie beschließen daher, sich »die Arbeit für den Frieden« zum Ziel zu setzen. So wünschens- und lobenswert - und inspirierend – Frieden auch sein mag: das Ziel »Frieden« ist ein unzureichender Antrieb für ihre Bemühungen. Es kann leicht geschehen, daß die Mitarbeiter eines Tages feststellen müssen, wie ein jeder in eine andere Richtung marschiert. So mag sich der eine für »Frieden durch Stärke« einsetzen und dem Erwerb von Abschreckungswaffen unterstützen, während der andere für »Frieden durch Abrüstung« kämpft.

Ohne Ihrer Arbeit eine Zielsetzung gegeben zu haben, welche die genannten Kriterien enthält, werden Sie bald eines feststellen: Ein großer Teil dieser Arbeit ist nicht zweckorientiert. Roger machte es sich zur Angewohnheit, die Jurastudenten in seinen Kursen zu fragen, welche Worte sie sich wünschten, die ein Freund, zurückblickend auf ein erfülltes 70jähriges Leben, an ihrem Grab sprechen würde. Die Antworten waren sich bemerkenswert ähnlich: »Immer da für Familie und Freunde ... Hingebungsvoll im Dienste der Öffentlichkeit ... Half der Gemeinschaft ... Führte ein ausgeglichenes Leben ...« Als die jungen Workaholics dann gefragt wurden, inwieweit die Jobs, die sie suchten oder die sie als Mitarbeiter einer Kanzlei bereits hatten, dazu geeignet seien, diese Visionen zu erfüllen, wollte ihnen zu ihrer eigenen Überraschung absolut nichts einfallen. Ferne Visionen und harte Arbeit sind sicherlich unverzichtbar, aber sofern nicht das, was Sie heute tun, irgend etwas mit dem zu tun hat, was Sie irgendwann erreichen möchten, werden Sie nicht zum Ziel kommen.

Es ist gar nicht so einfach, ein Ziel zu formulieren

Eine andere Ursache für die Schwierigkeit, eine Zielsetzung zu formulieren, die einen angenehmen Weg für Ihre Anstrengungen ebnet, begründet sich aus dem Spannungsfeld zwischen der Planung auf kurze bzw. lange Sicht. Blicken wir in die ferne Zukunft, können wir idealistisch, imaginativ und visionär sein. Auf lange Sicht kann praktisch alles möglich sein – nicht zuletzt auch deshalb, weil wir uns um momentane Probleme nicht zu scheren brauchen.

Leider haben visionäre Ideen für unser Tagwerk wenig Bedeutung. Wir arbeiten hart, beantworten Fragen, Telefonanrufe und Briefe. Wir sind ständig damit beschäftigt, Dinge aus der »Ein«-Ablage in die »Aus«-Ablage zu befördern. Sollten Sie dennoch Zeit finden, über eine langfristige Vision nachzudenken, wird das allein noch nichts nützen. Niemand interessiert sich für den Zweck einer Arbeit, wenn er zu gering ist. Andererseits kann eine große Vision leicht den Eindruck erwecken, daß sie unerreichbar bleiben wird. Sie kann so weit entfernt sein, daß völlig unklar ist, wie und wann man sich ihr annähern könnte.

Lösungsansatz: Ein Ziel formulieren, das motivierend und richtungsweisend ist

Was immer Sie auch tun: einen Zaun reparieren, einen Bericht schreiben, oder ob Sie versuchen, die Zusammenarbeit mit anderen zu verbessern – in allen Fällen ist es für Sie wichtig zu wissen, warum Sie etwas tun. Dies gilt ganz besonders dann, wenn Ihre Aufgabe darin besteht, ein Ziel für Ihre Arbeit zu definieren, denn auch hier wollen Sie sich im klaren darüber sein, warum Sie ein Ziel haben möchten.

Nicht nur reagieren, sondern weiterblicken

Nur zu leicht nehmen wir den Zweck einer Tätigkeit als gegeben an. Wir gehen davon aus, daß er einfach existiert und daß wir ihn nur suchen müssen, und glauben, den betreffenden Zweck einfach dadurch zu finden, indem wir unser Gehirn so lange durchforsten, bis wir auf ihn stoßen. Das ist leider nicht so. Einen brauchbaren Zweck kann man nicht suchen und demnach auch nicht finden – man muß ihn erarbeiten.

Der Blick zurück und der Blick nach vorn bilden keine Alternativen, von denen Sie eine auszuwählen haben, denn Sie können ebensogut beide Möglichkeiten zugleich heranziehen. Der Blick zurück auf den Anlaß Ihrer Tätigkeit kann Ihnen dabei helfen, einige mögliche Ziele für Ihre Arbeit zu finden. Er kann Ihnen die Augen öffnen für das, was getan werden sollte, Ihnen die Dringlichkeit der jeweiligen Aufgabe klarmachen und somit aufzeigen, was geschehen würde, wenn Sie die Arbeit nicht entsprechend ernst nähmen. Er wird jedoch nicht ausreichen, um Ihrer Tätigkeit die gewünschte Ausrichtung zu verschaffen. Unabhängig davon, wie dringend der Anlaß für eine Tätigkeit ist - das einzige, was Sie beeinflussen können, ist die Zukunft.

Sie nehmen an einem Managementkurs teil, »weil« Ihr Chef es Ihnen geraten hat oder »weil« das Unternehmen den Kurs bezahlt. Sie studieren die Produkte der Konkurrenz, »weil« man es Ihnen aufgetragen hat. Unabhängig von der Wichtigkeit des Anlasses wird es für Sie von Nutzen sein, wenn Sie nach vorn schauen und sich die Mühe machen, Ihrer Arbeit einen Zweck zu geben.

Sie belegen einen Managementkurs, um *was* zu erreichen? Wie sind die Analysetechniken ausgerichtet, die Sie erlernen wollen? Welche Fähigkeiten möchten Sie erwerben? Wenn eine Ihrer Gruppen ein Konkurrenzprodukt untersucht: *Was soll dabei herauskommen?* Versuchen Sie vielleicht, Defekte und Schwachstellen zu finden, auf die Sie dann Ihre Kunden aufmerksam machen können? Oder suchen Sie nach tollen Ideen, von denen Ihr Unternehmen profitieren kann?

Es ist immer schwierig, ein ausgewogenes Verhältnis zwischen dem Arbeitsaufwand für das große Ziel und demjenigen für andere wünschenswerte Aktivitäten herzustellen. Nicht jede Aktivität in jedem Arbeitsbereich kann dem Erreichen eines definierten Fernziels dienen. Auf der anderen Seite besteht die ernste Gefahr, dabei viel sinnvolle Zeit und wertvolle Energie mit dem Lesen von Berichten, dem Verfassen von Empfehlungsschreiben, dem Begrüßen ausländischer Besucher oder der Verrichtung anderer »wichtiger« Angelegenheiten in Anspruch zu nehmen, so daß es geradezu abwegig ist, während dieser Tätigkeiten noch ernstlich an das Erreichen des großen Zieles zu denken. Es wird nicht möglich sein, jede Sekunde des Lebens in das Erstreben des großen Zieles zu investieren. Aber je mehr wir dies tun, desto besser ist es. So kann eines Ihrer gesetzten Ziele durchaus zum Inhalt haben, die Zeit für Nebensächlichkeiten zu reduzieren. Ein Manager in einem von Klaus Workshops machte einmal die treffende Bemerkung: »Unsere Zeit ist begrenzt, aber es gibt unendlich viel Arbeit, die wir tun *könnten.*«

Ein Ziel formulieren, das es leichter macht, es zu schaffen

Sobald Sie anerkennen, daß Sinn und Zweck einer Arbeit – ob für einen Tag, für ein Jahr oder für das ganze Leben - Ihrer eigenen Wahl entspricht, haben Sie zu dieser Wahl zu stehen, auch wenn nicht alle Arbeitsinhalte, die mit der betreffenden Wahl zusammenhängen, gleich nützlich sind. Einige Inhalte eignen sich jedoch bestimmt, Sie zu mehr Produktivität anzuregen.

Welchen Zweck hat es, ein Ziel zu haben? Und welchen Kriterien und Standards sollte ein gut gewähltes Ziel standhalten können? Wenn wir alle besser arbeiten, wenn wir ein klares Ziel haben, dann gilt das auch für das Formen des Zieles. Für einige könnte der Zweck sein, »um Spaß zu haben«, für andere wiederum, »um den Tag herumzubringen« (was vor allem dann gilt, wenn man unter großem Druck arbeitet). In jedem Fall wird man mehr erreichen, wenn man strebsamer ist.

Vermutlich lesen Sie dieses Buch, weil Sie daran interessiert sind, etwas zustande zu bringen. Es gibt vier Hauptkriterien, denen ein gut formuliertes Ziel entsprechen sollte:

- zu größerer Anstrengung motivieren;
- das Messen des Erfolgs und die Bewertung der Anstrengungen ermöglichen;
- erkennen lassen, was heute getan werden muß;
- sicherstellen, daß das heutige Tagwerk dazu beiträgt, das Fernziel zu erreichen.

Drei Etappenziele wählen

Es ist schlecht vorstellbar, daß eine Zielsetzung alle vier oben genannten Kriterien zugleich erfüllen kann. Ist Ihr gesetztes Ziel ein großes Ziel – wie die Beendigung der Gewalt in den Schulen der Innenstadt oder die Gründung einer Firma, die Marktführer werden soll –, dann ist es recht schwierig zu entscheiden, was hier und jetzt getan werden muß, um dereinst dieses große Ziel zu erreichen. Wählen Sie dagegen ein überschaubares, begrenztes Ziel, das Sie schnell erreichen können - wie das Erstellen einer Datensammlung zur Jugendkriminalität in einer bestimmten Schule oder das Aufspüren von Wegen, wie man einem potentiellen Kunden gegenübertreten könnte –, dann ist es wiederum schwer zu erkennen, was dieser eine Schritt überhaupt bewirken könnte. Sie sollten in der Wahl zwischen einem großen Ziel und einem praktikablen kleinen jedoch kein Dilemma sehen, denn sie können durchaus beide Ziele bestimmen. Bei der Formulierung einer Zielsetzung unter Einbeziehung von drei oder mehr Etappenzielen könnte sich durchaus folgendes ergeben:

- eine inspirierende, ferne Vision,
- ein Ziel auf halber Strecke, das für sich selbst ein erstrebenswertes Ziel ist,
- einige schnell zu erreichende kleine Ziele, die man sofort in Angriff nehmen kann.

Natürlich sollten die Schritte zu einem Ziel, welchen Anspruch es auch immer in sich birgt, stets überprüft werden, um sicherzustellen, daß Sie noch »auf dem Kurs« liegen.

Eine inspirierende ferne Vision. Ist der Sinn der Arbeit bedeutungsvoll genug, wird es Ihnen leichterfallen, sich so weit zu engagieren, daß Sie gute Arbeit leisten. Klarheit ist dabei nicht ausreichend. Die Aufgabe, zwanzig Löcher von sechs Fuß Tiefe zu graben und sie anschließend wieder zu füllen, ist klar umrissen und unmißverständlich. Dennoch handelt es sich dabei um eine völlig unbefriedigende Zielsetzung, die obendrein einen ganzen Tag Arbeit erfordert – es sei denn, Sie finden eine gute Antwort auf die Frage, die sich automatisch stellt: »Wofür?«

Bei Arbeitsbeginn möchte man ein künftiges Resultat vor Augen haben, das die Anstrengung rechtfertigt. Man möchte ferner mit Kollegen arbeiten, die nicht einfach irgendeiner Erwartungshaltung entsprechen, sondern die gern und aktiv zum Erreichen eines Zieles beitragen, mit dem sie etwas anfangen können. So nehmen beispielsweise die Mitarbeiter des Internationalen Roten Kreuzes und anderer Hilfsdienste freiwillig unglaubliche Entbehrungen und Gefahren auf sich. Ihre Bereitschaft, dies zu tun, resultiert aus dem Wissen, daß sie auf ein nobles Ziel hinarbeiten. Das Maß der Anstrengung, das man bereit ist, in eine Aufgabe zu investieren, hängt davon ab, inwieweit die momentane Aufgabe dazu beiträgt, ein höheres Ziel zu erreichen. Es ist leichter für uns, den ganzen Tag Steine zu klopfen, wenn wir dies in dem Bewußtsein tun, beim Bau einer Kathedrale mitzuwirken.

Nicht jedes Ziel kann hochmotivierend sein. Dennoch: Je eindeutiger ein fernes Ziel einen guten Grund für das Engagement im Hier und Jetzt darstellt, desto besser werden wir unsere Arbeit tun. Dieser Grund kann durchaus ein ganz persönlicher sein, wie etwa der Wunsch, genügend Geld zu verdienen, um für die Familie ein Heim zu schaffen oder um sich eine Hikingtour in Alaska leisten zu können. Noch besser ist es, wenn man einen Zweck erkennen kann, der mit der Arbeit selbst etwas zu tun hat, wie etwa der Wunsch herauszufinden, an welcher Stelle der Produktionskette Geld verschwendet wird, und somit Maßnahmen unterbreiten zu können, damit das Produkt künftig preiswerter verkauft werden kann und mehr Leute in der Lage sein werden, sich die verschreibungspflichtigen Medikamente, die unsere Firma herstellt, leisten zu können.

Man kann sein Geld mit vielen Jobs verdienen. Was also macht gerade diesen Job für uns interessant? Am besten ist es, wenn wir gar nicht erst das Bedürfnis verspüren, uns zu fragen: »Was ist Sinn und Zweck dieser Tätigkeit?« oder uns etwa sagen müssen: »In diesem Job kann ich keinen wirklichen Sinn erkennen.« Je mehr sich das Fernziel aus sich selbst heraus erklärt, desto wahrscheinlicher ist es, daß es einen hohen Legitimitätsanspruch sowie einen starken moralischen Wert besitzt und daß es den Beteiligten am Projekt bedeutsam – oder gar inspirierend - erscheint.

Ein brauchbares Fernziel sollte, wie der Begriff schon nahelegt, weit genug in der Ferne liegen, damit seine Bestimmung nicht von Tagesereignissen und unmittelbaren Sorgen dominiert wird. Es wäre nicht ratsam, wenn die Planung wegen irgendwelcher Schwierigkeiten (die immer mal punktuell auftreten) ins Wanken geriete, etwa dann, weil momentan nur wenig Kapital zur Verfügung steht, oder etwa dann, weil ein Vorstandsmitglied während eines Meetings wenig erbauliche Äußerungen über das Projekt in den Raum wirft. Bei der Wahl des Fernziels möchte man den Blick ungetrübt in die Zukunft richten können, ohne durch die Sorgen des Alltags eingeschränkt zu sein.

Auf der anderen Seite darf das Fernziel nicht so weit entfernt sein, daß es für unsere momentane Beschäftigung keine Bedeutung hat. Ein Ziel, das »jenseits des Horizonts« liegt, kann nicht richtungsweisend sein. Auch wenn Ihre »Vision« noch so verlockend und attraktiv ist – sie sollte immer klar genug und nah genug sein, um für die momentanen Handlungen von Bedeutung zu sein.

Ein mittelfristiges Ziel als Meilenstein. Es gab einmal eine berühmte Regatta für kleine Segelboote vor der Küste von Martha's Vineyard, bei der die Boote mit Nebel, einer leichten Brise und einer starken Gezeitenströmung zu kämpfen hatten. Die Segler konnten mitunter ein anderes Boot ausmachen, doch war das schon alles, was sie sehen konnten, denn auch an Land gab es keinen Orientierungspunkt. So warf eine Mannschaft seelenruhig den Anker, um herauszufinden, in welche Richtung das Boot getrieben würde. Als die Mannschaft feststellte, daß das Boot direkt zurückgetrieben würde, beschloß sie, bis zum Gezeitenwechsel fest vor Anker zu bleiben. Die Mannschaft dieses Bootes, welche die Strömungsrichtung gesucht (und herausgefunden) hatte und sich wie beschrieben verhielt, gewann schließlich die Regatta, weil die anderen Boote von der Gezeitenströmung zurückgezogen worden waren.

Unsere Zielsetzung sollte demnach auch eine Grundlage enthalten, an der wir unsere Fortschritte messen können. Wir möchten nicht zu lange warten, womöglich jahrelang, um erkennen zu können, ob wir auf unser Fernziel wie vorgenommen zusteuern. Messen wir den Erfolg erst am Ende, ist es zu spät, noch Änderungen vorzunehmen.

Daher wünschen wir uns »Maßstäbe« am Wegesrand, an denen wir unsere Fortschritte messen können. Eine gut formulierte Zielsetzung enthält ein realistisches und meßbares Etappenziel in der Mitte unseres Weges zum Fernziel. Ein klar definiertes Etappenziel, das zu einem vorgeschlagenen Zeitpunkt erreicht sein sollte, bildet eine gute Grundlage für die Leistungsbewertung zu einem Zeitpunkt, an dem noch Korrekturen möglich sind.

Auf dem Weg zu einem Fernziel ist es durchaus möglich, irgendwann zu der Erkenntnis zu kommen, daß das Ziel unerreichbar bleibt oder daß Sie sich entschließen, den Kurs zu ändern und ein anderes Ziel anzusteuern. Um zu vermeiden, daß Sie vergeblich Zeit investieren, sollte das Etappenziel als solches erstrebenswert sein, unabhängig davon, ob Sie das Endziel erreichen werden oder nicht. Die Errichtung einer Brücke bis zur Hälfte des Flusses würde diesen Test sicherlich nicht bestehen. Die Errichtung einer halb so breiten Brücke über den ganzen Fluß könnte es vielleicht.

Die Abteilung bei Kodak, die das Teleskop »Hubble« baute, wußte, daß die NASA das Projekt in dem Moment stoppen würde, in dem der Kongreß beschließen sollte, die Mittel für den gigantischen Satelliten zu kürzen. Um eine Vergeudung ihrer Anstrengungen zu vermeiden, wurde dem Ingenieurteam ans Herz gelegt, darauf zu achten, daß die Technologie, die sie für den Satelliten entwickelte, notfalls auch auf anderen Gebieten kommerziellen Nutzen haben würde. Das Ergebnis: Sobald das Team zwischen verschiedenen Möglichkeiten zur Lösung eines technischen Problems wählen konnte, favorisierte es die Lösung, die am ehesten für andere Anwendungen geeignet erschien.

Unmittelbare Ziele. Ein motivierendes Fernziel zeigt uns den Grund für unser Tun sowie die Richtung an, in die wir gehen müssen. Ein Etappenziel ist etwas Meßbares und Erreichenswertes, etwas, das wir auf dem Weg zum Endziel erreichen. Es besteht nun außerdem der Bedarf an unmittelbaren Aktivitäten, damit wir unsere Energien und unser Engagement für das gemeinsame Projekt aktivieren können.

Die Gefahr ist groß, daß trotz unseres großen Zieles und unserer mittelfristigen Ziele nicht viel geschieht, bevor wir uns nicht folgende

Fragen beantworten: »Womit müssen wir auf unserem Weg zur Vollendung beginnen?« und »Welche Resultate möchten wir diese Woche sehen?« Jedes dieser nahen Ziele sollte Sie dem Endziel näher bringen.

Erfahrene Politiker wissen, daß sich mit hehren Zielen wie: eine bessere Stadt, eine integre Regierung oder eine noch effizienter funktionierende Demokratie keine Wähler mobilisieren lassen. Es muß schon etwas direkt geschehen, damit die Wähler den Urnengang antreten. Zukünftige Wahlhelfer wiederum brauchen einige Nahziele, bei denen sie sich engagieren können. Um jenes tatkräftige Engagement zu aktivieren, welches politische Handlungen erst effektiv macht, bitten Kandidaten ihre Wahlhelfer, erst einmal konkrete Dinge zu tun: an Türen zu klingeln, Umschläge füllen, Briefmarken kleben, Poster verteilen, Post und Telefonanrufe beantworten. Wenn die Wahlhelfer erst einmal in Schwung gekommen sind, werden sie mit der Zeit immer mehr Gefallen an der Sache finden und sich entsprechend engagieren. Niemandem gefällt die Erkenntnis, überlistet worden zu sein und somit seine Energien verschwendet zu haben. Haben Sie angefangen, in ein Projekt Energie zu investieren, werden Sie ihm auch Bedeutung beimessen. Und haben wir erst einmal eine Arbeit konkret begonnen, neigen wir immer mehr dazu, unsere Zweifel und unsere Unentschiedenheit zu überwinden und weiterzumachen – das gilt vor allem dann, wenn es sich dabei um etwas Bedeutungsvolles auf dem Weg zu einem entfernten, jedoch erstrebenswerten Ziel handelt. Der Umstand, daß wir fortlaufend daran zu glauben haben, unsere Tätigkeit sei gut, ist von so großer psychologischer Wichtigkeit, daß wir ohne die Möglichkeit, in bestimmten Abständen unsere Ziele dahingehend zu überprüfen, ob sie noch immer vernünftig erscheinen, nicht auskommen.

Formulieren Sie Ziele, die auf jeden Fall erreicht werden sollen

Manche Ziele sind zwar so gesetzt, daß sie sehr erstrebenswert erscheinen, lassen aber etwas Wichtiges vermissen: einen »Wegweiser«. Eines der erklärten Hauptziele von Ärzten ist das folgende: »Wir wollen keinen Schaden anrichten.« Das setzt ihren Tätigkeiten zwar Grenzen und gebietet zur Vorsicht – was auch sehr lobenswert ist –, sagt aber leider nichts darüber aus, was konkret zu tun ist, um ihr einmal definiertes Ziel zu erreichen. Tennis spielen, Unkraut jäten, einen Roman lesen, fernsehen – auch das sind alles Wege, die ein Arzt beschreiten kann, um zu vermeiden, Schaden anzurichten.

Wenn Sie wirklich etwas erreichen möchten und nicht nur einfach beschäftigt sein wollen, können Sie dieses Ziel am besten durch Dinge umreißen, die bewerkstelligt werden sollen. Ihre Zielsetzung sollte nicht einfach sein, zu bestimmten Zeiten in der Zukunft effizient, fröhlich oder hart zu arbeiten. Vielmehr sollte das Ziel sein, zu irgendeinem zukünftigen Zeitpunkt etwas erreicht zu haben – etwas Meßbares: Wir werden eine Kathedrale gebaut oder eine Scheune gezimmert haben. Sie werden vierzig Morgen Land bestellt oder Ihre Hypothek abgetragen haben. Das Unternehmen wird hundert Vollzeitbeschäftigte haben – oder auch nur fünf. Egal, was es ist, das Sie sich zum Ziel gesetzt haben - es sollte klar erkennbar sein, wenn es erreicht ist.

Salopp gesagt, sind gute Ziele Nomen, keine Adjektive. Eine Arbeit verrichten zu wollen, die mit »exzellent« oder »klasse« umschrieben werden kann, ist kein Wegweiser. Ein kleines Unternehmen, sagen wir ein Betrieb für Landschaftsgestaltung und Baumrodung mit einem festen Kundenstamm, könnte das Ziel »Exzellente Beziehungen zu den Kunden aufbauen« haben. Wenn Sie nun ein Angestellter dieser Firma sind, der einen Kunden zu betreuen hat, wird Ihnen diese Zielsetzung kaum vermitteln können, was Sie in einer konkreten Situation konkret tun sollen. Hat ein Kunde in einer exzellenten Kundenbeziehung ein Anrecht auf Rabatt? Hat ein Sturm Bäume entwurzelt, bedienen Sie dann die neuen Kunden zuerst – in der Hoffnung darauf, daß die guten Geschäftsbeziehungen zu den alten Kunden ausreichen, um deren Treue auch weiterhin sicher zu sein? Ein konkretes Ziel wäre da eine bessere Richtschnur: »Heute in einem Jahr werden unsere drei größten Kunden keine Angebote mehr einholen, sondern uns die Arbeit zu unserem normalen Preis geben.« Auf dieser Grundlage kann ich mir Gedanken machen, was ich tun muß, um meine Kunden zum beschriebenen Verhalten zu bewegen.

Ein Ziel kann auch etwas Greifbares sein, etwa ein Bericht. So führte beispielsweise der Vorsitzende eines großen Chemieunternehmens ein umfassendes Programm mit dem Ziel ein, die Manager des Unternehmens dazu zu bekommen, ihren Mitarbeitern einen größeren Teil der bisher von ihnen geleisteten technischen Arbeit zu überlassen. Während sein Fernziel darin bestand, die Produktionsleistung zu verbessern, setze er zunächst ein Etappenziel fest: Der Führungsstil seiner Manager mußte entscheidend verändert werden. Damit das Etappenziel auch als solches dienen konnte, mußte die Veränderung im Managementstil meßbar sein. Hierfür kommen verschiedene Meßverfahren in Betracht. So könnte der Vorsitzende von seinen Managern verlangen, einen Bericht mit den Namen der hinreichend ausgebildeten Mitarbeiter anzufertigen, von denen künftig jeder fähig wäre, ein bestimmtes technisches Problem zu bearbeiten. Er könnte aber auch seine Senior-Manager anweisen, Beispiele für Veränderungen vorzutragen, die sie selbst beobachtet hätten.

Konkrete Schritte: Eine der Möglichkeiten, Ziele zu definieren

Erinnern wir uns an die alte Geschichte von dem Fremden, der beobachtete, wie ein Mann unter einer Laterne auf und ab ging. Auf seine Frage, ob er behilflich sein könne, erwiderte der Angesprochene, er suche seine verlorenen Autoschlüssel. Nachdem er sich eine Weile an der Suche beteiligt hatte, fragte der Fremde den Mann, ob er sich erinnern könne, wo er die Schlüssel verloren habe. Der Mann antwortete: »Ungefähr einen halben Block weiter, aber hier ist das Licht so viel besser.« Die Lehre aus der Geschichte: Auch ein einfacher Schritt kann ein Schritt zuviel sein bzw. einer in die falsche Richtung.

Wenn Ihre Bemühungen effektiv sein sollen, dürfen sich die verschiedenen Ziele nicht gegenseitig ausschließen, sondern müssen einander verstärken. Sie sollten in dieselbe Richtung weisen, jetzt und in der Zukunft. Das bedeutet, daß Ihr Fernziel, Ihr mittelfristiges Ziel und Ihre unmittelbaren Ziele auf einer Linie liegen sollten. Zusammen sollten sie eine Leitlinie bilden, welche in die Richtung weist, in die wir gehen müssen.

Die Vision dessen, wohin Sie gelangen möchten, das Endziel, sollte Ihre nächsten Schritte sowie das mittelfristige Ziel bestimmen. Unternehmen Sie keine Schritte – und seien sie noch so einfach –, die nicht dafür geeignet sind, Sie in die gewünschte Richtung zu bringen. Nachdem Sie sich Gedanken gemacht haben, wie eine nützliche Zielsetzung aussehen muß – ein System von Zielen für die nahe, mittlere und ferne Zukunft – können Sie jetzt daran gehen, Ihre Ziele auszuwählen.

Beginnen Sie mit dem Ziel, welches das meiste Vertrauen erweckt

Manchmal ist es eine ferne Vision, von der Ihre Motivation getragen wird: »In zehn Jahren soll unser Unternehmen in der ganzen Welt Filialen haben.« Andererseits kann auch die Bewältigung der täglich anfallenden Pflichten Vertrauen in die eigenen Stärken aufbauen und somit den Hinweis geben, auf ein gutes Ziel hinzuarbeiten. »Ich bin stolz auf mein Unternehmen. Mir gefällt, was ich tue.« Beginnen Sie mit einem Ziel, das Sinn macht, und richten Sie die weiteren Ziele daran aus.

Korrigieren Sie nahe und ferne Ziele so lange, bis alle »in einer Reihe« sind

Wo immer Sie beginnen: Denken Sie in die Zukunft hinein und zurück in die Gegenwart, bis es Ihnen gelungen ist, die gewünschten Zwischen- und Endresultate zu Ihrer vollen Zufriedenheit zu formulieren und sie in einen Zeitplan einzuordnen.

Frage: »Für welches Endziel?« Es geschieht hin und wieder, daß Sie über ein langfristiges Ziel noch gar nicht viel nachgedacht haben, daß

Sie aber genau wissen, was Sie morgen erreichen wollen. Überdenken Sie Ihre Hypothese, den nächsten Schritt betreffend, indem Sie nach dem »Warum« fragen: Was möchte ich erreichen?

Wenn Sie diese Frage beantworten können, stellen Sie sich dieselbe Frage noch einmal, und fahren Sie immer so fort, bis Sie am Ende angekommen sind. Das heißt nicht, daß Sie bei der Auslotung Ihrer Motive die eine »richtige« Antwort finden sollen. Besser ist es, eine Liste möglicher Zielsetzungen zusammenzustellen, aus der man dann auswählen kann.

Wenn Ihnen zum Beispiel der größte Teil der täglichen Routine in Ihrer Anwaltskanzlei gefällt, aber doch nicht alles, könnten Sie sich zum Beispiel fragen: »Zu welchem Zweck bin ich Rechtsanwalt? Gibt es einen Grund dafür, den Beruf beizubehalten anstatt etwas anderes zu tun?« Sind Ihre Gründe eher reaktiv (Sie geben den Beruf nicht auf, um auch weiterhin Ihre Hypotheken bezahlen zu können), sollten Sie einige positive Gründe für die Ausübung des Berufs eines Rechtsanwalts finden. Wenn Sie darüber nachdenken, finden Sie womöglich heraus, daß Sie eine bestimmte Klientel besonders gerne vertreten, eine andere hingegen überhaupt nicht. Vielleicht macht es Ihnen mehr Spaß, weniger wohlhabende Gemeinden zu vertreten, die sich im Streit um Umweltangelegenheiten befinden. Oder Sie haben Freude daran, High-Tech-Einsteiger zu unterstützen, die zum ökonomischen Wachstum beitragen werden. In beiden Fällen könnte in Ihnen der Wunsch keimen, das mittelfristige Ziel anzustreben, mit ein paar befreundeten Kollegen Ihre eigene Anwaltsfirma zu gründen, in der Sie einen größeren Teil Ihrer Zeit einer bestimmten Klientel widmen könnten.

Dann ist wieder der Zeitpunkt gekommen, sich die Frage nach dem »Wofür« zu stellen. Mit welchem Ziel würden Sie mit ihren Kollegen die angestrebte Kanzlei betreiben wollen? Um viel Geld zu verdienen? Um so viel Geld zu verdienen, daß Sie »Gutes tun« könnten? Um die Welt zu verbessern? Besser für wen? Es liegt nahe, daß Sie sowohl glücklicher als auch produktiver sein werden, wenn Sie ein größeres Ziel formulieren – ein Ziel nach dem Sie sich richten können.

Indem Sie sich und Ihre Partner zwingen, ein entferntes Ziel klar darzustellen, wird es Ihnen leichterfallen, einige allgemeine und tiefere Gründe für Ihre Handlungen zu finden. Oder Sie kommen bei näherer Betrachtung zu dem Schluß, daß Sie das zunächst gefaßte mittelfristige Ziel zugunsten eines anderen aufgeben und Ihre »nächsten Schritte« neu überdenken sollten, damit Sie mehr auf einer Linie mit dem Fernziel sind.

Frage: »Mit welchen Mitteln?« Um von einem entfernten Ziel zu einem mittelfristigen Ziel und einigen Nahzielen zurückzugelangen, steht die Frage nach dem »Wie« und damit nach den Mitteln im Vordergrund. Stellen wir uns eine Gruppe von Menschen vor, die auf die Vision einer demokratischen Weltregierung hinarbeiten möchte und nach den geeigneten Mitteln sucht. Welche mittelfristigen Ziele könnte sich diese Gruppe stellen, um daran zu ermessen, ob sie einen Teil des Weges geschafft hat? Um entscheiden zu können, was sie morgen tun soll, braucht sie einige Orientierungspunkte auf dem Weg zwischen der Vision in weiter Ferne und dem Hier und Heute. Ein solches mittelfristiges Ziel könnte eine Organisation (»Föderalistische Weltpartei«) sein, um die Vision populär zu machen. Ein Nahziel könnten Seminare sein, um durch sie zu demonstrieren, wie erstrebenswert das Fernziel ist, und um Anhänger zu rekrutieren.

Zielsetzung für eine einzelne Person

Ein Rechtsanwalt, der eines Tages feststellt, daß ihm die richtige Motivation fehlt, ist nicht gezwungen, diese Situation hinzunehmen. Er kann versuchen, für sich selbst eine Zielsetzung zu formulieren, statt darauf zu warten, daß ihm andere eine geben. Das Ganze könnte dann etwa so aussehen:

Fernziel: In fünf Jahren werde ich meine eigene Kanzlei mit Schwerpunkt auf meinem Spezialgebiet, dem Urheberrecht im Bereich Software, eröffnet haben.

Mittelfristiges Ziel: In zwei Jahren werde ich drei Klienten auf diesem Gebiet haben, und ich werde zwei eigene Klienten in die Firma eingebracht haben. In Rechtsanwaltskreisen wird sich herumsprechen, daß ich Fachmann auf dem Gebiet des geistigen Eigentums bin. Ich werde einen kurzen Artikel über einen Fall, bei dem es um das Copyright für Software geht, veröffentlicht haben.

Ziele für meine ersten Schritte: Am Ende dieses Monats werde ich in meinem aktuellen Fall so gute Arbeit geleistet haben, daß mein Teilhaber damit einverstanden ist, wenn ich die mündliche Verhandlung führe. Ich werde dafür sorgen, daß ich an dem Fall, den Stan hereingebracht hat, mitwirken kann, indem ich nach Feierabend noch ein wenig recherchiere und ihn dann mit einigen guten Vorschlägen beeindrucke. Außerdem werde ich im Anwaltsverein der Arbeitsgruppe für Urheberrecht beigetreten sein.

Stellen Sie sich konkret vor, wie man diese Fähigkeiten gemeinsam nutzen könnte: Jeder trägt dazu bei, einige Ziele aufzustellen, die man gemeinsam erreichen möchte

Die Verbesserung der persönlichen Fähigkeit, sich klare Ziele zu setzen, ist sicherlich für sich schon erstrebenswert, auch wenn keine weiteren Konsequenzen folgen. Man kann diese Fähigkeit aber auch als Ausgangspunkt für ein viel kühneres Ziel verwenden: Man kann nun eine Gruppe dazu bringen, bessere Methoden für die Organisation der Gruppenarbeit zu entwickeln.

Das Problem: Bei der Zusammenarbeit ist ein verschwommenes Ziel eher hinderlich

Ebenso, wie Sie mehr erreichen werden, wenn Sie ein klares Ziel haben, so werden Sie besser vorankommen, wenn Ihre Organisation eine eindeutige gemeinschaftliche Zielsetzung hat. Die Wichtigkeit einer klaren, allgemein verstandenen Zielsetzung wächst proportional zur Anzahl der Leute, die zusammenarbeiten. Arbeiten Sie allein und haben kein Ziel, werden Sie *irgend etwas* schon zustandebringen. Kommen jedoch andere hinzu, kann das Fehlen eines klaren, allgemein verstandenen Zieles dazu führen, daß Sie überhaupt nichts erreichen. Eine Organisation ohne klare Vorstellungen dessen, was sie erreichen will, befindet sich in Unordnung.

Der junge Mitarbeiter der Anwaltsfirma spürte, daß seine Kräfte nachließen, weil er Sinn und Zweck seiner Arbeit nicht verstand. Das war aber nicht die einzige oder schlimmste Konsequenz. Während des nächsten Jahres mußte er zusehen, wie seine Firma am Rande der Auflösung schwankte.

Die drei leitenden Partner waren für den größten Teil der Aufträge verantwortlich und hatten den meisten Einfluß bei Entscheidungen. Andy war hinter hochkarätigen Finanziers als Klienten her, und er wollte einen Stall der besten jungen Rechtsanwälte haben, die er teilweise unbeschäftigt ließ, damit sie sofort zur Stelle sein und ihm zuarbeiten konnten, wenn sich für ihn ein spektakulärer Prozeß abzeichnete, der eine Erwähnung auf der Titelseite des *Wall Street Journal* garantierte. Stan wiederum hatte sich dem öffentlichen Dienst verschrieben, indem er den Staat bei seinen Prozessen gegen Versicherungsgesellschaften vertrat, die sich weigerten, die Kosten ihrer industriellen Klientel für die Beseitigung von Umweltschäden zu decken. Er übernahm wenig einträgliche Fälle für Gemeinden, die Schadensersatzansprüche für Umweltschäden erhoben, um Präzedenzfälle an strategisch günstig gewählten Bundesgerichten zu schaffen. Da sich diese Fälle über viele Jahre hinzogen und weil sie eine große Zahl möglicher Verursacher dieser Umweltschäden umfaßten, erforderten sie einen enormen Personaleinsatz, um die umfangreiche Beweislage zu prüfen. Fred wollte, die Anwälte nur für voll zahlende Klienten arbeiteten, um die Gewinne pro Partner zu steigern, die unter Anwaltskanzleien als Maßstab für Erfolg dienen.

Jahrelang dominierte der Streit der drei Teilhaber um diese Punkte den Verlauf der Meetings. Schließlich verließ einer von ihnen die Firma und nahm einen großen Anteil vom Kundenstamm mit. Aber da war es unserem jungen Anwalt bereits gleichgültig, denn er hatte schon lange zuvor gekündigt.

Die oben beschriebene Situation kommt beängstigend häufig vor. Nicht selten haben Mitglieder einer Organisation kein motivierendes Ziel vor Augen und bleiben gleichgültig. Andere versuchen, eine Organisation auf verschiedene Richtungen einzuschwören, ohne jedoch je miteinander besprochen zu haben, welche Ziele die Firma als solche haben sollte. Grundsatzerklärungen zu den Zielen einer Firma geben den Mitarbeitern keine Anleitung, wie sie ihre Arbeit tun sollen. Worin liegt ihr Problem?

Einige dieser Probleme konnten Sie bereits an sich selbst beobachten. Allgemein reagieren Menschen häufig auf die Vergangenheit und schauen selten nach vorn. Wir haben ein vages Ziel (»Hervorragende Leistungen«), das uns jedoch keinerlei Hinweis auf die notwendigen Vorgehensweisen gibt. Andere Gründe betreffen speziell die Arbeit in der Gruppe.

Einige kennen überhaupt kein Ziel

Wenn ein neuer Mitarbeiter kommt, verbringen wir in der Regel viel Zeit damit, ihm zu sagen, was zu tun ist, erklären aber kaum, warum. Im Moment sparen wir auf diese Weise Zeit, aber spätestens dann, wenn neue Fragen auftauchen, muß der Betreffende mit mehr Informationen versorgt werden.

Wir arbeiten an gegensätzlichen Zielen

Oft steht ein Ziel fest, doch nicht selten gibt es von diesem Ziel unterschiedliche Vorstellungen. So schlägt Ihnen beispielsweise Ihr direkter Nachbar vor, gemeinsam einen Zaun am Ende Ihrer beider Grundstücke zu bauen, um sie vom angrenzenden Feld zu trennen. Sie sind einverstanden, denn Sie wollen keine Kaninchen in Ihrem Garten haben. Daher sind Sie entsetzt, als Ihr Nachbar einen Zaum von 2,50 Metern Höhe errichtet, um den Lärm der nahe gelegenen Autobahn abzublocken. Die Kaninchen können ohne weiteres unten durchschlüpfen.

Es ist natürlich möglich, beiden Zielsetzungen gerecht zu werden, aber nur dann, wenn mit einem gemeinsamen Verständnis an die Sache herangegangen wird. Je mehr Leute zusammenarbeiten, desto größer ist die Gefahr, daß einige von ihnen gegensätzliche Zielsetzungen haben.

Es ist schwierig, alle zu gleichem Engagement zu bewegen

Die Arbeit in der Gruppe erhöht die Gefahr für die Mitglieder, einer gewissen Trägheit zu verfallen. Ist man mit anderen zusammen, ist man einer Vielzahl von Ablenkungen ausgesetzt – so kann man etwa mit Kollegen plaudern, kann sich aber auch mit ihnen gegen andere verbünden. Zudem erscheint die Notwendigkeit, die Arbeit zu erledigen, weniger machtvoll – die anderen werden das Problem schon lösen, derweil ich mich also beruhigt zurücklehnen kann. Oft obsiegt das verringerte Gefühl persönlicher Verantwortung, das wir alle spüren, wenn wir uns in einer Menge befinden. Sozialpsychologen haben herausgefunden, daß die gesamte Kraft, die ein Team beim Tauziehen aufbringt, in der Regel wesentlich geringer ist als die Summe der Kräfte, die jeder einzelne aufbringen kann.

Konzept: Eine Reihe gemeinsam erstellter Ziele, die uns lenken und motivieren

Eine Gruppe wird besser zusammenarbeiten, wenn die Mitglieder gemeinsam die Fähigkeit anwenden können, eine Zielsetzung zu finden, so wie sie es für sich selbst gelernt haben. Wie der Koch im Restaurant seine Zutaten bearbeitet, um sie dann zu einem delikaten Gericht zusammenzufügen, so verfolgen verschiedene Menschen in einer Organisation verschiedene unmittelbare Ziele, die dann später zu einem großen Endprodukt zusammengefügt werden. Je besser alle das Bild verstehen, zu dem sie gehören, desto größer ist die Chance, daß mehr erreicht wird. Und die Aufgabe, die eben noch niedrig und langweilig aussah, wird dann lohnenswert, wenn man den Anteil jedes einzelnen an einem lohnenswerten Ziel erkennt und wenn man weiß, daß die Kollegen es ebenso sehen. Präsident Kennedy fragte einmal einen alten Mann, der den Boden in Cape Canaveral fegte: »Was tun Sie hier?« »Wir schicken jemanden auf den Mond«, war die Antwort. Gemeinsames Brainstorming, Diskussionen, Entwerfen und Überarbeiten verschiedener Formulierungen – finden diese Aktivitäten in der Gemeinschaft statt, können sie dazu dienen, das gemeinsame Ziel genauer zu definieren und es dadurch zu einem nützlichen Wegweiser zu machen. John Harvey-Jones, ehemaliger Vorsitzender des riesigen, international operierenden Chemieunternehmens ICI, beschreibt in seinem Buch *Making It Happen,* wie er und die Vorstandsmitglieder diese Methode einsetzten, um die Richtung für das Unternehmen festzulegen. Sie hatten formlose Diskussionen, bei denen enorm viel auf ein Flip-chart geschrieben wurde. Das Resultat aus drei Tagen Arbeit bestand dabei mitunter aus nicht mehr als »zehn Punkten auf einem Flip-chart, und wir betrachteten das als gute Leistung«. In seinen

Augen gelangten sie auf diese Weise zu »einer gemeinsamen Auffassung, zu der jeder stand, was viel mehr war als das, was wir durch andere Mittel je hätten erreichen können«. Die gemeinsame Arbeit an der Definition von Zielen reduziert ganz erheblich die Gefahr, daß wir an gegensätzlichen Zielen arbeiten.

Alle helfen dabei, das Ziel, auf das sie hinarbeiten werden, zu formulieren

Die Mitglieder einer Organisation werden Sinn und Zweck einer Arbeit dann am besten verstehen, wenn sie an deren Definition mitgearbeitet haben. Vielleicht denken Sie nun: »Das ist verrückt. Ein großes Unternehmen kann nicht jeden Mitarbeiter zu einem Meeting einladen, damit dort Ziele gesetzt werden. Und woher hat man überhaupt die Gewißheit, daß die Ziele, welche die Mitarbeiter gewählt haben, mit den Wünschen des Vorstands und der Aktionäre übereinstimmen?« Diese Argumente sind nicht von der Hand zu weisen – die Sache ist schwierig. Aber: Sie ist nicht unmöglich. Ein nützliches Ziel ist schwierig zu formulieren. Je mehr Leute zusammenarbeiten, desto schwieriger wird es, jedermann an der Formulierung des Zieles der gemeinsamen Anstrengungen teilhaben zu lassen. Und einige Mitglieder der Organisation, nämlich diejenigen an der Spitze, tragen einen besonders großen Teil der Verantwortung, wenn es um die Definition von Konzepten und Zielen geht.

Als Faustregel gilt, daß jedes Mitglied einer Organisation dabei helfen sollte, diejenigen Ziele zu setzen, für die es verantwortlich sein wird. Wird ein Fernziel bzw. ein mittelfristiges Ziel vom Vorstand bestimmt, sollten die Mitarbeiter aller Ebenen jeweils planen, auf welche Weise sie die Vision am besten zur Realität werden lassen wollen.

Formuliert man Ziele, die zu verschiedenen Zeitpunkten erreicht werden sollen, das heißt in den verschiedenen Phasen einer größeren Aufgabe, schafft man die Möglichkeit, daß mehr Leute an einem relativ effizienten Prozeß der Zielsetzung teilhaben können – und das ist ein sehr wertvoller Aspekt. Der Vorstand könnte das Fernziel, das mittlere Management die mittelfristigen Ziele setzen. Die einzelnen Mitarbeiter könnten die unmittelbaren Schritte festlegen, die in Richtung auf größere Ziele erledigt werden müssen.

Es könnte nun die Aufgabe der Manager sein, zu überprüfen, ob die unmittelbaren, persönlichen Ziele, die von jeder Untergruppe oder von den einzelnen Mitarbeitern definiert wurden, in einer Linie mit dem Fernziel liegen und ob sie für die Mitarbeiter eine genügend große Herausforderung darstellen. Irgend jemand muß im Namen der Organisation die Fragen stellen: »Zu welchem Zweck?« und: »Mit welchen Mitteln«? Die näheren Ziele, die von den einzelnen Mitarbeitern gesetzt wurden, können den Managern außerdem als guter Indikator dafür dienen, ob die Mitarbeiter die größeren Ziele, auf die sie hinarbeiten, richtig verstanden haben.

Jeder lernt die unmittelbaren Zielsetzungen des anderen kennen

Ein weiterer Vorteil der Methode, die Ziele gemeinsam zu setzen, ist der, daß jeder Mitarbeiter jene eigenen Schritte kennt, die er als nächstes unternehmen wird. Und nicht nur das: Vor allem weiß er nun, auf welche Ziele seine Kollegen hinarbeiten werden. Wenn Sie das Ziel eines Kollegen bzw. einer Kollegin kennen, können Sie ihm bzw. ihr vielleicht durch die Übermittlung von Informationen und Informationsquellen beim Erreichen des Zieles behilflich sein. Andererseits können Sie Handlungen vermeiden, die Ihre Kollegen beim Erreichen ihrer jeweiligen Ziele behindern würden.

Wer bei der Formulierung der Ziele mitgewirkt hat, ist danach engagierter

Jede Organisation steht vor dem Problem, ihre Mitarbeiter von der Notwendigkeit überzeugen zu müssen, die Ziele der Organisation als ihre eigenen zu betrachten. Wie können wir die Mitarbeiter – sei es in der

Montagehalle oder in der Führungsetage – dazu bringen, den Zielen, auf die wir hinarbeiten, ein echtes Engagement entgegenzubringen?

Der leichteste Weg, jemanden dazu zu bringen, die Ziele der Organisation als die eigenen anzusehen, ist der, den Betreffenden an der Definition der Organisationsziele teilhaben zu lassen. Wenn jemand dabei hilft, die Ziele, die er für erreichbar hält, mit festzulegen und zu setzen, kann er nachher wohl kaum behaupten, die Firma erwarte von ihm zu viel Leistung.

Wie können wir das in die Tat umsetzen?

Wir wollen uns erneut ein kleines Beispiel vor Augen führen, an dem sich gut zeigen läßt, wie das Ganze funktioniert: Stellen wir uns eine kleine Firma vor, die Beratung zum erfolgreichen Verhandeln anbietet. Der Gründer der Firma hat eine Idee, die ihm gut gefällt, und er möchte daher, daß drei junge Berater dazu abgestellt werden, ihn während der Hälfte der Arbeitszeit zu unterstützen. Er beruft ein Meeting ein ...

Gründer: Ich habe mir gedacht, daß wir etwas gegen die Gewalt an Schulen tun sollten. Natürlich können wir nicht in jede Schule gehen, aber ein fetziges Video, das die Kids begierig anschauen würden, könnte ihnen dieselben Botschaften vermitteln. Darüber hinaus könnten eine Menge Schulen, die sich unsere Dienste nicht leisten können, dennoch ein paar hundert Dollar für eine Videoserie erübrigen. Wir könnten Gutes tun und außerdem dabei verdienen. Einige Firmen der Unterhaltungsindustrie, die kritisiert werden weil sie Sex und Gewalt im Fernsehen zeigen, würden uns möglicherweise unterstützen, um ihr Image zu verbessern. Also Leute, wie können wir das erreichen? Welche Schritte müssen wir unternehmen?

Berater 1: Ich würde vorschlagen, wir fangen einfach damit an, das erste Video einer Serie herzustellen. Das versenden wir dann an Kunden, und wenn es sich gut verkauft, haben wir Geld genug, um es in die übrigen Videos zu investieren.

Berater 2: Und wenn das Video nicht gut ankommt? Dann haben wir eine Menge Geld zum Fenster hinausgeworfen.

Berater 1: Das Video würde dieselben Prinzipien enthalten, die wir immer vermitteln, und deshalb könnten wir es auch in anderen Kursen verwenden. Wir könnten Beispiele für Themen benutzen, die auch in unseren Standardkursen vorkommen.

Berater 3: Bevor wir uns an die Arbeit machen können, brauchen wir jemanden, der zunächst die Produktionskosten übernimmt. Wer könnte uns Zugang zu einer Produktionsfirma verschaffen?

Berater 2: Ich werde unsere Vorstandsmitglieder fragen, denn die müßten eigentlich die entsprechenden Verbindungen haben. Und wir brauchen etwas zum Vorzeigen, um Interessenten für unsere Idee zu gewinnen.

Berater 1: Wir könnten mit geringen Kosten eine Demo-Version mit der Video-Kamera anfertigen.

Berater 3: Bei unseren schauspielerischen Fähigkeiten? Legen die Leute vom Film ihrem Produzenten nicht erst einmal ein Script vor?

Gründer: Das ist eine gute Idee. Würden Sie sich die Mühe machen, ein Script zu entwerfen?

Berater 3: Hmm, na gut ...

Sie arbeiten noch eine Weile, bis sie folgende Zielsetzung erarbeitet haben ...

Fernziel. In fünf Jahren werden wir eine Abteilung haben, die Lernvideos herstellt mit dem Zweck, High-School-Studenten beizubringen, wie man durch Verhandeln mehr erreicht als durch Gewalt. Die Videoserie wird an vielen Schulen im ganzen Land zum Einsatz kommen. Bei den Teenagern, welche die Videos gesehen haben, wird die statistische Wahrscheinlichkeit, wegen krimineller Gewalttätigkeiten in Konflikt mit dem Gesetz zu kommen, geringer sein. Unsere Abteilung wird den geistigen Inhalt liefern, während eine Partnerorganisation, die Erfahrung mit der Produktion und dem Vertrieb von Unterhaltungsmedien (und vielleicht Lernmedien) hat, den organisatorischen Teil besorgen wird. Das Projekt wird genug einbringen, um sich selbst und seine Erweiterung zu finanzieren.

Mittelfristiges Ziel. Innerhalb von zwei Jahren werden wir ein Video von zehn bis fünfzehn Minuten Länge über Alternativen zur Gewalt produziert haben, das einige einfache Lektionen enthalten wird, die auch dann von Wert sein werden, wenn die Serie nicht fortgesetzt werden sollte. Es könnte in einige bereits vorhandene Kurse integriert werden. Darüber hinaus wird es eine Basis für den Entwurf anderer Serienproduktionen liefern.

Unmittelbare Ziele. Innerhalb von drei Monaten werden wir folgendes erreicht haben:
- Wir werden Termine für Meetings mit einflußreichen Vorstandsmitgliedern von mindestens zwei Medienfirmen (wie Disney, Paramount, Time Warner oder Nickelodeon) haben, um sie für die Idee zu interessieren (vom Gründer zu organisieren).
- Wir werden einen Entwurf für das Serienkonzept haben (Berater 1).
- Wir werden den Script-Entwurf für eine Anfangsepisode haben (Berater 2 und 3).

Wenn Ihnen dieses Konzept gemeinsam formulierter Ziele attraktiv und nützlich erscheint, so stellt sich als nächstes die Frage, was Sie tun könnten, um das Konzept der Realität anzunähern.

Übernehmen Sie nun das Ruder: Verbessern Sie die Methoden der Zielsetzung in Ihrer Organisation

Ausgestattet mit einem Konzept der besseren Zusammenarbeit bei dem Setzen von Zielen, sollten Sie sich nun der Durchführung zuwenden. Sie können darauf hinwirken, daß Ihre Untergebenen, Ihre Kollegen und sogar Ihr Chef künftig bessere Praktiken anwenden. Wählen Sie jeweils die Taktik, die Ihnen unter den gegebenen Umständen am erfolgversprechendsten erscheint. Das wird nicht einfach sein. Es kann geschehen, daß Verbesserungsversuche das Gegenteil bewirken.

Kehren wir ein weiteres Mal zu dem jungen Mitarbeiter einer Anwaltsfirma zurück, dessen Firma keine klare Zielsetzung hatte. Bevor er die Firma verließ, hatte er durchaus versucht, etwas zu ändern. Unglücklicherweise wählte er dafür eine unbrauchbare Taktik ...

Da er seine Unzufriedenheit schließlich mit der Art und Weise, wie die Partner untereinander kämpften, in Zusammenhang brachte, faßte er sich ein Herz und wandte sich während eines Meetings, das wegen eines unerwarteten Rückgangs der Einnahmen einberufen worden war, mit folgenden Worten an die leitenden Partner: »Sie beschweren sich darüber, daß wir nicht genug Geld hereinbringen, und Sie wollen, daß die jungen Anwälte noch mehr arbeiten. Aber Andy läßt die Leute an Pro-bono-Fällen arbeiten, die absolut kein Geld einbringen. Und Stan hält viele von uns durch Hintergrundarbeiten in Warteposition, damit wir zur Stelle sein können, wenn er einen neuen Klienten an Land zieht. Werfen Sie also nicht uns die niedrigen Einnahmen vor. Wenn Sie wirklich mehr verdienen wollen, müssen Sie aufhören, nur an sich selbst zu denken.« Der junge Mitarbeiter wurde von den anderen Rechtsanwälten seiner Ebene sehr dafür beglückwünscht, daß er »unaussprechliche Wahrheiten« vorgetragen hatte. Die leitenden Partner dachten jedoch nicht daran, ihre Gewohnheiten bei der Verteilung der Fälle zu ändern – mit einer Ausnahme: Unserem jungen Freund wurden künftig alle besonders unangenehmen Fälle zugeteilt.

Wieder dachte er eine Weile nach, und diesmal kam er zu dem

Schluß, da er sie nur wegen ihrer Verhaltensweisen kritisiert habe, ohne konkrete Änderungsvorschläge zu unterbreiten, sei es kein Wunder, warum sie gemauert hätten. Sein folgender Versuch bestand also darin, ihnen eine Lösung anzubieten. Zum nächsten Meeting erschien er mit einer selbstverfaßten Zielsetzung der Firma. Er ließ sie herumgehen, damit die anderen abstimmen konnten, ob sie die Erklärung annehmen oder ablehnen wollten. Ohne überhaupt einen Blick auf die Erklärung zu werfen, sagte der Firmengründer: »Werden Sie doch Mitinhaber, und wenn Ihnen dann wieder einmal etwas Schlaues einfällt, sind Sie wenigstens auch dafür verantwortlich. Wirklich zu schade, daß Sie nicht da waren, als ich diese Firma gegründet habe.« Der junge Mann bekam seine Abstimmung und verlor mit großem Abstand.

Was würden Sie tun? Unterbrechen Sie bitte für einen Moment Ihre Lektüre, um Ihre spezielle Situation zu überdenken. Welche Vorgehensweisen fallen Ihnen ein? Wenn Sie sich für eine Vorgehensweise entschieden haben, dann sollten Sie sie bitte mit unseren Vorschlägen vergleichen. Wir nehmen nicht in Anspruch, daß unsere Vorschläge besser sind als Ihre (besonders, da wir Ihre Vorschläge nicht kennen), aber unsere Vorschläge können Ihnen vielleicht ein paar weitere Denkanstöße geben.

Sinn und Zweck einer jeden Aufgabe kennen

Was also könnten Sie tun, damit Ihre Organisation bessere Arbeitsmethoden entwickelt? Fangen Sie klein an. Auch eine Aufgabe, die anscheinend nur einen sehr geringen Aufwand erfordert, sollte einen klar umrissenen Zweck haben. Finden Sie bei jeder Anweisung von oben, aber auch bei jeder Anfrage von Kollegen zunächst heraus, welchem Zweck die Arbeit dienen soll. *Bitten Sie um Daten.*

Natürlich können Sie loslaufen und eine Zeitung besorgen, weil Ihre Chefin es Ihnen so aufgetragen hat. Und anstatt Ihrer Chefin die schlichte Frage: »Warum?« zu stellen (auf die Sie womöglich die Antwort: »Weil ich es Ihnen gesagt habe!« bekommen), sollten Sie die Frage so formulieren, daß Ihre Chefin den *Zweck* Ihrer Frage erkennt. Vielleicht könnten Sie so etwas sagen wie: »Wird gemacht, aber wenn Sie mir auch sagen würden, wofür Sie die Zeitung benötigen, könnte ich sehr schnell die richtige Zeitung besorgen.« Ursache und Ziel der Arbeit sind gleichermaßen von Bedeutung.

Bitten Sie auf der anderen Seite jemand anderen, etwas zu tun, sollten Sie *Daten anbieten*. Wenn Sie eine Anweisung oder eine Anfrage erteilen, so sollten Sie sich einen Moment Zeit nehmen, um zu erklären, welchem Zweck die Arbeit dienen soll.

Sobald Sie mit diesem Teil zurechtkommen, sollten Sie sich ehrgeizigeren – und schwierigeren – Maßnahmen zuwenden, um nun die ganze Organisation dahingehend zu beeinflussen, daß sie ihre Zielsetzung überdenkt.

Auf die Verbesserung der inhaltlichen Ziele der Organisation hinarbeiten

In der Regel gibt es in diesem Zusammenhang ein bzw. zwei Probleme: Das Ziel selbst entbehrt Substanz, und/oder es ist durch Methoden entstanden, die niemanden dazu ermutigen, die Autorenschaft dafür zu übernehmen. Wir werden uns nun damit auseinandersetzen, wie man beide Probleme der Reihe nach angehen kann.

Bitten Sie um Daten: Versuchen Sie herauszufinden, welcher Gedankengang hinter der gegenwärtigen Zielsetzung steckt. Hat sich Ihre Firma eine nichtssagende Zielsetzung auf die Fahnen geschrieben, welche die Mitarbeiter nicht motiviert, oder eine, die so vage ist, daß sie nicht in konkrete Handlungen umgesetzt werden kann, sollte Ihr erster Schritt darin bestehen, mehr über die Ziele herauszufinden. Sie sollten nicht einfach voraussetzen, daß Sie bereits alles wissen, was Sie brauchen. In der Tat könnte das Problem gerade darin liegen, daß niemand wirklich darüber nachgedacht hat, wodurch eine Zielsetzung nützlich sein könnte, oder es war einfach zu schwierig, die Ideen der Unternehmensleitung in Worte zu fassen. Vielleicht existiert eine detailliertere Version der Zielsetzung, die Sie nur noch nicht zu Gesicht bekommen haben. Der Formulierung nützlicherer Ziele könnten außerdem Hinderungsgründe im Wege stehen, von denen Sie keine Kenntnis haben.

Zunächst benötigen Sie also mehr Informationen zu dem Problem. Diese Informationen sollten nicht nur Ihnen allein dienlich sein, sondern Sie sollten damit zu anderen gehen und diese bitten, Ihnen dabei zu helfen, mehr herauszufinden. Auf diese Weise erhalten auch andere Gelegenheit, sich mit dem Problem zu beschäftigen.

Unser junger Rechtsanwalt hätte zu jedem der drei Seniorpartner gehen und folgende Fragen an sie richten können:

- »Woher stammt die Erklärung zur Zielsetzung der Firma? Wer hat sie verfaßt?«
- »Was bedeutet sie?«
- »Welche Punkte, die nachher herausgelassen wurden, wollten Sie ursprünglich mit hineinnehmen?«
- »Was ist es, das Ihnen an dieser Vision so gut gefällt?«
- »Wann wurde die Vision ins Leben gerufen? Haben Sie inzwischen Erfahrungen gemacht, die Ihre Denkweise verändert haben?«

Bei dieser Art der Fragestellung gibt es zwei mögliche Resultate. Im ersten Fall erhalten Sie zufriedenstellende anregende Informationen hinsichtlich des Zieles, die Ihnen helfen, Ihre Bemühungen in die richtige Richtung zu lenken. Wenn sich die Sachlage so darstellt, dann brauchen Sie nichts anderes zu tun, als diese Informationen an die anderen Mitarbeiter der Firma weiterzureichen. Der andere Fall wäre, daß Ihre Fragen das Fehlen eines seriösen, motivierenden Zieles zutage fördern. Das bedeutet nicht, daß Sie keine weiteren Fragen stellen sollten. Vielmehr sollte es in diesem Fall so sein, daß Ihre Fragen den Blick Ihres Chefs auf Themen lenken, über die nachzudenken lohnenswert wäre, und daß Sie ihm genügend Spielraum lassen, darüber auch nachzudenken, bevor er Ihnen antwortet.

In einem Fall wie dem zuletzt beschriebenen kann es übrigens von einigem Nutzen sein, wenn man eine niedrigere Position in der Rangordnung innehat. Niemand kann es Ihnen übel nehmen, wenn Sie mehr über die Zielsetzungen der Firma wissen möchten. Und Ihre Fragen können den Vorstand anregen, über genau dieselben Gesichtspunkte nachzudenken, die Sie als Tagesordnungspunkte für ein Meeting mit dem Zweck, Ziele zu setzen, vorschlagen würden. Bei all dem sollten die Fragen nicht so gestellt werden, daß sie den Charakter einer Infragestellung der Kompetenz derjenigen in sich tragen, welche die Zielsetzung entworfen haben. Statt dessen sollten die Fragen so gestaltet sein, daß durch sie die Dinge erfragt werden, die ein unerfahrener Neuling gerne wissen würde.

Das erste, was Sie jedoch brauchen, ist eine genügend lange Zeitspanne, um mit einem Seniorpartner sprechen zu können, der genügend Einfluß hat.

Kehren wir in unsere Anwaltsfirma zurück. Der junge Rechtsanwalt könnte es mit folgenden Äußerungen versuchen:

»Hallo, kann ich kurz mit Ihnen sprechen? Ich würde gerne einen Gesprächstermin mit Ihnen vereinbaren, um mit Ihnen über die Ziele des Unternehmens zu sprechen. Ich habe einige Fragen zu diesen Zielen und darüber, wie ich sicherstellen kann, daß meine Arbeit dazu beiträgt, den Zielen näherzukommen. Ich denke, eine halbe bis eine Stunde wären angemessen.«

»Ich habe den Eindruck, daß ich unsere Zielsetzung noch nicht so ganz verstanden habe, und es fällt mir sehr schwer, einige der Begriffe zu verstehen, die in diesem Zusammenhang immer wieder verwendet werden. Ein Teil der Zielsetzung besagt, daß wir den Ruf erlangen möchten, den höchsten Ansprüchen in der Rechtspraxis entsprechen zu wollen. Schließt dieser Anspruch eine Aussage darüber ein, wo wir in fünf Jahren stehen möchten? Wollen wir also die Zahl der Rechtsanwälte um dreißig erhöhen, weil unsere Klientel wächst, oder sind wir bestrebt, eine größere Anzahl von Fällen zu gewinnen, oder werden wir versuchen, einen höheren Anteil von Fällen durch Vergleich abzuschließen?«

Haben Sie Ihrem Chef erst einmal dabei geholfen, ein greifbares Ziel zu artikulieren, können Sie weitere nahe und fernere Ziele ansteuern, die in Zusammenhang mit dem ersten Ziel stehen: »Okay, das ist also unsere Zielsetzung für die nächsten fünf Jahre. Was aber sollten wir am Ende dieses Jahres erreicht haben?« Oder: »Warum wollen wir das? Wohin führt uns das?« Oder: »Ich versuche gerade, ein näheres Ziel zu finden, das ich in der Zwischenzeit ansteuern könnte. Wie wäre es mit ...«

Wenn sich unsere Hoffnungen erfüllen, so kommt bei diesem Gespräch ein erster Entwurf für eine Anzahl von Zielen zu verschiedenen Zeitpunkten heraus. Der Entwurf wird nicht perfekt sein, und das wollen Sie auch gar nicht. Nur Sie und Ihr Chef kennen bisher dieses Ziel. Für wirkliche Veränderungen werden Sie Spielraum brauchen, wenn Sie das Ergebnis dieses Meetings in etwas Größeres verwandeln wollen. Sie könnten mit der Frage beginnen: »Wäre es Ihnen recht, wenn ich diese Ziele schriftlich fixiere und den anderen mitteile? Das könnte einigen jüngeren Mitarbeitern wie mir, die das Konzept der Firma erst dann durchschauen können, wenn sie einfache, konkrete Resultate vor Augen haben, sehr helfen. Darüber hinaus könnten vielleicht ein paar andere leitende Mitarbeiter das ihre hinzufügen.« Ihr Memo könnte in der ganzen Firma Gespräche auslösen, und Sie haben lediglich Fragen gestellt und Antworten notiert – also nichts, was irgend jemanden ärgern oder verletzen könnte.

Durch Ihre Initiative möchten Sie nicht nur die anderen anspornen, über diese Fragen nachzudenken, Sie möchten außerdem Ihren Vorgesetzten folgende Botschaft übermitteln: »Mir ist bewußt, daß Sie mehr über die Firma wissen als ich, und ich möchte etwas von Ihnen lernen.« Wenn es Ihnen gelingt, diese Botschaft zu übermitteln, werden sich nur wenige Vorgesetzte verweigern.

Bieten Sie Daten und Diagnosen an: Berichten Sie von Ihrer eigenen Reaktion. Ihr erster Versuch wird vielleicht nicht ganz so reibungslos wie dargestellt ablaufen. Vielleicht werden die Vorgesetzten keine Zeit für ein Meeting mit Ihnen erübrigen, da sie Ihren Fragen keine Dringlichkeit beimessen. Womöglich verstehen sie auch nicht, wieso es überhaupt Probleme geben soll: »Wir haben doch schon all das befolgt, was uns der Berater ans Herz gelegt hat – wir haben eine Zielsetzung verfaßt, und die hängt dort drüben an der Wand. Was ist daran falsch?«

Lassen Sie sich nicht so schnell entmutigen. Wenn Sie das Gefühl haben, daß die erklärte Zielsetzung der Firma nicht sonderlich motivierend oder hilfreich beim Treffen von Entscheidungen ist, besteht eine große Wahrscheinlichkeit, daß auch andere dieses Gefühl haben. In den meisten Organisationen erfahren die Vorgesetzten niemals, daß den Zielen, die sie da erklären, irgend etwas fehlt. Sagt man ihnen, daß ihre Zielsetzung nicht gut genug ist, fühlen sie sich angegriffen. Da es sich um einflußreiche Leute handelt, riskieren die wenigsten, sich mit ihnen anzulegen. Im übrigen gilt es als ein Zeichen von Loyalität und Strebsamkeit auf seiten der Mitarbeiter, wenn man zur Zielsetzung der Organisation steht. Es erfordert daher eine gehörige Portion Mut, wenn man zugibt, daß man mit diesem oder jenem Aspekt der erklärten Zielsetzung nichts anzufangen weiß.

Sie könnten zu einem der Teilhaber gehen, und etwa folgendes zu ihm sagen:

»Ich mache mir ein wenig Sorgen, ob das, was ich sage, auch richtig rüberkommt, denn ich möchte nicht, daß Sie meinen, ich sei unzufrieden. Dennoch, ich weiß nicht, was ich mit der erklärten Zielsetzung der Firma, die in der Lobby aushängt, anfangen soll. Sobald ich darüber nachdenke, wie ich einen guten Beitrag leisten könnte, habe ich diese Zielsetzung vor Augen. Ich glaube, mir ist nicht ganz klar, was ›Exzellenz in der Rechtspraxis‹ bedeuten soll. Ich weiß nicht genau, welche praktischen Schritte ich unternehmen kann, um dorthin zu gelangen. Mir jedenfalls kommt die Erklärung ziemlich abstrakt vor. Da ich nicht weiß, was sie bedeuten soll, kann sie mir auch nicht helfen, wenn ich die Nacht durcharbeite und mich frage: ›Warum mache ich das nur?‹

Ich könnte mir vorstellen, daß auch andere so denken wie ich. Es wäre gut möglich, daß Sie mehr Leistung – und sogar eine bessere Leistung – von uns bekämen, wenn wir verstehen würden, worauf wir hinarbeiten.«

Sicherlich werden Sie versuchen wollen, Ihre Bemerkungen so zu formulieren, daß der Effekt, den die Zielsetzung auf Sie hat, im Vordergrund steht und nicht etwa ein Urteil darüber, ob die Zielsetzung gut oder schlecht ist. Der Ansatz ist, *Fakten anbieten,* indem Sie mitteilen, daß die Formulierung der Zielsetzung nicht geeignet ist, Sie zu motivieren, und daß Sie zusammen mit Ihrem Gesprächspartner zu einer *Diagnose* kommen wollen, das heißt, Sie möchten wissen, was es konkret mit der Zielsetzung auf sich hat. Ihre gemeinsame Diagnose wird dann deutlich machen, warum die Formulierung der Zielsetzung nicht geeignet ist, Sie zu motivieren – ohne daß deshalb ein schlechtes Licht auf Sie fällt. Auf diese Weise kann niemand behaupten, Ihre »miese Einstellung« sei für Ihre mangelnde Motivation verantwortlich. Vielmehr wird sich die Aufmerksamkeit auf die Frage richten, wie die Zielsetzung umformuliert werden könnte, damit sie insgesamt eine bessere (und breitere) Wirkung erzielt. So mag eine brauchbare Diagnose für den leitenden Partner, der sich darüber den Kopf zerbricht, wie er seine jungen Anwälte zur Arbeitssteigerung ermuntern kann, eine willkommene Hilfe sein.

Weisen Sie eine Richtung: Schlagen Sie vor, vage Visionen in greifbare Ziele umzuwandeln. Wenn Sie feststellen, daß Sie einerseits mit Ihren Fragen nicht recht weiterkommen und andererseits einigermaßen sicher sein können, daß Ihre Chefs und Kollegen nicht mit Abwehr auf direkte Vorschläge von Ihnen reagieren werden, können Sie versuchen, konkrete Richtungsangaben zu machen

– nicht etwa darüber, welches das Ziel sein sollte, sondern hinsichtlich der Struktur, die das Ziel haben könnte. Im Falle unserer Anwaltsfirma bestand das schwierigste Problem nicht darin, daß sie kein Ziel hatte, sondern darin, daß gegensätzliche Vorstellungen über die Beschaffenheit des Zieles vorherrschten. Keinesfalls sollten Sie sich in eine Schlacht über den Inhalt einer Zielsetzung verwickeln lassen.

Folgendermaßen könnte eine Unterredung mit einem der drei leitenden Partner aussehen:

Sie: Ich bin der Meinung, daß das Problem der Einteilung der Anwaltszeit mehr ist als ein taktisches Scharmützel. Es scheint eher Ausdruck einer grundsätzlichen Meinungsverschiedenheit darüber zu sein, wohin sich unsere Firma in den nächsten Jahren entwickeln soll.

Leitender Partner: Ja, in gewisser Weise schon. Aber unser unmittelbares Problem besteht darin, daß wir die Jungs dazu bringen müssen, mehr Klienten an Land zu ziehen.

Sie: Statt ständig darauf zu schauen, ob Sie oder Andy den nächsten Klienten für sich verbuchen können, sollten wir vielleicht zunächst in einem Plan festhalten, was die Firma in fünf Jahren erreicht haben soll. Dann könnten wir wieder zurückgehen und einen Plan aufstellen, der nur den folgenden Monat behandelt.

Leitender Partner: Und was für einen Plan haben Sie da im Sinn?

Sie: Nun ja, da bin ich mir nicht ganz sicher, und ich denke, daß Sie, Stan und Andy mehr Ahnung davon haben. Wenn Sie es möchten, kann ich einen Entwurf machen, damit wir einen Ausgangspunkt haben, aber konkrete Vorschläge habe ich nicht.

Leitender Partner: Das wird das Problem auch nicht lösen, wie wir es erreichen können, daß mehr bezahlte Arbeit geleistet wird.

Sie: Im Moment sicherlich nicht. Mit der Zeit würden sich die Leute aber vielleicht doch mehr engagieren, wenn sie irgendein konkretes Ziel vor Augen hätten, auf das sie hinarbeiten könnten.

Leitender Partner: Das könnte sein.

Sie: Was könnten wir tun, um das zu erreichen? Wenn wir Stan und Andy erzählen, daß wir die Absicht haben, unser Fernziel zu überdenken, halten sie das vielleicht für einen Schachzug, der sie dazu bringen soll, Ihrem Plan zuzustimmen.

Leitender Partner: Hmm. Wir könnten damit beginnen, daß ...

In der Praxis sieht es so aus, daß ich zunächst meine *Daten* sammle (mit Schwerpunkt auf den Schwierigkeiten, die ich bei der Verteilung der Arbeiten an die Mitarbeiter beobachtet habe), danach die *Diagnose* stelle (unter Berücksichtigung der Meinungsverschiedenheiten darüber, welche unsere Ziele sein sollten), um dann eine entsprechende *Marschrichtung* vorzuschlagen.

Bieten Sie den nächsten Schritt an: Schlagen Sie konkrete Punkte für ein Meeting vor. Der theoretische Entwurf einer besseren Zielsetzung allein nützt noch gar nichts, sondern es müssen konkrete Pläne zur Umsetzung der Theorie in die Praxis entworfen werden. Ihre Rolle könnte es sein, zunächst in Gedanken einen entsprechenden Plan zu entwerfen. Um das Risiko zu reduzieren, daß einer oder mehrere der leitenden Partner auf Ihre Dreistigkeit, einen Plan vorzulegen, negativ reagieren, könnten Sie ein Memo entwerfen, in dem Sie Ihre Gedanken erläutern. Am besten sprechen Sie es auch mit einer weithin respektierten Partnerin durch, deren Meinung im Unternehmen Beachtung findet. Sie könnten solch einen Entwurf direkt unter Ihrem Namen in Umlauf bringen, und wenn sie das für klüger hält, unter dem Namen der respektierten Partnerin. Dieser Entwurf könnte in etwa folgendermaßen aussehen:

Einer unserer jüngeren Mitarbeiter hat mich davon überzeugt, daß einigen unserer aktuellen Probleme die fehlende Klarheit hinsichtlich der Fernziele der Firma zugrunde liegt. In letzter Zeit waren Sie alle drei so sehr mit Ihren aktuellen Fällen beschäftigt, daß Sie sicherlich nicht viel Zeit hatten, über Fernziele nachzudenken und sie auch noch zu erklären.

Ich wäre bereit, Ihnen einen Teil dieser Arbeit abzunehmen, und möchte Ihnen daher vorschlagen, daß wir vier uns zunächst zusammensetzen, um uns darüber zu unterhalten, an welchem Punkt jeder von Ihnen die Firma in, sagen wir, fünf Jahren sehen möchte. Wie soll die Firma dann aussehen? Wie soll sie nach der Hälfte der Zeit aussehen? Und was soll sie Ihrer Meinung nach am Ende dieses Jahres erreicht haben – das wäre dann ein kurzfristiges Ziel, das uns allen helfen würde, die von Ihnen gewünschte Richtung einzuschlagen. Nachdem ich die Meinung eines jeden einzelnen von Ihnen gehört habe, werde ich versuchen, einen groben Plan zu skizzieren und Ihnen vorzulegen.

Wegen eines Termins habe ich bereits mit Ihren Sekretärinnen Rücksprache gehalten, und es sieht so aus, daß Sie alle nächsten Donnerstag nachmittag Zeit hätten. Ich habe den Konferenzraum im 39. Stock für den Fall reserviert, daß Sie die von mir vorgeschlagene Unterredung für sinnvoll halten.

Natürlich erwarte ich nicht, daß ein einziges Gespräch ausreicht, um ein klares und von allen akzeptiertes Konzept über die Richtung der Firma hervorzubringen. Dennoch bin ich der Überzeugung, daß ein privates Gespräch zwischen Ihnen hinsichtlich der Ergebnisse, die Sie in der Zukunft gern sehen würden, uns helfen könnte, unser Ziel klarer zu sehen, so daß wir die aktuellen Probleme besser lösen könnten.

Sollten Sie meine Anwesenheit bei diesem Gespräch nicht wünschen, teilen Sie es mir bitte einfach mit. Dies ist lediglich als ein Vorschlag und ein Unterstützungsangebot anzusehen.

Es wird den drei leitenden Partnern sicher nicht leichtfallen, sich über die zukünftigen Ziele zu einigen. Immerhin stehen die Chancen aber erheblich besser, wenn sie sich dem Problem stellen, statt es ständig zu ignorieren. In der Tat könnte das Ergebnis sein, daß einer der Teilhaber die Firma verläßt, um Ziele zu verfolgen, die zwar ihn motivieren, jedoch nicht die anderen. Es ist erheblich besser, wenn diesem Schritt eine bewußte Entscheidung zugrunde liegt, als wenn der eine oder andere voller Frustration davonstürmt, nachdem er Jahre in einer Organisation zugebracht hat, deren Arbeitsweise sich mit seinen Zielen nicht in Einklang bringen läßt.

Handeln Sie: Entwerfen Sie eine Anzahl von Zielen. Es kann auch von Nutzen sein, zunächst nur erste Überlegungen für bessere Ziele anzustellen. Zumindest könnten Ihre Entwürfe als ein Beispiel dienen für die Art der Ziele, welche für die Organisation von Nutzen wären. Bitten Sie nicht um Zustimmung für Ihren Entwurf, sondern lassen sie ihn vielmehr ein paar Kollegen mit der Bitte zukommen, aus deren Sicht notwendige Verbesserungsvorschläge einzubringen. Ihre Kollegen sollten nicht nur die Möglichkeit haben, Teile Ihres Entwurfs zu verbessern, sondern auch die Freiheit, ganz neue Vorschläge darzulegen.

Auch wenn Sie sich völlig sicher sind, welche konkreten Ziele die Organisation braucht, sollten Sie einen Entwurf vorlegen, der grob und unvollständig ist. Gönnen Sie den anderen das Erfolgserlebnis, etwas zur Klärung und Verbesserung der Zielsetzung, welche die Gruppe anstrebt, beizutragen. Sollten Sie tatsächlich erreichen, daß bessere Ziele gesetzt werden, ohne abgewiesen worden zu sein, haben Sie allen Grund, zufrieden zu sein. Verbessern Sie nun die Vorgehensweise: Sorgen Sie dafür, daß jeder am Entstehungsprozeß der Teilziele beteiligt wird.

Verbessern Sie den Ablauf, indem Sie alle ermuntern, dabei mitzuhelfen, untergeordnete Ziele zu finden

Fragen Sie konkret: Ist jeder hinreichend durch das Ziel motiviert?
Es dürfte Ihnen schwerfallen, Vorgesetzte davon zu überzeugen, daß neue Wege beschritten werden müssen, damit die Mitarbeiter mehr Engagement zeigen, wenn die Firmenleitung ihrerseits der Meinung ist, alle seien hinreichend motiviert. Sie könnten Ihre Vorgesetzten auf das Problem aufmerksam machen und dabei vielleicht erfahren, daß das Problem ein anderes ist als das, welches Sie annehmen.

> **Sie:** Entspricht das Engagement der Mitarbeiter Ihren Vorstellungen?

Bieten Sie eine Diagnose an: Die Ziele, die jemand anderes gesetzt hat, motivieren mich nicht so sehr wie diejenigen, die ich selbst gesetzt habe. Das bloße Aufspüren von Fakten kann leicht zu unproduktiven Diagnosen führen, die uns, als Erklärung für mangelndes Engagement nicht weiterhelfen. Wenn Menschen nicht motiviert erscheinen, bezeichnen wir sie meist voreilig als Faulpelze oder Simulanten, anstatt uns zu fragen, ob ihnen eventuell ein Engagement abverlangt wird, dessen Sinn sie nicht einsehen können.

> **Chef:** Also eigentlich ist das Engagement der Leute nicht schlecht, aber wahrscheinlich könnte es noch besser sein. Was haben Sie im Sinn?
> **Sie:** Ich frage mich, ob nicht ein Teil des Problems darin liegt, daß die Ziele, auf die die Mitarbeiter hinarbeiten sollen, so sehr vom Management geprägt sind, daß sie sich schwertun, sie als ihre eigenen anzunehmen.
> **Chef:** Das ist sicherlich ein Faktor – aber was sollen wir machen? Natürlich ist es erfreulich, wenn die Ziele des Unternehmens auf einer Linie mit den Zielen der Mitarbeiter liegen, aber wir können doch nicht die Zielsetzung des Unternehmens den Wünschen der Mitarbeiter anpassen.

Sie: Da stimme ich mit Ihnen überein. Natürlich können wir die Ziele nicht danach auswählen, was für die Angestellten einfacher ist. Dennoch wäre es schon eine Hilfe, wenn die Mitarbeiter bei der Verbesserung und der Definition der Ziele ein gewisses Mitspracherecht hätten, also sozusagen am Urheberrecht beteiligt wären. Ein und dasselbe Ziel motiviert mich mehr, wenn ich an seiner Erschaffung beteiligt war.

Chef: Aber wie kann es dasselbe Ziel sein, wenn Sie an der Bearbeitung beteiligt waren?

Bieten Sie eine Richtung an: Jeder könnte an der Zielfindung beteiligt sein. Vielleicht gelingt es Ihrem Chef selbst, einen guten Plan zur Beteiligung aller an der Zielfindung auszuarbeiten. Falls nicht, könnten Sie ihm mit Ihren Ideen unter die Arme greifen.

Sie: Wir könnten zunächst einmal mehrere aufeinanderfolgende Ziele festlegen. Wenn Sie uns vorab einen Plan der großen Ziele vorlegen, dann könnte sich jeder seine eigenen Gedanken hinsichtlich der Zwischenstationen machen.

Chef: Wie nun, wenn sie einfach nach den für sie unproblematischsten Zielen Ausschau halten würden?

Sie: Sie könnten veranlassen, daß Ihnen Vorschläge zur Begutachtung vorgelegt werden, um so auszuschließen, daß Sie Autorität einbüßen. Schließlich sind Sie immer noch der Chef. Sie würden Ihre Mitarbeiter lediglich bitten, die Schritte auf jenem Weg zu erarbeiten, von dem sie möchten, daß wir ihn gehen. – Wäre ein solcher Plan nicht akzeptabel?

Das Festlegen einer klar umrissenen Zielsetzung, bestehend aus greifbaren Einzelresultaten, führt nicht zu Utopien. Es hilft. Es werden einige Probleme gelöst und die Voraussetzungen zur Lösung anderer geschaffen. Eine klar umrissene Zielsetzung ist der Grundpfeiler, der das ganze Gebäude erfolgreicher Zusammenarbeit stützt.

Ist es Ihnen gelungen, Ihre Organisation auf der Suche nach einer klareren Zielsetzung erfolgreich zu unterstützen, so haben Sie einen wertvollen Beitrag geleistet, der Anerkennung verdient. Hat Ihre Organisation schon immer über eine klare und nützliche Zielsetzung verfügt, verzagen Sie nicht. Es gibt noch eine ganze Reihe weiterer Elemente, die zum Erreichen guter Resultate unabdinglich sind und die daher unsere Aufmerksamkeit verdienen.

Kapitel 4

Denken: Machen Sie sich die Kraft organisierten Denkens zunutze

Bisweilen kennen wir unser Ziel ganz genau, aber wir wissen nicht so recht, wie wir es erreichen sollen. Oder wir wählen eine Lösungsmöglichkeit, die sich als unbrauchbar erweist. Das sind die Momente, in welchen wir uns wünschen, das zweite Element, die Fähigkeit, effektiv zu *denken,* besser zu beherrschen.

Auch wenn Sie ganz für sich allein arbeiten, neigen die meisten Menschen eher zu Gedankensprüngen als zur Produktion einer geordneten Gedankenreihe. Arbeiten mehrere zusammen, ist die Konfusion um so größer. Am verheerendsten wirkt sich unorganisiertes Denken dann aus, wenn an ihm die Bewältigung einer wichtigen geschäftlichen Aufgabe scheitert. Davon abgesehen tritt die Ineffizienz des gemeinschaftlichen Denkens oft am klarsten zutage, wenn wir an Alltäglichem arbeiten, weil wir dann nicht vom Ernst des Problems abgelenkt werden. Nehmen wir als Beispiel die Planung einer Weihnachtsfeier im Büro. Es ist zu erwarten, daß sich das Gespräch in der »Grashüpfermanier« vollzieht, das heißt, man hüpft von Thema zu Thema ...

»Wie wär's, wenn wir dieses Jahr die Ehepartner mit einladen würden?«

»Und was ist mit denen, die nicht verheiratet sind?«

»Ich dachte, Mr. Jenkins war letztes Jahr betrunken.«

»Und ich bin hungrig nach Hause gegangen.«

»Eigentlich sollte jeder jeden im Büro kennen, aber bei den älteren ist das einfach nicht so.«

»Das Ganze sollte mit Rücksicht auf unsere jüdischen Kollegen überhaupt nicht Weihnachtsfeier genannt werden.«

»Ich weiß einfach nie, wen ich mit Vornamen nennen soll.«

»Heißt es nicht beim Vornamen?«

»Ist das nicht egal?«

»Ach, vergiß es.«

»Wann soll die Feier stattfinden?«

Jeder am Tisch weiß, daß diese Vorgehensweise sehr unproduktiv ist. Dennoch verhält sich jeder so, daß das Spiel immer weitergehen kann. Zum Leidwesen der meisten Organisationen kommen dabei wenig mehr als schwache Entscheidungen bei großem Zeitaufwand heraus.

Leider gibt es keine universale Gebrauchsanweisung für solche Situationen, da jeder von uns jeden Tag auf neue Probleme trifft, die nach neuen Lösungen rufen, immer und immer wieder. Um so glücklicher sind wir in dieser Lage, wenn wir Kollegen haben, die uns mit ihren Informationen und Ideen unterstützen können. Allerdings wird die Unterstützung gering sein, wenn wir ihre Gedanken ignorieren, ihnen ins Wort fallen oder unsere Zeit mit unwichtigen Themen verschwenden. Zwei Köpfe sind besser als einer, aber nur dann, wenn es beiden gelingt, sich zu koordinieren. Die Organisation des eigenen Denkens ist schon schwierig genug, um wieviel schwieriger ist da die Koordination gemeinsamen Denkens!

Daher liegt es auf der Hand, daß zunächst das eigene Denken besser klappen muß, bevor man sich an die Verbesserung gemeinschaftlichen Denkens wagen kann. Im ersten Teil dieses Kapitels schlagen wir vor, daß Sie persönlich die Fähigkeit zum systematischen Denken entwickeln, das heißt mit den Daten beginnen und mit einer Handlungsentscheidung enden. Im zweiten Teil des Kapitels entwerfen wir ein Bild dessen, wie es aussehen würde, wenn mehrere Leute diese Fähigkeit gemeinsam nutzten. Der letzte Teil des Kapitels enthält eine Anzahl von Methoden, die es jedem einzelnen – Ihnen – aus der Gruppe heraus ermöglichen, Kollegen auf dieses Bild hinzuführen.

Entwickeln Sie für sich selbst die Fähigkeit, systematisch zu denken

Problem: Planloses Denken kann keine komplexen Aufgaben lösen

Wenn Sie Schwierigkeiten haben, Ihre Arbeit zu bewältigen, liegt das oft daran, daß Ihre Gedanken zu wenig organisiert sind. Deshalb ist es schwer, den richtigen Einstieg zu finden. Man denkt im Kreis herum, kehrt zurück zu Gedanken, die schon einmal da waren, an anderer Stelle überspringt man dafür wichtige Schritte. Wenn man eine Idee zuende gedacht hat, hat man Schwierigkeiten, weiter zu denken. Man ist nicht nur geneigt, zwischen verschiedenen Themen logischer Analyse wie Plänen, Fakten, Strategien und Ursachen von Schwierigkeiten herumzuspringen, sondern oft besteht überhaupt Unklarheit darüber, was bei unserem Denkprozeß herauskommen soll: Eine Idee? Ein Entwicklungsschritt? Eine Entscheidung? Keine Sorge, uns allen geht es so. Warum also ist unser Denken oft so richtungslos?

In der Schule hat man uns jede Menge Antworten gelehrt, die Kunst des Denkens jeoch nicht. Die meisten von uns erlernen niemals ein Muster, nach dem sie ihr Denken so organisieren können, daß die Fragen in einer sinnvollen Reihenfolge auftreten. So stehen wir da und versuchen, gute Antworten zu produzieren, ohne gute Fragen zu kennen. Der Versuch, ein klarer Denker zu sein, ohne einen Satz von Standardfragen an der Hand zu haben, gleicht dem Versuch, ein Schreiner sein zu wollen, ohne im Besitz eines Hammers und einer Säge zu sein.

Rezept: Einige »Werkzeuge« des klaren Denkens

Um das Denken so zu organisieren, daß es zu guten Resultaten führt, braucht man zunächst ein Grundgerüst aus übergeordneten Fragen in logischer Aufeinanderfolge. Innerhalb des Grundgerüsts gibt es dann andere »Werkzeuge«, die besseres Denken fördern.

Ein Grundgerüst für systematisches Denken:
Das Zirkeldiagramm

Als Teil einer Organisation sind Sie in der Regel mit der Lösung praktischer Probleme überfrachtet. Daher ist es nur natürlich, daß Sie nach schnellen und praktischen Lösungen suchen. Sie neigen dazu, vom Symptom eines Problems, sagen wir, einer plötzlichen Gewinneinbuße oder einem Memo Ihres Chefs, direkt konkrete Schritte zur Lösung des Problems zu unternehmen. Andere, die eher einen akademischen Rahmen im Sinn haben, werden in abstrakten Kategorien denken und die Welt unter Zuhilfenahme deskriptiver Theorien zu analysieren versuchen. Sie werden eine preskriptive Theorie entwickeln, um daraus allgemeine Richtlinien für die Zukunft abzuleiten. Wir können also konkretes, spezifisches Denken von abstraktem, allgemeinen Denken unterscheiden. Zwei weitere grobe Kategorien bilden das Nachdenken über die Vergangenheit und das Planen für die Zukunft. Die einen möchten verstehen und erklären können, was bereits da ist. Andere interessieren sich mehr dafür, welche Art von Zukunft wir uns wünschen, und was wir als nächstes tun sollten.

Diese Unterscheidungen lassen sich auf einem Blatt Papier, das quer in der Mitte unterteilt ist, sehr leicht grafisch darstellen. Konzeptionelles Nachdenken über Ursachen und allgemeine Lösungsmöglichkeiten kommen in die obere Hälfte des Diagramms; konkretes Nachdenken über konkrete Ereignisse kommen in den unteren Teil des Diagramms. Nehmen Sie nun auch eine Längsunterteilung des Blatts vor. Das Nachdenken über die Vergangenheit bis hin zur Gegenwart kommt in die linke Hälfte des Diagramms. Das Nachdenken über die Zukunft ist auf der rechten Seite angesiedelt. Wir haben nun ein Zirkeldiagramm mit vier Quadranten vor uns, welches das Denken in vier Grundkategorien einteilt:

- **Daten** – die reale Situation bzw. das Problem.
- **Diagnose** – eine Analyse der Ursachen für die Situation.

- **Richtung** – eine Möglichkeit bzw. mehrere mögliche Strategien, um die Ursachen zu überwinden.
- **Der erste Schritt** – konkrete Schritte oder Pläne, um die Strategien in die Tat umzusetzen.

Wenn Sie soviel wie möglich erreichen möchten, sollten Sie allen vier Denkmethoden Bedeutung beimessen, das heißt, Sie sollten Ihr Denken weder auf die Vergangenheit noch auf die Zukunft beschränken; Sie sollten stets Theorien in die Praxis umsetzen und die praktischen Erfahrungen ständig dazu verwenden, Ihre Theorien zu verbessern.

Diese Kategorien sind einfach, nützlich und leicht zu erlernen. Durch die Verwendung des Zirkeldiagramms erspart man sich die Qual, den Einstieg in ein Problem nicht zu finden – gleichgültig, ob es sich um einen konkreten Arbeitsschritt handelt oder um das Problem, andere dazu zu bewegen, effektiver mit Ihnen und den anderen Gruppenmitgliedern zu arbeiten.

Dieses Zirkeldiagramm bietet eine gute allgemeine Struktur an, mit deren Hilfe verschiedene Denkrichtungen miteinander verbunden werden können. Auch andere logische Systeme sind durchaus denkbar. Das vorliegende Diagramm bietet jedoch den Vorteil, daß es allgemein genug gehalten und für jedermann leicht zu benutzen ist. Es kann verwendet werden, um Ihr Denken so zu organisieren, daß es Sie fundierte Pläne zur Lösung beliebiger Aufgaben oder Schwierigkeiten entwickeln können.

Jede Denkrichtung enthält spezielle Herausforderungen. Dieses Kapitel bietet daher auch einige hilfreiche Ideen und Mittel an, um Ihnen bei jeder Denkrichtung Hilfe zu leisten. Jedes Hilfsmittel ist im entsprechenden Quadranten des Zirkeldiagramms beschrieben, da es oft einfacher ist, sich an eine bestimmte Zahl von Themen zu erinnern, wenn sie innerhalb einer Gesamtstruktur angeordnet sind. Im übrigen können diese untergeordneten Hilfsmittel an jeder Station Ihres Denkens verwendet werden.

Das Zirkeldiagramm
Ein Grundgerüst für systematisches Denken zuzüglich einiger untergeordneter *Hilfs·mittel,* um klares Denken einfacher zu machen. Beginnen Sie im unteren Quadranten.

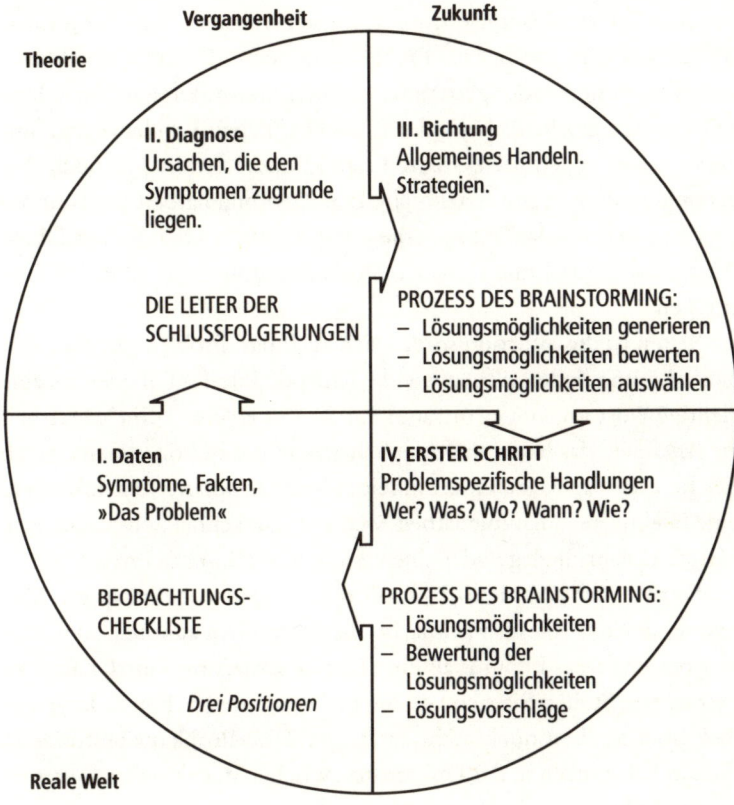

Daten: Die Suche nach Informationen, auf deren Grundlage Entscheidungen getroffen werden können

Welche Aufgabe Sie auch immer bewältigen möchten – zunächst müssen Sie das Problem verstehen. Sie möchten eine solide Grundlage aus

Fakten für das, was Sie tun. Welche Fakten sind relevant für das, was Sie erreichen möchten? Welches ist das naheliegendste Problem, um das Sie sich kümmern müssen?

Der im amerikanischen häufig verwandte Ausdruck »problem-solving« (»Problem-Lösung«) kann irreführend sein. Er legt eine Situation zugrunde, in welcher das Problem und seine »Lösung« jeweils zwei sorgfältig voneinander getrennte, wohldefinierte Bereiche darstellen. Die meisten geschäftlichen oder gesellschaftlichen Probleme sind hingegen schlecht definiert: Unsere Produktionskosten sind zu hoch. Wir erreichen unser Verkaufsziel nicht. Die Zusammenarbeit der Bürobelegschaft ist schlecht. Teenager, die unter Alkoholeinfluß stehen, fahren Auto. Kinder sind unterernährt. Studenten erbringen schlechte Leistungen.

Selten ist die Situation so, daß sich zu Ihrem Problem die eine elegante Lösung finden läßt, so wie das fehlende Puzzle-Teil oder das eine richtige Wort im Kreuzworträtsel. Ihr Ziel ist es, eine komplexe Arbeit zu erledigen, das heißt, mehrere Schritte in die richtige Richtung zu machen wie die Kosten pro Einheit zu senken, höhere Verkaufszahlen, eine effektivere Zusammenarbeit, weniger Trunkenheit am Steuer, eine bessere Ernährungslage oder eine bessere Ausbildung zu erreichen.

Der Begriff »Problem« läßt sofort an »kaputt« (eine kaputte Maschine) denken: Alles lief prima, bis dieses Problem auftrat. Dabei ist es viel besser, dieses Ereignis als eine Herausforderung, eine Chance zu betrachten. Stellen Sie sich vor, Sie besäßen eine hochproduktive Fabrik, aber wollten noch mehr erreichen. Das »Problem« bestünde in diesem Fall einfach in der Diskrepanz zwischen der aktuellen Situation und einer besseren, die Ihnen vorschwebt.

Während Sie Daten sammeln und analysieren, tun Sie nichts anderes als ein Arzt, der einen Patienten, der sich nicht wohlfühlt, untersucht. Der Arzt möchte mehr wissen. Welche Symptome spürt der Patient? Wo sitzt der Schmerz? Hatte der Patient dieselben Beschwerden schon früher? Hat er in letzter Zeit etwas Ungewöhnliches getan? Während der Arzt Daten sammelt, überprüft er die Zuverlässigkeit der Beobachtungen des Patienten (und der eigenen) und fügt die relevanten Informationen sinnvoll zusammen.

Problem: Es sind zu viele Informationen zu bewältigen

Wir werden ständig mit Informationen überflutet. Das Problem der »Informationsüberflutung« existierte schon lange vor dem Zeitalter der elektronischen Kommunikation. Es führt kein Weg an der Erkenntnis vorbei, daß wir immer nur einen kleinen Ausschnitt dessen betrachten können, was vor unseren Augen liegt. Ein Amerikaner hatte sich mit seiner Frau in einem Stadium in Melbourne verabredet, um mit ihr zusammen ein Rubgy-Match anzuschauen. Als sie nicht kam, begann er, um das Stadium herumzulaufen, vor dessen Eingängen ca. dreißigtausend Footballfans auf den Einlaß warteten. Nachdem er eine Weile durch die Menge gelaufen war, wurde ihm klar, daß er seine Frau von weitem *gesehen* haben mußte, aber er konnte sie in dieser riesigen Menge von Gesichtern nicht *erkennen*. Das Problem besteht nicht darin, wie man mehr beobachten kann, sondern wie man die Bruchstücke brauchbarer Informationen aus einem Berg unnützen Krams heraussortiert. Es wird immer mehr Informationen über Ihre Kollegen und über Ihre Arbeit geben, als Sie aufnehmen können. Die wesentliche Aufgabe besteht daher darin, die Informationen zu selektieren.

Jeder Mensch verfügt über »Filter«, um die Informationen, die auf ihn einströmen, zu selektieren. Nehmen wir nicht bewußt Einfluß auf diesen Selektionsprozeß, verläuft er unbewußt nach nicht erkennbaren Regeln. Für diese unbewußten Selektionsmuster ist jedoch typisch, daß sie nur ein begrenztes Maß brauchbarer Informationen in unser Bewußtsein vordringen lassen. Wie von magischer Hand geführt, wird unsere Aufmerksamkeit von der wahren Handlung abgelenkt.

Lassen Sie sich durch die »Farbenpracht« der Fakten beeinflussen?

Wir alle neigen dazu, einer guten Story übermäßige Aufmerksamkeit zu schenken. Informationen emotionalen Inhalts saugen unsere Aufmerksamkeit auf, während nüchterne Informationen gern ignoriert werden. Bei der Arbeit bemerken wir auf einmal, daß uns der Bankrott eines Konkurrenten mehr in Atem hält als das verbesserte Produkt, das ein anderer Konkurrent gerade auf den Markt gebracht hat. Am Arbeitsplatz hat niemand wichtige Informationen für uns sofort verfügbar aufbereitet.

Neigen Sie dazu, in Zahlen ausdrückbare Fakten überzubewerten?
Die gebräuchliche Phrase: »Das zählt nicht« impliziert die allgemeine Einstellung, daß nur Dinge wichtig sind, die zählbar sind. Mit Informationen, die man auf eine Zahl reduzieren kann, tut man sich leichter. »Die Verkaufszahlen sind in diesem Quartal um zwei Prozent gestiegen.« Leider ist die Wirklichkeit nicht immer so simpel. »Mehrere Kunden, eine genaue Zahl kann ich nicht nennen, haben sich darüber beklagt, daß wir nicht schnell genug ans Telefon gehen.«

Sind Sie der Meinung, daß das, was Sie wissen, wichtiger ist als das, was Sie nicht wissen? Oft setzen wir die Information, die wir haben, gleich mit der Information die wir bräuchten, um Entscheidungen treffen zu können. Daraus ergeben sich zwei Schwierigkeiten. Zunächst setzen wir voraus, daß die Dinge, die wir nicht schon wissen, auch nicht wert sind, in Erfahrung gebracht zu werden. So hören wir auf, Informationen zu sammeln, obwohl vielleicht noch Wichtiges in Erfahrung zu bringen wäre. Zweitens sind wir davon überzeugt, daß die Information, die wir besitzen, in die Entscheidung einfließen muß: »Wenn es wahr ist, ist es auch relevant.« Auf jeden Tag, der damit verbracht wird herauszufinden, was morgen getan werden sollte, kommen Jahre, die mit dem Nachdenken über die Vergangenheit vertan werden.

Sind Sie ein Gefangener Ihrer eigenen Ansichten? Ein altes russisches Sprichwort besagt, daß ein jeder die Welt vom Kirchturm seines Heimatdorfs aus betrachtet. Uns allen ist unsere Neigung bewußt, uns selbst in milderem Licht zu betrachten als die anderen. Den eigenen Beitrag zum Erfolg bemerkt man eher als den der anderen. Auf der anderen Seite spielt man gern den eigenen Beitrag zu einem Mißerfolg herunter. Da wir uns also gern auf Daten konzentrieren, die uns in gutem bzw. die anderen in schlechtem Licht erscheinen lassen, vernachlässigen wir eine große Menge relevanter Informationen.

Geben Sie Ihren Beobachtungen eine Richtung

Nur aufmerksamer beobachten zu wollen ist nicht ausreichend. Man kann seine ganze Zeit mit Beobachten verbringen, ohne eine Garantie dafür zu haben, daß die gesammelten Daten relevant sind.

Daher müssen wir uns die Möglichkeit zunutze machen, unseren Blick auf brauchbare Daten zu richten, indem man die Art und Weise, wie das Gehirn Daten sammelt, bewußt steuert. Kehren wir noch einmal zu dem Beispiel des Amerikaners beim Rugby-Spiel zurück. Als er schon völlig frustriert und dabei war, die Hoffnung, seine Frau jemals in der Menge zu finden, aufzugeben, erinnerte er sich daran, daß sie ein giftgrünes Jackett trug. Also konzentrierte er sich auf diesen Farbton, und plötzlich mußte er seine Suche nur noch auf ein paar dutzend Kandidaten beschränken, so daß er anhand der Daten, auf die er sich bewußt konzentriert hatte, seine Frau in der riesigen Menschenmenge schnell fand. Eine Möglichkeit, Daten zu sammeln, besteht folglich darin, die eigene Reizwahrnehmung für bestimmte Daten zu sensibilisieren. Und ebenso, wie man das eigene Bewußtsein auf eine bestimmte Farbe in einer Menge konzentrieren kann, kann man es auch auf andere ausgewählte Ziele lenken.

Diese Form der Sensibilisierung für eine bestimmte Art von Reizen ist jedoch nicht ganz unproblematisch. Hätte die Ehefrau nicht gerade an jenem Tag das grüne Jackett getragen, hätte das Auswahlverfahren des Ehemanns die Situation womöglich verschlimmert statt verbessert. Was wir brauchen, ist ein Auswahlverfahren, das uns zuverlässig nach wichtigen Daten suchen läßt, unabhängig davon, ob diese besonders grell und/oder zählbar sind, damit wir die engen Grenzen unserer Ausbildung und bisherigen Erfahrungen überschreiten können. Das Auswahlverfahren soll es uns zwar ermöglichen, uns auf bestimmte Informationen zu konzentrieren, dennoch soll es uns nicht davon abhalten, andere relevante Informationen dennoch wahrzunehmen, auch wenn wir unsere Aufmerksamkeit ursprünglich in eine andere Richtung gelenkt hatten.

Welche Daten möchten Sie? Verwenden Sie eine Checkliste!

Die Aufgabenstellung bestimmt, für welche Daten Sie sich sensibilisieren werden. Daher wird es hilfreich sein, eine Checkliste für Ihre Beobachtungen anzufertigen, die es erheblich leichter macht, die relevanten Daten aus der Gesamtheit der Daten herauszufiltern und das Auswahlverfahren zu wählen, mit dessen Hilfe Sie das erreichen können.

Die Checkliste, welche wir Ihnen im folgenden anbieten, ist von genereller Natur, aber wir sind der Meinung, daß sie Ihnen dabei helfen kann, die Art und Weise, wie Sie mit Ihren Kollegen zusammenarbeiten, zu überprüfen:

Zielsetzung. Haben wir eine Liste mit den Zielen formuliert, die wir zu verschiedenen Zeitpunkten erreicht haben wollen?

Denken. Gehen wir in logischer Reihenfolge von den Symptomen über die Diagnose zur Planung?

Besitzen wir das nötige Werkzeug, das wir brauchen, um unsere Zusammenarbeit zu beobachten?

Überprüfen wir unsere Theorien anhand der Daten?

Gehen unsere Denkprozesse alle in dieselbe Richtung?

Lernen. Ziehen wir regelmäßig Rückschlüsse aus unseren Erfahrungen?

Bewegen wir uns dabei schnell zwischen Vorbereitung, Handlung und Überprüfung?

Engagement. Gibt es für jede Aufgabe eine/n Verantwortliche/n?

Fühlt sich jedes Gruppenmitglied durch seinen Verantwortungsbereich gefordert?

Begrüßen und prüfen wir die Ideen aller Beteiligten?

Feedback. Bieten wir regelmäßig Anerkennung und Unterstützung an?

Unterstützen wir einander bei bestimmten Aufgaben?

So motivierend und hilfreich eine Checkliste auch sein mag – die von Ihnen gesammelten Daten werden mit großer Wahrscheinlichkeit darunter leiden, daß Sie ein einzelner Beobachter mit eingeschränktem Blick und den allgemein menschlichen Voreingenommenheiten sind.

Wie entrinnt man seiner eigenen Voreingenommenheit? Versuchen Sie es mit der Drei-Positionen-Methode

Nur zu leicht dreht man sich um die eigene Voreingenommenheit oder setzt sie sogar ein, wodurch die eigene Wahrnehmung getrübt wird. Es gibt eine Methode, um die eigene Voreingenommenheit, der jeder ausgeliefert ist, auszuschalten, indem man alle wichtigen Themen aus drei verschiedenen Blickwinkeln betrachtet: Ihrem eigenen, dem der anderen Seite und dem einer neutralen dritten Partei.

Die erste Position: »Ich«. Wie nehme ich die Situation allgemein wahr? Wie sehen die Dinge von hier aus? Welche Daten sind aus meiner eigenen, persönlichen Position heraus zugänglich? Was ist aus meinem Blickwinkel heraus wichtig?

Darüber möchten Sie nicht nur hinausschauen, sondern Sie möchten auch sich selbst betrachten. Sind Sie emotional beteiligt, frustriert, ärgerlich? Neigen Sie dazu, zu vertrauensselig oder aber eigennützig zu sein? Haben Sie ein schlechtes Gewissen, weil Sie für sich sorgen? Können Sie einige Ihrer festen Überzeugungen nennen? Wo sind Sie voreingenommen? Welche Auffassungen von Ihrer Arbeit, welche Erfahrungen oder besonderen Interessen könnten Sie dazu veranlassen, einige Dinge zu ignorieren und anderen übermäßige Aufmerksamkeit zu schenken? Ist es wahrscheinlich, daß Sie die Situation durch einen Filter oder durch die sprichwörtliche rosarote Brille betrachten? Oder durch ein Fernrohr oder ein Mikroskop? Es ist wichtig, daß Sie sich Klarheit darüber verschaffen, in welchem Ausmaß Ihr spezieller Blickwinkel die Daten beeinflussen wird.

Es wäre nicht richtig, Ihren Standpunkt aufzugeben oder anzunehmen, er sei falsch. Es geschieht immer wieder, daß Menschen in die

Falle geraten, Ihre eigenen Meinungen aufzugeben, sobald sie sehen, daß fremde Meinungen eine gewisse Berechtigung haben könnten. Es besteht keinerlei Notwendigkeit, sich von der eigenen Auffassung zu verabschieden, man muß nur einfach anerkennen, daß der eigene Blickwinkel eingeschränkt ist. Je bewußter Sie sich Ihrer eigenen Begrenzungen sind, desto besser können Sie beobachten.

Die zweite Position: »Die anderen«. Die zweite Aufgabe besteht darin, den Blickwinkel Ihrer Kollegen einzunehmen. Versuchen Sie, sich in die anderen hineinzuversetzen und zu sehen, wie sich die Situation aus deren Blickwinkel darstellt. Werden Sie mit recht vielen zusammenarbeiten, suchen Sie eine oder zwei Schlüsselpersonen aus und versuchen Sie, das gemeinsame Projekt aus deren Blickwinkel zu betrachten.

Stellen Sie sich vor, Sie seien eine dieser anderen Personen und stellen Sie dieselben Fragen, die Sie schon sich selbst aus Ihrem Blickwinkel gestellt haben. Stellen Sie sich Ihre Chefin vor: Was würde ihr Sorgen bereiten? Wie geht sie die Probleme im allgemeinen an? Wo ist sie voreingenommen?

Auch bei der Betrachtung der Situation aus der Position einer anderen Person heraus treten die inherenten Voreingenommenheiten zutage, und sie sind äußerst konstruktiv, denn nun erkennen wir die Vorlieben und Abneigungen der Person, in deren Blickwinkel wir uns versetzt haben. Nun konzentrieren Sie sich vielleicht auf Daten, die Ihre Chefin gut dastehen lassen. Sie werden Vorlieben erkennen, aber es handelt sich um Daten, die *sie* gern wahrhaben möchte. Aus diesem Blickwinkel heraus ist Ihre Chance viel besser, Daten zu erkennen, die Ihrer Chefin wichtig sein könnten, die Sie aus Ihrem eigenen Blickwinkel heraus jedoch mit großer Wahrscheinlichkeit übersehen hätten. So werden Ihnen nicht nur die verschiedenen Aspekte der Situation, in der Sie sich beide befinden, bewußt, sondern Sie lernen noch etwas anderes: wie Sie sich dem Standpunkt Ihrer Chefin besser annähern können.

Sicherlich ist es wesentlich einfacher zu sagen: »Betrachten Sie die Dinge aus dem Blickwinkel der anderen«, als es auch wirklich zu tun.

Dennoch gibt es eine ganze Reihe von Techniken, die erstaunlich hilfreich sind, wenn man besser verstehen möchte, wie die anderen die
Dinge sehen:

Rollentausch. Eine ganz gute Methode haben die Schauspieler.
Stellen Sie sich vor, Sie seien die andere Person. Versuchen Sie, so
zu denken und zu sprechen wie sie. Vielleicht haben Sie sogar Lust,
sich von einem Freund oder Kollegen interviewen zu lassen,
während Sie in die Rolle irgendeiner anderen Person schlüpfen.
Sie können sogar noch einen Schritt weiter gehen, indem Sie die
Rolle einer anderen Person übernehmen, während ein Freund Sie
in Ihrer typischen Art porträtiert.

Wie würde der/die andere im Moment entscheiden? Eine weitere Methode liegt darin, mit Papier und Bleistift zu veranschauli-
chen, wie sich die Situation aus der Sicht der anderen Person darstellt. Versetzen Sie sich in diese Person und überlegen Sie, welche
Entscheidung sie treffen müßte, um Ihnen zuzustimmen. Stellen
Sie sich zum Beispiel vor, der oder die andere sollte über Ihren Vorschlag, den Managern vor Ort mehr Autorität zu geben, entscheiden. Malen Sie nun eine »Ja«- und eine »Nein«-Rubrik auf, und
tragen Sie die möglichen Folgerungen, die der oder die andere zu
einem »Ja« oder einem »Nein« bewegen könnten, in die entsprechende Rubrik ein. Sie werden nun unschwer erkennen, daß er
oder sie gute Gründe hat, »Nein« zu sagen. Sobald Sie klarer erkennen können, welche Vorbehalte der oder die andere gegen Ihren
Vorschlag haben könnte, wird es Ihnen leichter fallen, Ihren Vorschlag dahingehend zu überarbeiten, daß die Vorbehalte aus-
geräumt werden können.

Zugegeben, in die soeben genannten Methoden muß man viel Zeit
und Denkarbeit investieren, und nicht immer ist die Sache der Mühe
wert. Sicherlich wird es Ihnen nicht möglich sein, von jeder Person,
mit der Sie zu tun haben, eine umfangreiche Analyse anzufertigen.
Und doch gibt es eine Menge Situationen, die den Aufwand lohnen.

Die Perspektive Ihrer Chefin oder aber diejenige eines Untergebenen könnte Sie dann interessieren, wenn es um Ihre Beziehung zu dieser Person geht. Besonders dann, wenn Sie mit jemandem aus einer anderen Abteilung oder Organisation zusammenarbeiten werden, ist es wichtig, sich die Zeit zu nehmen, den Standpunkt der anderen Person zu verstehen: Wer sich hier die nötige Zeit nimmt, kann im Endeffekt viel Zeit sparen.

Die dritte Position: »Auf den oberen Rängen«. Natürlich möchten Sie auch Daten sammeln, die Ihnen die Perspektive der Teilnehmer auf den »Zuschauerbänken« eröffnen. Das bedeutet, daß Sie die Situation nicht nur mit den Augen der aktiv Beteiligten betrachten, sondern sich außerdem vorstellen, wie die Situation aus dem Blickwinkel eines Zuschauers aussehen könnte. Stellen Sie sich vor, Sie betrachteten ein Theaterstück vom Balkon aus oder Sie wären in der vorteilhaften Position einer »Fliege an der Wand«. Versuchen Sie, objektiv zu sein. Sicherlich wird Ihnen das nicht ganz gelingen, aber immerhin werden Sie sich einer unvoreingenommenen Sichtweise annähern.

Ein guter Fußballspieler tut mehr, als nur dem Ball nachzujagen. Er betrachtet das Spielfeld als Ganzes, so wie es von hoch oben eben aussieht. Er hat stets ein wachsames Auge auf das, was die anderen Spieler beider Mannschaften tun und planen. Er nimmt das Bild als Gesamtkomposition auf. Wenn Sie »auf den oberen Rängen« sitzen, haben Sie die Möglichkeit, Informationen wahrzunehmen und zu bedenken, die Sie verpassen, wenn Sie Ihr Auge ständig und ausschließlich auf den Ball heften.

Die genannten Techniken können nicht garantieren, daß Sie sämtliche relevanten Daten wahrnehmen werden, aber sie geleiten Sie auf den richtigen Weg. Unsere Daten nützen uns jedoch nichts, solange wir sie nicht interpretiert haben, damit wir mit ihrer Hilfe die Situation erklären und herausfinden können, was wir am besten tun sollten.

Diagnose: Anstatt lediglich auf Symptome zu reagieren, ist es besser, einen Schritt zurückzugehen und nach den Ursachen zu suchen.

Die Diagnose ist ein entscheidender Bestandteil der Problemlösung

Im Grunde wissen wir, wie wichtig eine schlüssige Diagnose ist, dennoch – je mehr Arbeit wir haben, desto schneller möchten wir fertig werden und desto größer wird die Wahrscheinlichkeit, daß wir die Diagnose einfach überspringen. Die meisten von uns neigen dazu, konkrete Schwierigkeiten sofort durch konkrete Maßnahmen zu beheben. Eine Schulleiterin, die feststellt, daß die meisten Mitglieder des Kollegiums 10 Minuten zu spät zur wöchentlichen Besprechung erscheinen, reagiert darauf vielleicht, indem sie die Besprechung künftig 10 Minuten später anberaumt. Stellt eine Fabrik fest, daß viele der produzierten Autos fehlerhaft sind, wird sie wahrscheinlich mehr Arbeiter mit der Schlußinspektion der produzierten Fahrzeuge beauftragen. Ob die Versuche der Problemlösung effektiv sein werden oder nicht, können wir nur dann mit Bestimmtheit sagen, wenn wir erkannt haben, was hinter der unerwünschten Situation steckt. Aus welchem Grund kommen die Mitarbeiter zu spät? Warum sind die Autos defekt? Wenn wir uns also nicht die Zeit nehmen, die auslösenden Faktoren der festgestellten Symptome zu hinterfragen, bringen wir uns selbst womöglich um die beste Strategie, die Symptome zu überwinden.

Die Bedeutung einer erfolgreichen Diagnose kann nicht hoch genug eingeschätzt werden: 1994 flohen Millionen Flüchtlinge von Ruanda nach Zaire, wo sehr viele von ihnen starben. Wohlmeinende Hilfsorganisationen unternahmen daraufhin heroische Anstrengungen, um den leidenden Menschen Nahrungsmittel zukommen zu lassen. Einige Tage danach erfuhren die Hilfsorganisationen jedoch, daß die Flüchtlinge in Ruanda nicht verhungerten, sondern an der Cholera starben. Schnell änderten sie ihre Hilfsmaßnahmen dahingehend, daß sie, statt Nahrungsmittel herbeizuschaffen, zur Versorgung mit sauberem Trinkwasser verbesserte Latrinen konstruierten, wodurch Tausende Menschenleben gerettet wurden.

Eine akkurate Diagnose steht oft im Gegensatz zur intuitiven Beschreibung. Betrachten wir einmal folgendes Beispiel: Stacy ist Technikerin in einer großen internationalen Architekturfirma mit Niederlassungen in vielen Ländern. Sie verbringt eine Menge Zeit damit, zu Meetings nach Europa zu fliegen. Die Meetings gehen langsam voran und dauern viel zu lange. Stacy ist frustriert und versucht, die Sache zu beschleunigen, indem Sie sowenig wie möglich sagt und ihre Standpunkte kurz und bündig vorträgt. Die europäischen Mitglieder der Firma sind offensichtlich unzufrieden. Sie kräuseln die Stirn, wenn Stacy spricht und hinterfragen jeden ihrer Punkte. Ein amerikanischer Kollege erzählt ihr, daß dies eben die europäische Art sei. »Die Europäer nehmen sich Zeit.« Eine Diagnose könnte nun sein, daß Stacys Frustrationen durch kulturelle Unterschiede verursacht werden. Eine andere Diagnose wäre, daß die französischen und deutschen Partner langsam vorangehen, weil sie zu hundert Prozent sicher sein wollen, daß sie alles verstehen, was in den in englischer Sprache abgehaltenen Meetings gesagt wird. In diesem Fall könnte Stacy die Dinge dadurch beschleunigen, daß sie langsamer spricht.

Suchen Sie nach Ursachen, die Sie auch beeinflussen können. Bei der Diagnose einer Situation sollten Sie immer darauf achten, daß Sie zwei grundsätzlich verschiedene Arten von »Ursachen« unterscheiden: diejenigen, die Sie nicht ändern können, und diejenigen, auf die Sie Einfluß nehmen können. Ein Arzt erzählt seinem Patienten, daß er wahrscheinlich nicht so lange leben wird wie seine Frau, und er nennt hierfür zwei verschiedene Ursachen. Die erste ist, daß er als Mann geboren wurde und nicht als Frau; die zweite ist, daß er raucht und seine Frau nicht. An der ersten Ursache läßt sich nichts ändern, an der zweiten sehr wohl. So kann der beste Rat nur sein, nicht zu beklagen, was man nicht ändern kann, sondern sich auf die Dinge zu konzentrieren, auf die man Einfluß nehmen kann. Suchen Sie also nach einer Diagnose, mit der Sie etwas anfangen können.

Die Diagnose überprüfen:
Die Leiter der Schlußfolgerungen

Einer Diagnose sollten überprüfbare Daten zugrunde liegen. Nur zu oft ziehen wir voreilige Schlußfolgerungen und folgern dabei Dinge, die mit den vorliegenden Daten nicht zu belegen sind. Andere Mitglieder Ihres Teams gehen vielleicht ebenso vor, aber kommen zu ganz anderen Schlüssen. Daher muß der kausale Zusammenhang zwischen den vorliegenden Daten und deren Interpretation ganz genau überprüft werden.

Das Bewußtsein verfällt nur zu leicht in die gefährliche Angewohnheit, Informationen, die mit unseren Auffassungen im Konflikt stehen, auszuklammern. In der Zeitung lesen wir gerne solche Geschichten, die unsere Gedanken und Meinungen bestätigen, während wir andere, die womöglich unseren Irrtum belegen, lieber überspringen. Betrachten wir nur einmal Zeitschriften mit eindeutiger politischer Couleur. Jeder geht davon aus, daß der durchschnittliche Leser der *National Review* eher rechts steht, konservativ ist und es genießt, Meinungen zu lesen, die mit seinen eigenen übereinstimmen, während niemand erwartet, daß ein linker Liberaler diese Zeitschrift liest, um einen anderen Standpunkt kennenzulernen. Im allgemeinen wählen die Menschen Zeitschriften, welche ihre Meinungen bestätigen. Derselbe Filtereffekt tritt ein, wenn wir in einem Büro oder auf einem Fabrikkorridor herumlaufen: wir sehen, was wir sehen möchten.

Haben wir uns erst einmal eine voreilige Meinung gebildet, ist es schwer, auf festeren Boden zurückzukehren. So gut wie niemand nimmt gern zur Kenntnis, daß er einen Fehler gemacht hat. Dieses unangenehme Gefühl vermeidet man am ehesten dadurch, daß man die Informationen, die nicht zur vorgefaßten Meinung passen, ignoriert oder unter den Tisch fallen läßt.

Stellt man fest, daß man selbst zu anderen Resultaten gekommen ist als die anderen, ist es hilfreich, den Zusammenhang, den Sie zwischen den beobachteten Fakten und den Schlußfolgerungen, die Sie aus ihnen gezogen haben, darzustellen. Dadurch wird Ihr Denkprozeß sichtbar, nicht nur für Sie selbst, sondern auch und vor allem für Ihre

Kollegen. Für die Organisation der einzelnen Schritte unseres Denk-
prozesses steht uns ein einfaches Werkzeug zur Verfügung: die *Leiter der
Schlußfolgerungen,* wie sie von den Theoretikern Chris Argyris, Robert
Putnam und Diana Smith entwickelt wurde. Die Leiter besteht im
Prinzip lediglich aus drei Sprossen:

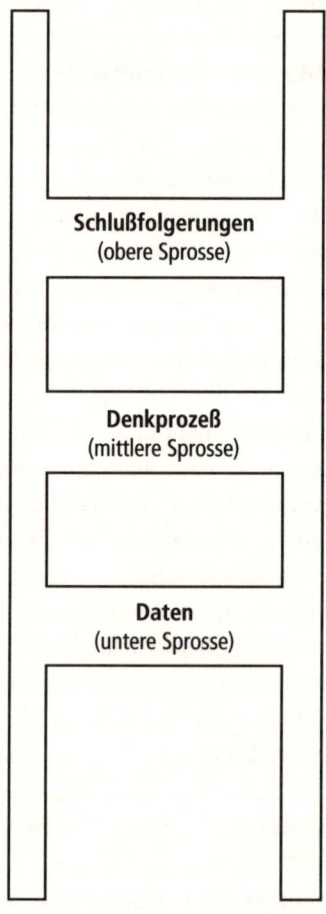

- Schlußfolgerungen (obere Sprosse)
- Denkprozeß (mittlere Sprosse)
- Daten (untere Sprosse)

Um Ihren Gedankengang zu überprüfen oder ihn mit anderen zu teilen, sollten Sie zunächst noch einmal die Leiter hinabsteigen und zu den Daten zurückkehren. Das bedeutet nichts anderes, als daß Sie den Quadranten II, also die Diagnose verlassen und in den Quadranten I zurückkehren, um Ihre tatsächlichen Beobachtungen zu überprüfen.

Daten. Daten sind nichts anderes als direkt zu beobachtende Informationen – was gesagt oder getan wurde – Worte, die gehört oder Dinge, die gesehen wurden, Gesichtsausdrücke, usw. Natürlich ziehen wir grundsätzlich nur eine endliche Zahl von Daten aus einem wesentlich größeren Pool heraus. Mögliche Fragen sind:

- Auf welche Daten möchte ich mich konzentrieren?
- Kann ich zu diesem oder jenem Punkt noch mehr Informationen bekommen?
- Welche zugänglichen Informationen lasse ich aus?

Wenn Sie andere Daten auswählen, kommen Sie vielleicht zu anderen Schlußfolgerungen.

Stellen wir uns folgenden Fall vor: Der Chef hat Ihnen und acht anderen Mitarbeitern ein kleines »Treffen in aller Ruhe« in Form eines zweistündigen gemeinsamen Mittagessens samstags im Büro vorgeschlagen. Eine Kollegin japst: »Samstag?« Der Chef antwortet: »Ja. Es wird uns allen guttun, wenn wir uns ohne die ständigen Störungen der normalen Arbeitstage entspannt unterhalten können.« Alle anderen schweigen. Das also sind die zu beobachtenden Daten.

Denkprozesse. Unsere *Denkprozesse* konzentrieren sich nun auf die logischen Zusammenhänge, Ableitungen und Schlußfolgerungen, die aus den Daten resultieren. Wir fügen die Daten zu einem Muster oder einer Geschichte zusammen. Dabei ist es wichtig zu erkennen, daß aus einem Datensatz oft viele verschiedene Geschichten zusammengefügt werden können, ebenso wie ein und dieselben Worte zu verschiedenen Sätzen zusammengefügt werden können.

Folglich können verschiedene Menschen, welche von ein und

demselben Datenpool ausgehen, zu verschiedenen Schlußfolgerungen gelangen. In unserem Beispiel könnte der Chef denken, daß die Mitarbeiter mit ihm übereinstimmen, sofern sie nichts Gegenteiliges sagen. Seine Mitarbeiter könnten hingegen denken, daß es nicht so eine gute Idee wäre, der Meinung eines Vorgesetzten offen zu widersprechen. Einem Plan, der ihnen gefällt, werden sie herzlich zustimmen, einem anderen, der ihnen mißfällt, werden sie zähneknirschend und schweigend folgen.

Fazit. Unser *Fazit* setzt sich aus den Schlußfolgerungen, die wir durch unseren Denkprozeß aufgrund unserer Daten gewonnen haben, zusammen. In unserem Beispiel kommt der Chef zu dem Schluß, daß alle neun Mitarbeiter mit eventuell einer Ausnahme mit seinem Vorschlag einverstanden sind. Und da er die Frage dieser einen Mitarbeiterin beantwortet hat, wird wohl auch sie zustimmen.

Ein anderes Gruppenmitglied zieht vielleicht den Schluß: Aus dem Umstand, daß niemand seine Zustimmung zum Ausdruck gebracht hat, ergibt sich die Folge, daß keine Zustimmung vorhanden ist; und da der Chef das tiefe Schweigen, welches auf seinen Vorschlag folgte, sicherlich wahrgenommen hat, muß ihm klar sein, daß alle dagegen sind.

In einer solchen Situation kann eines der beiden Fazite falsch sein, oder auch beide. Um die Uneinigkeit über solche »Fakten« - in diesem Fall der Frage, ob die Leute den Vorschlag des Chefs akzeptieren oder nicht – zu überwinden, sollte man die *Leiter der Schlußfolgerungen* hinuntersteigen und zur Basis der beobachteten Daten zurückkehren, um dann die verschiedenen Denkprozesse nachzuvollziehen, die zu solch verschiedenen Faziten geführt haben. Man muß zu den Dingen, die tatsächlich abgelaufen sind, zu dem, was gesagt oder getan wurde und zu der Art und Weise, in der dies geschah, zurückkehren.

Wie empfehlenswert es ist, den eigenen Denkprozeß und die zugrundeliegenden Daten den anderen zugänglich zu machen, zeigt sich am nun folgenden Beispiel eines Bankers aus Connecticut, der einen Chirurgen um zwei Uhr nachts mit seinem Telefonanruf weckte. Er erzählte dem Doktor, mit dem er schon einmal zu tun gehabt hatte, daß seine Frau an einer akuten Blinddarmentzündung leide. Der Banker hatte einige Erfahrung mit Blinddarmentzündungen und bat den Doktor, sofort zum Krankenhaus zu kommen, wo er mit seiner Frau auf ihn warten würde. Der Chirurg hörte sich die Beschreibung der Symptome an und gab dem Banker dann den Ratschlag, seine Frau mit ein paar Aspirin wieder ins Bett zu packen, denn er sei sich absolut sicher, daß es sich nicht um eine Blinddarmentzündung handele. Als der Banker ihn fragte, wie er zu diesem Schluß gekommen sei, erklärte der Doktor: »Ich habe den Blinddarm Ihrer Frau bereits vor sieben Jahren entfernt, und keine Frau der Welt hatte bisher einen zweiten Blinddarm.« Nun erklärte der Banker seinerseits, was ihn so sicher machte: »Das stimmt, Doktor, aber manche Männer haben eine zweite Frau. Bitte kommen Sie zum Krankenhaus.«

Die *Leiter der Schlußfolgerungen* leistet gute Dienste beim genaueren Diagnostizieren eines Problems am Arbeitsplatz. Haben Sie ein vorläufiges Fazit, blicken Sie zurück auf Ihre Daten und überprüfen Sie, ob einige davon zu Ihrer Lösung nicht recht passen wollen. Ist dies der Fall, sollten Sie nach anderen Lösungsmöglichkeiten suchen, welche die Daten ebenfalls zulassen würden. Sobald Sie ein Fazit gefunden haben, das allen Überprüfungen standhält, können Sie fortfahren.

Richtung: Ersinnen Sie kreative Lösungsmöglichkeiten

Natürlich hilft uns das Verständnis der Situation allein nicht weiter. Der Denkprozeß der Quadranten I und II hat uns zu Erkenntnissen verholfen, wie und warum die derzeitige Situation besteht. Nun möchten wir diese Situation verändern, und deshalb begeben wir uns in den Quadranten III, um entsprechende Strategien zu entwickeln. Ihre Vorgehensweise baut dabei auf Ihre Diagnose auf, Ihr Rezept richtet sich nach den Symptomen. Wenn Sie zu dem Schluß kommen, daß die Kopfschmerzen des Patienten von seinen schlechten Augen herrühren, werden Sie ihm eine Brille verschreiben. Wenn Ihre Diagnose lautet, daß das mangelhafte Wissen der Schüler darin begründet ist, daß im Elternhaus zu wenig Unterstützung bei den Hausaufgaben stattfindet, werden Sie sich Gedanken darüber machen, wie man erreichen kann, daß die Eltern die Lernarbeit ihrer Kinder besser unterstützen.

In Quadrant III sollen keine konkreten Handlungspläne entworfen werden. In diesem Stadium werden mögliche Strategien entworfen und anschließend bewertet, getroffene Entscheidungen haben nur vorläufigen Charakter. Hier werden Erfordernisse den Möglichkeiten gegenüber gestellt und entsprechende Pläne skizziert.

Das Denken aufteilen in: Entwurf – Bewertung – Entscheidung

Man kann zwischen drei verschiedenen *Resultaten* des Denkens unterscheiden, wobei es keine Rolle spielt, ob man über Diagnosen, grobe Strategien oder detaillierte Pläne nachdenkt.

- **Möglichkeiten.** Kreative Ideen werden durch Brainstorming produziert – indem man seine Gedanken frei umherschweifen läßt. Das Ziel ist hier, eine gewisse Anzahl von Ideen hervorzubringen, wobei die Variationsbreite wichtiger ist als die Qualität.
- **Bewertungen.** Die Bewertung der Vorzüge der entworfenen Ideen erfordert einen anderen Denkprozeß. Hier wird das Resultat aus Argumenten für oder gegen eine bestimmte Idee bzw. aus einer Einschätzung ihres Wertes bestehen.
- **Entscheidungen.** Der dritte Schritt ist das Nachdenken über mögliche Entscheidungen. Wenn man über Entscheidungen nachdenkt, wägt man zwischen den verschiedenen Möglichkeiten ab und entscheidet sich schließlich für eine davon – vielleicht vorläufig. Das Produkt ist eine Entscheidung.

Ziehen Sie viele Möglichkeiten in Betracht, bevor Sie eine auswählen

Das Brainstorming – die willkürliche Kreation von Möglichkeiten und Optionen, die eventuell in Betracht kommen - wird zu unrecht als Stiefkind behandelt. Je mehr potentielle Möglichkeiten man in Betracht zieht, desto größer ist die Chance, daß einem keine gute Idee durch die Lappen geht, auch wenn man am Ende viele dieser Möglichkeiten verwirft. Leider wird unsere Einbildungskraft durch traditionelle Denkweisen und solide Vorurteile erheblich eingeschränkt.

Ein Beispiel: Nehmen Sie ein Stück Papier zur Hand. Schreiben Sie den Namen der einen Person auf, die Ihrer Meinung nach am ehesten für ihre Verdienste um die Welt geehrt werden sollte. Bevor Sie die Antwort aufschreiben, stellen Sie sich vor, daß Ihnen andere später über die Schulter schauen werden, und daß Sie gemäß der Qualität Ihrer Wahl eingeschätzt werden.

Werfen Sie nun alternativ ca. zwanzig Namen von Leuten aufs Papier, die *vielleicht* gute Kandidaten wären. Schreiben Sie auch solche Namen auf, die andere Leute – ein Musiker, ein Menschenrechtler, ein Richter, ein leitender Angestellter, ein Arzt, ein Religionsführer – aufschreiben würden. Hier besteht Ihre Aufgabe darin, eine brauchbare Liste als Entscheidungsgrundlage zusammenzustellen.

Bei welcher Vorgehensweise haben Sie das Gefühl, nicht weiterzukommen? Welche würde Ihnen dabei helfen, einen überraschenden, lehrreichen Ausgangspunkt für Ihre Überlegungen zu finden?

Ein Brainstorming zu den Ferienplänen – um ein anderes Beispiel zu nennen – wird wesentlich kreativer ausfallen, wenn Sie einfach ein paar Möglichkeiten aufzählen müssen, anstatt genau den Ort zu nennen, an den Sie im nächsten Urlaub reisen möchten.

Wenn man seine Ideen zunächst ungehindert sprudeln läßt, um sie anschließend zu bewerten, haben auch bisher nicht dagewesene Ideen eine Chance, an die Oberfläche zu kommen. Auch wenn wir nur für uns nachdenken, zögern wir oft, Ideen zu formulieren, welche die anderen kritisieren oder lächerlich finden könnten. Die Produktion von Ideen sollte ein Vorgang sein, die anschließende Bewertung ein anderer. Verläuft das Brainstorming in dem Bewußtsein, daß die Bewertung erst hinterher erfolgt, läßt sich die Angst, verurteilt oder ausgelacht zu werden, einigermaßen in Schach halten. Überläßt man die Leute ihren eigenen Gedanken – und sei es nur für eine Minute –, wächst die Zahl der Ideen und die Bereitschaft zur Teilnahme, während die Gefahr kleiner wird, daß die Idee, die zuerst genannt wird – in der Regel diejenige, über die am wenigsten nachgedacht wurde –, die meiste Beachtung erfährt.

Vor einigen Jahren geriet eine amerikanische Gesellschaft, welche Güter auf der Schiene transportierte, in ernstliche finanzielle Schwierigkeiten. In dem verzweifelten Versuch, ihre Lage zu verbessern, lud das Management einige Gewerkschaftsvertreter zu einer Zusammenkunft ein, auf der beide Seiten versuchten, sich über eine neue Firmenpolitik zu einigen, welche die Firma retten könnte.

Zur Diskussion stand wieder einmal der Vertragspunkt »Mahlzeiten und Pausen« – ein Dauerbrenner, der bei jeder Vertragsverhandlung erneut zu schweren Konflikten führte. Die Eisenbahngesellschaft transportierte große Ladungen von Rohmaterial und industriellen Produkten durch die riesigen Weiten Nordamerikas. Jahrzehnte zuvor hatte die Gewerkschaft für das Zugpersonal das Recht erstritten, den Zug in einer beliebigen Stadt anhalten zu dürfen, damit es aussteigen und eine warme Mahlzeit zu sich nehmen konnte - was besonders im Winter an Bedeutung gewann, wenn es auf dem Zug kalt war und vor den geistigen Augen der Maschinisten das Bild vom Management in seinem beheizten Speisesaal, umgeben von französischen Köchen, Konturen annahm. Das Management seinerseits sorgte sich um verspätete Lieferungen und die Kosten ruhender Transportkapazitäten. Die Ungewißheit, ob die Angestellten den Zug anhalten würden oder nicht, trug der Eisenbahngesellschaft schließlich einen schweren Wettbewerbsnachteil gegenüber der Konkurrenz, bei der diese Maßnahme nicht vorgesehen war, ein.

Auf der oben genannten Sitzung kam man überein, ein Brainstorming durchzuführen, um neue Ideen zu bekommen. Zunächst schlug ein Gewerkschaftsvertreter vor, daß die Gesellschaft die Mitarbeiter dafür bezahlen sollte, daß diese auf eine Mahlzeit verzichteten. Die

Manager protestierten lauthals, aber der Gruppenleiter, ein Gewerkschaftsmann, erinnerte sie daran, daß während der ersten Phase, in deren Verlauf nur Ideen hervorgebracht werden sollten, keine Kritik erlaubt sei. Dann schlug ein Mitglied des Managementteams vor, daß ein Restaurant auf dem Weg vorab informiert werden sollte, damit von dort aus jemand mit dem Essen in einem Korb an den Zug geschickt werden könnte. Da wandte ein ehemaliger Maschinist ein: »Da weiß ich aber noch was viel Besseres. Es dauert ganz schön lange, bis man einen Zug von einer Meile Länge abgebremst und wieder beschleunigt hat. Warum lassen wir nicht den Korb an einem Haken befestigen, so daß er im Vorbeifahren geschnappt werden kann? Früher haben wir es so mit den Postsäcken gemacht.« Alle waren sich darüber einig, daß das eine gute Methode für einen Maschinisten war, auf männliche Art zu seiner Mahlzeit zu gelangen. Schließlich meldete sich die Sekretärin, die bis dahin stumm das Protokoll geführt hatte, zu Wort: »Diese Lokomotiven produzieren doch wohl eine Menge elektrischer Energie, stimmt's? Genug, um ein Mikrowellengerät zu betreiben? Darin können sie sich doch eine heiße Mahlzeit zubereiten.« In all den Jahren waren immer nur zwei Möglichkeiten - »Anhalten und Essen« beibehalten oder abschaffen – diskutiert worden, ohne daß jemand auf die Idee gekommen wäre, eine neu erfundene Technologie, welche die Interessen aller befriedigen könnte, ins Spiel zu bringen.

Nennen Sie also mehrere Auswahlmöglichkeiten und gestalten Sie sie ein wenig aus, damit Sie eine Idee davon bekommen, welche Möglichkeit den meisten Sinn macht. Sodann können Sie an denjenigen Ideen weiterarbeiten, die am vielversprechendsten erscheinen. Erweist sich eine Idee als zu schwierig, kann man sie verwerfen und sich auf andere konzentrieren. Auch in der Bewertungsphase des Brainstormings muß man sich noch nicht unnötig einschränken. Notieren sie einfach die guten und schlechten Aspekte einer Möglichkeit und vergleichen Sie sie miteinander.

Es ist nun die Zeit gekommen, endgültige Entscheidungen zu treffen, was eine dritte Denkmethode, die sich von den anderen beiden unterscheidet, voraussetzt. Eine Entscheidung zu treffen bedeutet immer, eine Verpflichtung einzugehen, und sei es nur sich selbst gegenüber. »Ich habe beschlossen, diese Stelle abzulehnen.« – »Wir haben beschlossen, daß wir unseren Urlaub in diesem Jahr in den Bergen verbringen.« – »Ich bin zu dem Schluß gekommen, daß Frau Jones sich für diese Stelle am besten eignet, und ich werde mich dafür einsetzen, daß sie eingestellt wird.«

Die Entscheidung fällt dann leichter, wenn sie Teil einer systematischen Annäherung ist. Anstatt eine Idee auf dem Hintergrund eines Universums voller unbekannter Möglichkeiten beurteilen zu müssen, hat man bei der systematischen Annäherung nichts anderes zu tun, als die Auswahlmöglichkeiten, die man sich selbst geschaffen hat, anzuschauen und diejenige auszuwählen, welche am besten erscheint. Anstatt eine Idee gegen unbekannte Konkurrenten abwägen zu müssen, kann man zwischen bekannten Einheiten wählen. Die Entscheidung wird noch einfacher, wenn man weiß, daß man die Chance haben wird, sie zu revidieren, nachdem man einige Erfahrungen gesammelt hat.

Der nächste Schritt: Gute Ideen in Pläne zur Durchführung umwandeln

Oft führen gute Gedanken zu nichts. Auch wenn man noch so gute Entscheidungen getroffen hat, hat man sie deshalb noch lange nicht in die Tat umgesetzt. Alans ehemaliger Chef und Mentor Ralph Coverdale hat immer betont, daß er den ganzen Tag im Bett bleiben könne mit der Entscheidung im Kopf, aufzustehen. Viele Menschen sind brillante und kreative Denker, aber sie bewegen nichts, weil sie den Schritt, große Ideen in durchführbare Pläne zu verwandeln, versäumen. »Der Weg zur Hölle ist mit guten Vorsätzen gepflastert«, sagt ein altes Sprichwort. Die guten Ideen müssen zu Handlungen werden; es müssen erste Schritte überlegt werden - Schritte, die man sofort unternehmen kann.

Der Quadrant IV des Zirkeldiagramms betrifft die Umsetzung der Ideen in durchführbare Pläne. Wir finden hier eine Reihe von Vorschlägen, die detailliert genug sind, damit man weiß, was zu tun ist. *Das Harvard Konzept* zeigte, daß die Dinge wesentlich vereinfacht werden, wenn man einen Vorschlag »bejahbar« macht, das heißt, wenn man ihn so gestaltet, daß ein anderer es leicht hat, ihn zu akzeptieren. In Quadrant IV möchten wir eine gewählte Strategie in »durchführbare« Pläne verwandeln. Ein »durchführbarer« Plan besteht aus einer Reihe von Anweisungen, die so klar sind, daß sie ohne Nachfragen durchführbar sind und das gewünschte Resultat erzeugen.

Erläutern Sie Ihre Vorstellungen von der gemeinsamen Nutzung der Fähigkeit, systematisch zu denken: Das »synchrone Denken«

Je mehr Leute, desto schwerwiegender die Folgen unorganisierten Denkens

Eine einzelne Person, die einen schlampigen Haushalt führt, hat es sicherlich schwer, im Haus effizient zu arbeiten. Dennoch kommt diese Person wahrscheinlich recht gut in der Unordnung zurecht. Sie weiß, in welchem der Haufen am Boden das Lieblingshemd am ehesten zu finden ist, und wo sich die Fernbedienung versteckt haben könnte. Leben zwei Personen zusammen, und beide sind schlampig, verschlimmert sich das Problem. Jeder von beiden verschlampt die Dinge anderswo. Einer von beiden versucht schließlich, Ordnung zu schaffen und verstaut die Dinge an Orten, wo der andere sie niemals wiederfinden wird. Arbeitet man allein, kann chaotisches Denken ein Hindernis sein. Arbeiten mehrere zusammen, kann es zur Katastrophe führen - Unordnung im Schneeballsystem.

Alle denken willkürlich – auf verschiedene Weise

Die Unordnung wäre noch zu verkraften, wenn mehrere Leute auf dieselbe Weise unsystematisch denken würden. Es ist aber so, daß wir alle verschiedene Denkgewohnheiten und -schemata haben, wobei diese Denkmuster in der Regel unvereinbar sind. Während die anderen versuchen zu verstehen, was falsch läuft, möchte einer sich auf die nächstbeste Lösung stürzen. Anstatt uns die kluge Idee eines anderen zunutze zu machen und darauf aufzubauen, weisen wir nur ständig auf die Unzulänglichkeiten der Idee hin. Typischerweise ist uns absolut unklar, was unser gemeinsames Denken hervorbringen soll. Wir sind zerstreut. Schon zwei Leute finden es für gewöhnlich schwierig, ihre Gedanken zu koordinieren. Springen die Gedanken einer größeren Gruppe willkürlich umher, werden nur willkürliche Resultate dabei herauskommen, und jedes Meeting entartet zum »Kaffeekränzchen«. Anstatt uns gegenseitig zu helfen, stehen wir uns im Wege.

Konzept: Wir verwenden alle ein einfaches Muster, um unser gemeinsames Denken zu organisieren

Zwei Köpfe sind dann nicht besser als einer, wenn sie sich in die Quere kommen. Systematisches Denken hilft uns, mehrere Köpfe so zu organisieren, daß sie effektiv zusammenarbeiten können. Jeder Schritt ist bei diesem Vorgang begleitet von neuen, bereichernden und erleuchtenden Ideen, anderen Ansichten und der Weisheit aus unterschiedlichen Erfahrungen.

Haben wir nun noch eine Grundstruktur wie das Zirkeldiagramm im Kopf, sind wir doppelt so stark. Wir können systematisch denken - und wir haben ein Modell, wie wir gemeinsames Denken organisieren können. Bei der Zusammenarbeit mit einer oder mehreren Personen dient das Zirkeldiagramm als Grundschema eines jeden Meetings. Das

Ziel ist, das Denken durch die vier Quadranten zu »synchronisieren«. Innerhalb der Quadranten kann eine Gruppe ihr kollektives Denken weiter verfeinern, indem sie jeweils vermerkt, wann sie Möglichkeiten im Brainstorming-Verfahren ermittelt, wann sie die Möglichkeiten bewertet, und wann sie versucht, eine Entscheidung zu treffen.

Systematisches Denken bietet einer Gruppe dieselben Vorteile wie einer einzelnen Person. Darüber hinaus entstehen in der Gruppe weitere Vorteile systematischen Denkens:

- Die Unruhe, die durch viele Stimmen entsteht, wird nicht dazu führen, daß wir in unserem Denkprozeß einen wichtigen Schritt überspringen. Stattdessen bilden die Leute eine orchestrierte Einheit, die freiwillig gemeinsam fortschreitet.

- Gemeinsames systematisches Denken bietet eine einfache Taxonomie, die dafür verwendet werden kann, Ideen zum späteren Gebrauch beiseite zu legen. Wenn jemand eine unlogische Schlußfolgerung einbringt, bedeutet das nicht, daß wir die Wahl haben, die vorgetragene Idee aufgeben oder einen neuen Gedanken wieder verlieren zu müssen. Wir können den Gedanken stattdessen erst einmal ablegen, und wir haben dabei die Gewißheit, daß uns das System wieder darauf zurückführen wird.

- Systematisches Denken macht unseren Denkprozeß nachvollziehbar, so daß er hinterfragt und geprüft werden kann. Auf diese Weise können wir die Gefahr des sogenannten »Gruppendenkens« vermeiden; jeder in der Gruppe schließt sich einer schlechten Idee deshalb an, weil er denkt, daß die anderen die Idee sicherlich gut durchdacht haben, oder aus Angst, unloyal zu erscheinen, wenn er die Idee hinterfragt.

- Anstatt Einstimmigkeit zu erzielen, indem die Gegenstimmen zum Verstummen gebracht werden, hilft uns das systematische Denken dabei herauszufinden, *warum* Uneinigkeit herrscht. Wenn man genau weiß, an welchen Stellen die Gruppenmitglieder zu unterschiedlichen Ergebnissen kommen, kann man beide Standpunkte betrachten und den besseren auswählen. Das

Zirkeldiagramm erhellt verschiedene Standpunkte und gliedert sie, so daß es leichter wird, zwischen ihnen eine Auswahl zu treffen.

Kehren wir zu der Gruppe von Mitarbeitern zurück, die gerade ein Weihnachtsfest im Büro plant. Sogar in dieser einfachen Situation lauern alle Fallen unorganisierten Denkens, denen die Lösung wichtigerer Angelegenheiten zum Opfer fällt. Sind andererseits Gruppen in der Lage, solche einfachen Dinge durch gutes gemeinsames Denken rasch zu klären, werden sie dazu auch in der Lage sein, wenn es um so wichtige Dinge wie die Bewahrung einer Firma vor dem Konkurs geht. Wie würde die Planung der Weihnachtsfeier verlaufen, wenn die Gruppe »synchron« denken würde?

Ann: Okay, versuchen wir, die Sache schnell hinter uns zu bringen, damit wir zurück an unsere Arbeit können. Bill, würdest Du bitte Notizen auf der Tafel machen?

Bill: Klar.

Ann: Laßt uns damit beginnen, daß wir uns einige Quadrant-I-Daten von der Weihnachtsfeier im letzten Jahr in Erinnerung rufen. Anfangen könnten wir mit folgender Beobachtung: Ich habe gesehen, daß viele Leute sehr früh gegangen sind. Die Feier begann um 17.00 Uhr und gegen 18.30 Uhr war bereits die Hälfte gegangen. Habt Ihr dieselbe Beobachtung gemacht?

Bill: Ja. Woran lag das? Hatten wir nichts mehr zu trinken oder so?

Chris: Ich habe mich sehr nett mit Samantha aus der Buchhaltung unterhalten, aber sie mußte so früh gehen, um ihren Mann zu treffen.

Dale: Ich habe ein paar Leute sagen hören, daß sie gern ihre Partner oder Ehefrauen und so mitgebracht hätten.

Ann: Wenn keine Ehepartner anwesend waren, wer waren dann all die Leute, die ich nicht kannte?

Chris: Sie arbeiten alle hier. Einigen von ihnen war ich schon einmal vorgestellt worden, aber ich konnte mich nicht an ihre Namen erinnern. Das war ziemlich peinlich.

Bill: Wartet, laßt mich das eben notieren. »Kannten ... keine ... Namen.« Okay.

Dale: Genug Schnaps hatten wir allemal. Dan Jenkins war sogar ganz schön betrunken.

Ann: Woran hast Du das bemerkt?

Dale: Seine Rede war sehr undeutlich, und er hatte Schwierigkeiten, gerade zu gehen.

Ann: Klingt überzeugend. Haben noch andere zuviel getrunken?

Chris: Soweit ich gesehen habe, nicht.

Bill: Okay. Laßt uns noch ein paar Daten für Quadrant I sammeln. Was noch? Andere Probleme?

Chris: Mit Rücksicht auf unsere jüdischen Kollegen sollten wir die Sache nicht »Weihnachtsfeier« nennen.

Ann: Also hör mal. Du bist ein bißchen übersensibel.

Chris: Nein, das glaube ich nicht. Dieser Punkt ist wichtig.

Bill: Wir sollten herausfinden, warum wir uns in diesem Punkt nicht einig sind. Ich schreibe Chris' Einwand für Quadrant III auf. Sein Einwand klingt plausibel, aber im Moment können wir noch nichts damit anfangen, wir müssen darüber nachdenken. Was würde in die anderen Quadranten passen, um uns zu diesem Punkt zu führen? Ich denke mal, die Diagnose ist, daß sich jemand ausgeschlossen fühlen könnte, wenn eine Dienstfeier einen religiösen Namen hat und er dieser Religion nicht angehört, richtig?

Chris: Natürlich.

Bill: Welche Daten gibt es zu diesem Punkt? Habt ihr von irgendeiner Person gehört, die gekränkt war?

Chris: Eigentlich nicht.

Dale: Trotzdem wissen wir nicht mit Bestimmtheit, daß niemand gekränkt war. Ich denke, für keine der Annahmen haben wir Daten.

Bill: Wir können herumfragen, um das zu klären. Nehmen wir erst einmal an, Chris habe Recht: gibt es für Quadrant IV konkrete Vorschläge, wie man den Namen ändern könnte?

Chris: Wie wäre es mit Feiertagsparty?

Bill: Eigentlich brauchen wir doch gar keinen Namen. Kein Name.

Ann: Jahresabschlußfeier?

Bill: »Jahresabschlußfeier« gefällt mir. Wir könnten sagen, daß wir ein erfolgreiches Jahr für die Firma feiern, dann hat die Feier den Charakter einer Anerkennung für gute Arbeit.

Ann: Irgendwelche Einwände? In Ordnung. Laßt uns die vorläufige Bezeichnung »Jahresabschlußfeier« festhalten. Wir könnten den Vorschlag herumreichen und fragen, ob irgend jemand dagegen ist. Laßt uns zu den Symptomen zurückkehren. Jemand war betrunken. Warum? Benimmt er sich immer so, oder gab es nicht genug zu essen?

So geht es weiter ... Als Gruppe müssen wir nicht alle vier Quadranten Schritt für Schritt und aufeinanderfolgend durchlaufen. Haben wir es mit mehreren Themen zu tun, können wir für jedes Daten auflisten, dann zur Diagnose übergehen usw. Wir können jeweils ein Problem aufgreifen und alle Quadranten bis zum »ersten Schritt« durchlaufen. Oder wir starten mit einem Lösungsvorschlag und gehen dann zurück zur Diagnose und den Daten, die diesen Vorschlag stützen. Ebensogut können wir alle Vorgehensweisen kombinieren. Wichtig ist jedoch, daß wir in jedem Quadranten unsere Gedanken zu jedem Diskussionspunkt artikulieren bzw. überprüfen, wo wir Lücken haben, die gefüllt werden müssen.

Das folgende Diagramm gibt die Aufzeichnungen wieder, die sich in diesem Stadium des Meetings auf der Tafel befinden. Gut wäre es, wenn man beim Aufzeichnen des systematischen Denkprozesses das Ziel hätte, daß jeder, der mitten im Meeting hereinkäme, in der Lage wäre, anhand der Aufzeichnungen den Denkprozeß der Gruppe bis zu diesem Punkt nachzuvollziehen. Das ist aber nicht das Hauptanliegen. Uns ist vor allem wichtig, daß jedes Gruppenmitglied jederzeit überprüfen kann, was die Gruppe bisher erreicht hat und den Faden wieder aufnehmen kann, falls es vorübergehend durch private Gedanken oder das Gebrummel der vielen Stimmen abgelenkt war.

Natürlich wird das »synchrone Denken« nicht dazu führen, daß alle Beteiligten immer einig sind oder gar dieselben Ideen haben. Auf diese

I Daten	II Diagnose	III Richtung	IV Nächster Schritt
Viele gingen sehr früh	Nicht genug zu essen? Ehepartner wartete auf sie?	Ehepartner mit einladen?	
Peinlichkeit	Kannten die Namen nicht		Feiertagsparty? Kein Name? **Jahresabschlußfeier**
Mindestens einer trank zuviel			
Noch keine Daten	Fühlten sich einige durch die besonders religiöse Bezeichnung der Feier gekränkt?	Namen ändern, damit sich alle als dazugehörig empfinden	

Bemerkung: Bei der Benutzung von Flip-charts oder Weißwandtafeln können Stifte in verschiedenen Farben oder eine andere Methode eingesetzt werden, um zusammengehörende Gedanken zu einem Thema optisch zu verknüpfen.

Weise wird es uns jedoch wesentlich leichter fallen zu verstehen, wo wir uns nicht einig sind und warum das so ist – ein bedeutsamer erster Schritt in Richtung Einigkeit über das, was wir tun. Er sollte unsere Diskussionen in der Weise beschleunigen, wie eine Ampel den schnelleren Verkehrsfluß auf einer dichtbefahrenen Strecke regelt.

Ihre Stunde ist gekommen: Regen Sie die anderen zum systematischen Denken an

Als Mitglied einer Gruppe, die an einem Problem arbeitet, können Sie zwei parallele Zielsetzungen im Auge behalten. Die eine hilft uns dabei, das aktuelle Problem vernünftig zu lösen. Das andere Ziel besteht darin, die Qualität unseres gemeinsamen Denkens grundsätzlich zu verbessern. Ihr Konzept guten systematischen Denkens kann als ein Ziel dienen, auf das Sie Ihre Kollegen sanft zusteuern. Das ist eine großartige Herausforderung, und wenn Sie Erfolg haben, wird der Nutzen ebenso großartig sein.

Nehmen wir wieder ein Beispiel ...

Vor einigen Jahrzehnten mauserte sich ein kleines britisches Unternehmen zu einem der ersten Massenproduzenten von keramischen Elektronikbauteilen. Der gute Ruf des Unternehmens gründete sich darauf, daß die Firma allerhöchsten Qualitätsansprüchen genügte und äußerste Sorgfalt beim Mischen der Materialien und bei der Temperatureinstellung und der Aufheizzeit des Ofens walten ließ. Jahrelang ging die Firma auf die gleiche Weise vor und florierte.

Plötzlich, innerhalb von wenigen Monaten, ging es bergab. Die Kundenaufträge verringerten sich im Sturzflug. Hektisch versuchte das Management herauszufinden, was falschlief. Ein Meeting verlief wie folgt:

Verwaltungsdirektor: Ich habe schon befürchtet, daß es so kommen würde. Früher oder später mußte der Fall eintreten, daß die Mitarbeiter der Produktionsabteilung bei der Beachtung der Herstellungsvorschriften nachlässig werden würden. Wir müssen mehr Kräfte einsetzen, um sicherzustellen, daß der Qualitätsstandard unserer Produkte gewahrt bleibt.

Produktionsmanager: In Ordnung, ich werde mich bemühen, aber ... nun ja, ich denke, auch unsere Preise sind ein Problem. Unsere Mitarbeiter werden sehr gut bezahlt.

Leiter der Finanzabteilung: Das denke ich auch. Meiner Meinung nach haben wir der Gewerkschaft zu viele Zugeständnisse gemacht. Können wir den Vertrag nicht neu verhandeln?

Verwaltungsdirektor: Es ist ein Dreijahresvertrag, es ist also sowieso nicht mehr lange hin.

Leiter der Marketingabteilung: Bei allem Respekt, aber das Problem liegt nicht bei der Produktion. Andere Firmen haben einfach größere Marketing-Budgets. Sie haben mehr Vertreter, die sie zu den Klienten schicken können. Deshalb nehmen sie uns das Geschäft weg. Wir müssen daher unsere Marketingabteilung personell vergrößern.

Technischer Leiter: Wenn die Verkaufszahlen sinken, sollten wir vielleicht in dieses Produkt nicht mehr investieren. Wir sollten retten was wir können und in anderen Bereichen expandieren. Unsere Technologie wird bald völlig out sein. Die Kunden wählen inzwischen wahrscheinlich andere Teile. Wir sollten neue Programme für andere Produkte entwickeln.

Verwaltungsdirektor: Ich habe Ihre Standpunkte gehört, und nun möchte ich, daß Sie meine Entscheidung unterstützen. Wir werden dafür sorgen, daß unsere Produkte den Markt zurückerobern, und zwar so, wie wir es immer getan haben – indem wir die höchsten Produktionsstandards in der Branche haben. Nächsten Montag möchte ich auf meinem Schreibtisch einen Plan liegen haben, wie wir in der Produktion strengere Maßstäbe einführen können.

Stellen Sie sich nun vor, Sie seien der Assistent des technischen Leiters und Ihr Chef hätte Sie zum Meeting mitgenommen. Auf welche Weise würden Sie versuchen, die Gedanken der Gruppenmitglieder mehr in eine Linie zu bringen? Legen Sie das Buch für einen Moment zur Seite und denken Sie nach. Was würden Sie wohl sagen?

Es ist sehr schwierig, andere dazu zu bringen, über das Denken nachzudenken

Es ist immer schwierig, andere dazu zu bringen, ihre Gewohnheiten zu ändern. Kollegen davon zu überzeugen, daß sie neue Methoden gemeinsamen Denkens entwickeln sollen, ist eine ganz besondere Herausforderung. Der Widerstand der Menschen, die gesagt bekommen, was sie tun sollen, ist dann besonders groß, wenn die Qualität ihres Denkens zum Thema wird. »Ihr Denken könnte verbessert werden« klingt allzu sehr wie: »Sie sind dumm« oder: »Sie sind verrückt.«

Sind die Leute außerdem mit einem wichtigen Problem beschäftigt, wird der Gegenstand dieses Problems wahrscheinlich ihre ganze Aufmerksamkeit beanspruchen. Daher ist es in der Regel schwierig, sie einen Schritt zurückzuschicken, um einen Blick auf die *Art und Weise,* in der sie das Problem angehen, zu werfen. Der Versuch, Leute dazu zu bekommen, gemeinsam darüber nachzudenken, wie sie gemeinsam denken, kann nicht anders als schwierig sein. Stellen Sie sich vor, Sie versuchten in der Elektronikfirma Einfluß zu nehmen, indem Sie Ihre Vorgesetzten dazu drängen, über ihre Denkmethoden nachzudenken:

Leiter der Marketingabteilung: ... deshalb nehmen sie uns das Geschäft weg. Wir müssen unsere Marketingabteilung personell verstärken.

Sie: Bei allem Respekt, aber wir denken hier ziemlich chaotisch. Wir müssen systematisch denken, das heißt, wir müssen von den Daten über die Diagnose zur Ri...

Verwaltungsdirektor: Wovon reden Sie eigentlich?

Sie: Ich möchte sagen, daß unser Problem vor allem erst einmal darin besteht, wie wir über die rückläufigen Verkaufszahlen nachdenken. Wir springen von einer Idee zur anderen, ohne auch nur eine davon näher zu untersuchen. Laßt uns doch einmal systematisch über unseren Denkprozeß nachdenken. Welche beobachtbaren Daten fallen Ihnen auf, während wir über die Daten des Probleminhalts sprechen?

Technischer Leiter: Was zum Teufel meinen Sie damit? Sie haben wohl gerade an einem Managerkurs teilgenommen?

Sie: Wir müssen erst das Problem diagnostizieren, bevor wir entscheiden können, was zu tun ist.

Leiter der Finanzabteilung: Vielleicht können wir jetzt zu dem Problem der Gehaltslisten der Gewerkschaft zurückkehren ...

Mit abstrakten Theorien wird man seine Kollegen kaum überzeugen können. Und zu gemeinsamen Daten über die Art, wie wir sprechen, zu kommen, ist ebenso schwierig.

Denken Sie selbst systematisch

Anstatt ein Seminar über systematisches Denken zu improvisieren, sollten Sie zunächst für sich selbst herausfinden, was Sie tun sollten. Beginnen Sie mit der einfachsten Diagnose: Ihre Kollegen sind mit keiner Form organisierten Denkens vertraut und wissen nicht, welche Vorteile diese Art des Denkens bringen würde. Als Reaktion auf die gewonnenen Diagnosen könnten einem zunächst Strategien wie die folgenden in den Sinn kommen:

- Wir könnten eine organisierte Schulung für systematisches Denken mitmachen.
- Der Chef könnte den Leuten ein Buch über systematisches Denken in die Hand drücken und ihnen auftragen, es zu lesen.
- Ein Vorgesetzter könnte eine klare Anweisung, systematisch zu denken, an alle Untergebenen herausgeben.

Oder:

- Während unserer Diskussionen könnte ein Teilnehmer eine Frage oder einen Kommentar einwerfen, um bei einem realen

Anliegen, mit dem wir uns gerade beschäftigen, einen bestimmten Schritt systematischen Denkens anzuregen.

Die zuletzt genannte Strategie kann man aus sich selbst heraus und ohne die Unterstützung anderer wagen, so daß man mit ihr gut beginnen kann.

Regen Sie den gemeinsamen Gebrauch der »Werkzeuge« an

Der einfachste Weg, eine Gruppe an das systematische Denken heranzuführen, besteht darin, die ordentliche Diskussionen über ein Problem anzuleiten, das Sie lösen möchten. Systematisches Denken ist so nützlich, daß die meisten Menschen seine Vorteile schnell erkennen.

Ein Dozent der Rechte wurde einmal eingeladen, im Verwaltungsgericht in Boston mit einer Gruppe von Anwälten einige Probleme zu diskutieren. Er tat nichts anderes, als sie durch eine Zirkeldiagrammanalyse des Problems zu führen, und sie entwarfen einen Plan für eine Petition, bestimmte Veränderungen in der Rechtsprechung vorzunehmen. Am Ende des Meetings sagte die Vorsitzende zu ihm: »Vielen Dank für Ihre Hilfe bei der Analyse der richterlichen Entscheidungen. Übrigens, haben Sie schriftliches Material über das Diagramm, das Sie verwendet haben?«

Wenn Sie sich darauf beschränken, gute relevante Fragen auf systematische Weise zu stellen, wird Ihnen Ihre Position in der Hierarchie zum Vorteil statt zum Nachteil gereichen. Womöglich steht es Ihnen nicht zu, anderen zu sagen, was sie zu tun haben, aber sicherlich ist es Ihnen gestattet, etwas von denjenigen zu lernen, die älter und weiser sind als Sie.

Bitten Sie um Daten. Gewinnen Sie den Eindruck, daß Ihre Kollegen keine Daten sammeln, die für die Analyse der Situation wichtig sind, bitten Sie sie, Ihnen bei den Fakten auf die Sprünge zu helfen.

Leiter der Marketingabteilung: ... deshalb nehmen Sie uns das Geschäft weg. Wir müssen die Marketingabteilung personell verstärken.

Sie: Verzeihung, ich fürchte, ich habe nicht genug Erfahrung, um Ihnen folgen zu können. Was genau haben die Kunden darüber gesagt, warum sie nicht mehr bei uns bestellen?

Verwaltungsdirektor: Ja, wer hat denn mit ihnen gesprochen?

Leiter der Marketingabteilung: Sobald wir hier fertig sind, werde ich einige Freunde, die bei unseren Klienten arbeiten, anrufen.

Sie: Es würde mich wirklich interessieren, ob sie noch immer die Art Elektroden kaufen, die wir produzieren, und wenn ja, von wem.

Leiter der Marketingabteilung: Genau. Wenn sie sie anderswo kaufen, müssen wir wissen, zu welchem Preis. Vielleicht bezahlen diese Firmen ihren Mitarbeitern ja weniger als wir.

Sie: Gibt es noch mehr, das wir wissen sollten und das ich versuchen könnte, herauszufinden?

Bitten Sie um eine Diagnose. Wenn Sie andere darum bitten, Sie aufzuklären, kritisieren Sie sie noch nicht einmal indirekt dafür, daß sie die Antworten nicht wissen. Und indem Sie sich zur Verfügung stellen, mehr herauszufinden, bieten Sie einen Teil der Lösung an, statt einfach ein weiteres Problem zu präsentieren. Sie möchten lediglich sicherstellen, daß die anderen eine gute Frage nicht deshalb auslassen, weil es schwierig sein könnte, Antworten darauf zu finden. Ebenso leicht ist es, andere dazu anzuspornen, ein Problem zu diagnostizieren, statt eine übereilte Lösung vorzuschlagen.

Leiter der Marketingabteilung: Also, ich habe Ian Sturrock in Glasgow angerufen, und er hat mir erzählt, daß sie angefangen haben, ihre Elektroden billiger bei einer amerikanischen Firma einzukaufen.

Sie: Ich verstehe nicht, wie sie in der Lage sein können, weniger Geld zu verlangen. Was in aller Welt machen sie anders?

Leiter der Finanzabteilung: Wahrscheinlich zahlen sie ihren Leuten weniger. Wir müssen bei der Gewerkschaft neue Zugeständnisse aushandeln ...

Sie: Das *ist* eine mögliche Erklärung. Aber vielleicht ist es nicht die einzige. Ich könnte mir vorstellen, daß sie noch etwas anderes anders machen.

Leiter der Finanzabteilung: Zum Beispiel?

Sie: Keine Ahnung. Wieviel billiger sind sie?

Leiter der Marketingabteilung: Weniger als 50% unseres Preises.

Produktionsleiter: Unsere Lohnkosten machen lediglich 35% des Preises für das Produkt aus.

Leiter der Finanzabteilung: Vielleicht haben sie preisgünstigere Zulieferer.

Produktionsleiter: Was wäre, wenn sie einen billigeren Weg der Qualitätskontrolle gefunden haben?

Um ein Thema zur Sprache zu bringen, ist es nicht notwendig, selbst die Antwort zu wissen.

Die Diagnose ist ein bedeutender Schritt. In der oben beschriebenen Situation fand die Firma durch weitere Nachforschungen heraus, daß der amerikanische Konkurrent nicht einmal annähernd so große Anforderungen an die Kontrolle beim Herstellungsprozeß wie sie selbst forderte, so daß er in der Lage war, sein Montagewerk viel billiger produzieren zu lassen. Die Kunden wiederum waren der Meinung, daß seine Elektroden genauso gut funktionierten.

In vielen Fällen führt uns die Diagnose direkt zu besseren Lösungsmöglichkeiten. In diesem Fall beschloß die Firma, weniger Geld für die Kontrolle des Herstellungsprozesses auszugeben. Dennoch gibt es eine Menge Fragen. Die Umsetzung von Ideen in praktikable Schritte ist vielleicht der kritischste Aspekt, wenn Veränderungen herbeigeführt werden sollen. Menschen kommen zusammen, diskutieren, machen ein Brainstorming und bewerten anschließend die Ideen, die sie hervorgebracht haben, aber nur zu oft verlassen sie das Meeting, ohne eine klare Vorstellung davon, wann das nächste Meeting stattfinden, was vor dem Meeting getan werden und wer es halten sollte. Wo können wir gefahrlos einsparen: bei der Überwachung der Temperatur? Bei den Materialkosten?

Ist die Krise erst einmal beigelegt, können Sie die anderen ermutigen, darüber nachzudenken, wie dieses Problem überhaupt entstanden ist. Auch hier gilt wieder, daß Sie nichts anderes tun müssen, als Fragen zu stellen. Wo haben wir in unserem Denkprozeß einen Fehler gemacht, so daß wir wesentlich mehr, als für uns gut war, in die Produktionsstandards investiert haben? Warum haben wir nicht von vorne herein klügere Entscheidungen getroffen?

Eine Möglichkeit, der Gruppe dabei zu helfen, systematisch über ein akutes Problem nachzudenken und gleichzeitig damit zu beginnen, die Vorteile systematischen Denkens zu vermitteln, besteht darin, ein paar Schlüsselüberschriften auf eine Tafel zu schreiben, während Sie eine Frage hinsichtlich der nächsten Schritte stellen. Beispiel:

Daten $\rightarrow$	**Diagnose** $\rightarrow$	**Richtung** $\rightarrow$	**Direktes Ziel**
(Symptome)	(Ursachen)	(Mögliche Lösungen)	(Nächste Schritte)

»Bevor sich dieses Meeting auflöst: Gibt es ein paar Dinge, mit denen wir uns beschäftigen sollten, bevor wir das nächste Mal zusammenkommen?«

Geordnetes Denken ist eine große Hilfe. Es kann Ihnen bei Ihrer eigenen Arbeit helfen. Es kann auch dabei helfen, die gemeinsame Arbeit mit anderen zu verbessern, sowohl als Konzept für ein gemeinschaftliches Denken, auf das man hinarbeiten könnte, als auch als Richtlinie dafür, wie dieses Konzept am besten zu realisieren sei.

Kapitel 5

Lernen: Denken und Handeln integrieren

Soviel wir auch denken, es ist niemals genug. Man kann seine Fähigkeit zu denken verbessern, aber so systematisch und gut ausgerichtet unser Denken auch sein mag, niemals wird es perfekt sein. Während wir denken, schaffen wir vereinfachte Abbilder der Welt, damit wir diese besser verstehen oder uns eine neue Realität ausdenken können. Diese vereinfachten Abbildungen sind mit Sicherheit unvollständig. Es gibt immer ein paar wichtige Dinge, die sich Ihrer Kenntnis entziehen, und es ist unmöglich vorher zu sagen, wo die Lücken in unserem Verständnis sein werden. Man kann nicht wissen, wieviel man nicht weiß.

Daher besteht ständig die Notwendigkeit, etwas hinzuzulernen. Die Effizienz des eigenen Denkens muß ständig überprüft, die eigenen Vorhersagen müssen mit den wirklichen Geschehnissen verglichen werden. Dabei ist die Frage nicht, ob unser Denken Fehler aufweist – wir können uns darauf verlassen, daß es so ist –, sondern in welcher Weise wir uns geirrt haben. Bevor wir unsere Arbeit erledigen können, müssen wir mehr über die Aufgabe lernen, an der wir arbeiten sollen. Das dritte wichtige Element effektiver Arbeit ist daher das *Lernen,* das heißt die Verbesserung unseres Denkens, indem wir es durch die Umsetzung der Gedanken in Handlung einer Bewährungsprobe unterziehen. Eine elementare Fähigkeit beruht also darin, Denken und Handeln zu integrieren.

Was ist daran so schwierig? Die Art des Lernens, die am Arbeitsplatz von uns verlangt wird, unterscheidet sich sehr vom Lernen in der Schule. In der Schule lernen wir Fakten, Formeln und Theorien. Wir lernen jedoch wenig darüber, wie man Dinge *tut*. Es ist ein großer Unterschied, ob ich etwas zu tun lerne, oder ob ich etwas über eine Sache lerne. Des weiteren bestand unsere Ausbildung im Erlernen, bestenfalls in der Nachahmung dessen, was andere Leute bereits wußten. Sofern sie nicht bis zum Schreiben einer Doktorarbeit vordrangen, standen viele Studenten niemals vor der Aufgabe, neue Lösungen für neue Probleme suchen zu müssen.

Um anderen dabei helfen zu können, gemeinsam bessere Lernerfolge aus unserer Arbeit zu gewinnen, müssen wir erst selbst die Gewohnheit entwickeln, aus dem, was wir tun, unsere Lehren zu ziehen, auch wenn wir für uns alleine arbeiten. Besseres Lernverhalten beginnt mit dem Verstehen dessen, was uns im Moment daran hindert, effektiv zu lernen.

Entwickeln Sie eine persönliche Fähigkeit: Lernen Sie ständig aus Ihren Handlungen

Problem: Pläne basieren auf irrtümlichen Annahmen, und Handlungen resultieren aus Plänen, die auf falschen Voraussetzungen basieren

Ebenso, wie Menschen bisweilen handeln, ohne ausreichend systematisch nachgedacht zu haben, kommt es vor, daß sie denken, ohne ausreichend zu handeln. Bisweilen verbeißen wir uns in den Gedanken, daß unsere Pläne unbedingt »richtig« sein sollten, noch bevor wir anfangen, an ihnen zu arbeiten. Autoren haben die Neigung, ihren Entwurf immer aufs neue zu entwerfen und zu verwerfen, bevor sie auch nur eine Zeile des wirklichen Textes zu Papier bringen. (Während wir ein Buch darüber schreiben, wie wir effektiver arbeiten können, riskieren wir, daß wir etliche Seiten mit guten Ratschlägen füllen, bevor wir selbst überhaupt versucht haben, diese Ratschläge in die Praxis umzusetzen.) Wir alle neigen immer wieder dazu, erst lange, nachdem uns gute Ideen für Handlungen eingefallen sind, Informationen zu sammeln. Oder wir spekulieren viel länger über den Gewinn, den die eine oder andere Handlungsweise einbringen könnte, als wir bräuchten, um einfach beide Wege auszuprobieren.

Wenn Sie dann bereit sind, zu handeln, könnte es bereits zu spät sein. Jemand anderes hat bereits ein ähnliches Buch veröffentlicht. Die Aktien sind gestiegen – oder gefallen; das Grundstück ist verkauft; die Stelle ist besetzt.

Der schlimmste Aspekt verzögerter Handlung ist jedoch noch nicht einmal, daß man eine Gelegenheit verpaßt. Vielmehr schadet es der Qualität der Arbeit, weil es vor Beendigung der Arbeit keine Gelegenheit gibt, aus den Fehlern der Handlung zu lernen und Korrekturen vorzunehmen. Manchmal entwickeln wir Pläne aufgrund der Annahme, diese oder jene Fakten seien richtig, nur um später festzustellen, daß die Annahmen falsch waren. Auch wenn die Aussicht auf Erfolg noch nicht ganz verloren ist, war doch die Arbeit bis zu diesem Punkt umsonst.

Im Jahre 1947 kam ein Flüchtling aus Europa in die Vereinigten Staaten. Er war ein reicher Industrieller gewesen und wollte nun die spärlichen Überreste seines ehemaligen Reichtums darauf verwenden, ein neues Geschäft zu gründen, das er seinen Kindern hinterlassen konnte. Als Experte für industrielle Werkstoffe beschloß er, einen neuen Klebstoff zu entwickeln, der dort verwendet werden konnte, wo andere Klebstoffe versagten. Nach Jahren intensiver Arbeit gelang ihm schließlich die Entwicklung eines Klebstoffs, der alle Eigenschaften besaß, die er sich wünschte. Der Klebstoff war einfach in der Handhabung, schnell trocknend, wasserfest und resistent gegen Elektrizität. Sobald er die Formel entwickelt hatte, ging unser Experte in die Massenproduktion und verkaufte bald große Mengen seines Klebstoffs. Erst Monate später kamen ihm Berichte über Probleme zu Ohren. Der Klebstoff hatte alle guten Eigenschaften bis auf die eine: er klebte nicht.

Woran liegt es, daß es uns oft so schwerfällt, zur Tat zu schreiten, bzw. warum befinden wir uns in Schwierigkeiten, sobald wir zu handeln begonnen haben?

Ursache: Wir trennen das Denken von der Handlung

Eine Ursache für unsere Probleme liegt darin, daß wir unser Nachdenken über ein Problem von unseren Lösungsversuchen trennen. Oft ist die Planung völlig von der Umsetzung abgetrennt - zeitlich, räumlich und hinsichtlich der beteiligten Personen. Wir denken, bis die Planung beendet ist und arbeiten, bis die Aufgabe erledigt ist. Dabei leidet die Qualität des Denkens und des Handelns gleichermaßen.

Einerseits muß das Denken ständig durch die Daten, die während des Handelns gesammelt werden, aufgefrischt werden. Die Handlung andererseits muß ständig durch frisches Denken korrigiert werden. Je länger beide Aktivitäten getrennt voneinander ablaufen, desto mehr verringert sich der Erfolg. Jede weitere Stunde, die man mit Denken verbringt, ohne das Gedachte in der Handlung auszuprobieren, wird weniger produktiv sein als die vorhergehende.

Sie verschieben die Handlung, bis die Pläne perfekt sind

Die Sorge um die Gefahr, etwas »falsch« zu machen, treibt uns dazu, die Handlung so lange aufzuschieben, bis unsere Pläne perfekt sind. Da jede Handlung praktisch eine Gefahr birgt, schieben wir diese Gefahr so lange wie möglich vor uns her.

In gewissem Maße ist unsere Ausbildung falsch. Von der Grundschule an bis zur Universität zielt der Lehrstoff auf die Vermittlung von einander getrennter Lerninhalte ab. Der Lehrer kennt die Antwort, und der Schüler soll sie herausfinden. Für solche in sich geschlossene Probleme gibt es dann auch nur eine einzige richtige Lösung, und man lehrt uns, so lange an ihr zu arbeiten, bis wir sie gefunden haben. Das Ziel ist, es richtig zu machen, perfekt zu sein: Note 1.

Leider verläuft das Leben größtenteils anders. Für die Herausforderungen, denen wir uns zu stellen haben, gibt es keine perfekten Lösungen – Probleme wie Luftverschmutzung, mangelnde Sicherheit,

Ausbildungsnotstand, effiziente Produktion und die Personalplanung – zu keinem dieser Probleme wird sich eine perfekte Lösung finden. Was wir brauchen, ist eine Handlung, um die Situation zu verbessern, einen gewissen Fortschritt zu machen. Unsere Erziehung verlangt jedoch von uns, daß wir unsere Pläne so gut wie möglich machen. So arbeiten wir immer weiter, um ein offenes Problem zu »lösen«, indem wir immer bessere Pläne entwerfen – ohne jedoch irgend etwas zu *tun*.

Beharrlichkeit ist eine Tugend – wenn das Ziel gut gewählt ist. Das Ziel des Planens ist es jedoch nicht, Pläne hoher Qualität zu produzieren, sondern Arbeit von hoher Qualität zu leisten. Und die leistet man sicherlich nicht, indem man endlos plant.

Haben Sie erst einmal mit der Arbeit angefangen, ignorieren Sie die Möglichkeiten, sich zu verbessern

Die Erfahrung ist eine gute Lehrmeisterin, aber nur für diejenigen, die sich die Zeit nehmen, zu lernen. Oft geschieht es, daß wir, sobald wir mit der Arbeit begonnen haben, tun, was uns in diesem Moment gerade als machbar erscheint, um danach weiter zu stürmen. Während wir arbeiten, versäumen wir es, uns selbst zu beobachten und vermeiden außerdem, darüber nachzudenken, wie die Aufgabe eventuell besser zu bewältigen wäre.

Wir versäumen, auf halber Strecke Kurskorrekturen zu erwägen. Sind wir erst einmal voll und ganz in eine Aufgabe eingearbeitet, wissen wir natürlich viel mehr darüber als zu Beginn unserer Arbeit. Dennoch neigen wir dazu, unserem ursprünglichen Entwurf, der entstanden war, als wir noch weniger wußten, stur zu folgen. Wir haben nämlich die Angewohnheit, Pläne als geheiligt anzusehen und sie infolge dessen minutiös auszuführen, sogar dann, wenn wir sie selbst gemacht haben. Zum Beispiel beschließe ich, am nächsten Sonntag zu meinem Ferienhaus zu fahren, weil es der einzige Tag ist, an dem ich eine Reservierung für mein Auto auf der Fähre bekommen kann.

Dann fragt mich meine Tochter, ob sie an jenem Wochenende mein Auto leihen kann. Ich stimme zu, da ich denke, daß ich das Auto am Strand nicht wirklich brauchen werde. Ich warte aber nach wie vor bis Sonntag, um mit dem Bus zum Ferienhaus zu fahren, und vertue dadurch das halbe Wochenende, nur weil ich nun einmal beschlossen hatte, Sonntag zu fahren.

Offensichtlich ist es einfacher, einen vorgezeichneten Weg zu gehen, statt innezuhalten und einen neuen Kurs einzuschlagen. Im Moment trifft das vielleicht sogar zu. Auf lange Sicht würden wir aber vielleicht doch schneller zum Ziel oder sogar zu einem besseren Ziel kommen, wenn wir uns die Zeit nähmen, unsere Pläne den veränderten Umständen anzupassen.

Noch weniger sind wir geneigt, Pläne zu hinterfragen, wenn andere sie gemacht haben. Ein unbestreitbarer Vorteil liegt dabei darin, daß jemand anderes Schuld hat, wenn der Plan nicht gut funktioniert. Roger mußte einmal voller Schrecken mit ansehen, wie ein Bauunternehmer eine wundervolle Eiche fällte. Er hatte den Architekten nicht bitten wollen, die vorgeschlagene Lage des Hauses um ein paar Meter zu verändern, obwohl der Architekt vom Standort des Baums gar nichts wußte. Die Menschen haben die Neigung, sich wie Soldaten zu verhalten, deren Befehl wie folgt lautet:

Hier wird nicht geantwortet,
hier wird nicht nachgedacht,
hier wird nichts als ausgeführt und gestorben.

In einigen Organisationen gilt ein Auftrag als Ersatz für das Denken, wobei auch der gesunde Menschenverstand ausgeschaltet wird: »Das steht nicht in meinem Auftrag, also werde ich es auch nicht tun.«

Allerdings ist es nur dann möglich, auf dem Hintergrund neuer Informationen die ursprünglichen Pläne zu überprüfen, wenn wir beobachten, was geschieht und die Vorgänge mit unseren Erwartungen vergleichen. Nur zu oft versäumen wir in der berühmten Schule von »Trial and Error«, rechtzeitig die erlernten Lektionen auf unsere gegenwärtigen Aufgaben zu übertragen.

Wir versäumen, für die Zukunft zu lernen. Manchmal ist es auch einfach nicht möglich, eine Lektion rechtzeitig zu lernen und umzusetzen. Sie dachten, die Eier sind sicher, wenn Sie sie alle zusammen in einen Korb packen, aber sie sind alle zerbrochen. Sie haben vergessen, die Kinder zu fragen, und haben Möbelstücke verkauft, welche die Kinder noch haben wollten. Sie dachten, dem Kunden würde Ihre Präsentation gefallen, dabei fand er sie schrecklich. So etwas passiert immerzu.

Geschehenes können wir nicht rückgängig machen, aber wir können daraus lernen. Mit dem nächsten Korb voller Eier können Sie anders umgehen. Aber allzu oft lassen wir Geschehenes Geschehenes sein, ohne daraus etwas für die Zukunft zu lernen.

Die Revision erhält für gewöhnlich eine niedrige Priorität. Der Nutzen einer Revision liegt, wenn überhaupt, irgendwo in der Zukunft, während uns hier und jetzt der Schuh ganz woanders drückt. Hat ein Zeitungsreporter einen Abgabetermin eingehalten und seine Story rechtzeitig veröffentlicht, hat er sofort den nächsten Abgabetermin vor Augen. Wie wir alle hat er wenig Interesse daran, die in der vorigen Story angewandten Methoden zu überprüfen, um beim nächsten Mal eventuell etwas anders zu machen.

Nehmen wir uns die Zeit für eine Revision, verwenden wir diese Zeit oft nicht einmal produktiv. Oft wird die Revision nur als Gelegenheit benutzt, Tadel (manchmal auch Lob) auszuteilen, statt als Grundlage für Verbesserungen zu dienen. Alan wurde engagiert, um eine erfolgreiche, professionelle Sportmannschaft, der es neuerdings augenscheinlich am Teamgeist fehlte, zu beraten. Er stellte fest, daß den Spielern nicht besonders an ihren Treffen nach den Spielen gelegen war, was sie damit begründeten, daß die Treffen nach Siegen nur der Form halber stattfanden, was in ihren Augen pure Zeitverschwendung war. Nach einer Niederlage benutzte ihr Manager das Treffen, um diejenigen herunterzuputzen, die seiner Ansicht nach an der Niederlage schuld waren.

Natürlich kann es sehr hilfreich sein, Menschen nach harter Arbeit zu beglückwünschen. Es kann ihnen die Befriedigung geben, die sie dazu motiviert, sich weiterhin zu opfern. Ihre Fähigkeiten werden durch pures Lob jedoch nicht gefördert, und es entstehen dadurch auch keine Ideen, wie zukünftige Leistungen verbessert werden könnten. Wann haben Sie in der Schule wohl das meiste gelernt – doch sicherlich nicht bei der Zeugnisausgabe? Vielmehr haben Sie dann profitiert, wenn der Lehrer Sie zur Seite nahm und Veränderungsvorschläge für ein Referat oder ein Experiment machte. Wahrscheinlich haben Sie heute keinen Lehrer mehr, der Ihnen ständig mit Rat und Tat zur Seite steht, aber dennoch können Sie sich auf das Lernen konzentrieren, statt sich selbst ständig zu bestrafen oder zu belohnen.

Ziel: Denken und Handeln integrieren

Wenn wir also mehr aus Erfahrung lernen und auf diese Weise mehr erreichen wollen, was müssen wir dann tun?

Zunächst stehen wir wieder vor der alten Entscheidung: Sollen wir mehr Zeit auf das Denken oder auf das Handeln verwenden? Sich für ersteres zu entscheiden, kann trügerisch sein. In Aktion zu treten kann dem Denken oft hilfreicher sein als mehr Zeit, die mit reinem Denken verbracht wird.

Anstatt das Denken und das Handeln als zwei von einander getrennte Aktivitäten zu behandeln, ist es wesentlich sinnvoller, beide Aktivitäten miteinander zu verknüpfen. Stellen Sie die Handlung in den Dienst klaren, strikten Denkens. Bereichern Sie dieses systematische Denken regelmäßig durch systematische Hinzufügung neuer, überprüfbarer Daten. Diese Daten gewinnen Sie durch Beobachtung dessen, was die Erprobung Ihrer Ideen in der Realität ergibt.

Stellen wir uns die Managerin eines Geschäfts für Skiausrüstungen vor, die sich darüber ärgert, daß ihre Mitarbeiter so lange brauchen, um die Kunden mit der richtigen Ausrüstung zu versorgen und sie durch die Kasse zu bringen. Sicherlich werden ihr nach einer Stunde intensiven Nachdenkens einige Lösungsmöglichkeiten eingefallen sein. Denkt sie zehn Stunden lang nach, ist ihr vielleicht noch mehr eingefallen, aber doch nicht zehn mal soviel. Denkt sie nun eine Stunde lang nach, um danach eine Stunde lang einige ihrer Ideen auszuprobieren, um dann wieder eine Stunde damit zu verbringen, die ersten Pläne zu verbessern oder neue zu erfinden, wird sie am Ende von drei Stunden kombinierten Denkens und Handelns mehr erreicht haben als nach zehn Stunden reinen Nachdenkens.

Beginnen Sie frühzeitig zu handeln

Eine kurze Planungsphase sollte man jeder Handlung vorausschicken. Eine erfolgreiche Vorbereitung wird eine gute Basis für die Wiederholung dessen bieten, was funktioniert, und für die Verbesserung dessen, was nicht so gut klappt. Ein guter Küchenchef kann ein delikates Mal kreieren. Vergißt er jedoch, das Rezept zu notieren, wird es ihm kaum gelingen, seinen Erfolg einige Wochen später zu wiederholen. Bei komplexeren Aufgaben sollte zur Vorbereitung in jedem Fall schriftlich festgehalten werden, was ich tun möchte, und einige Hypothesen hinsichtlich der erwarteten Resultate. Die Vorbereitung könnte außerdem einen groben Entwurf weiterführender Pläne enthalten und Informationen vorschlagen, nach denen wir beim Voranschreiten der Arbeit Ausschau halten könnten.

Nach wie vor gilt jedoch, daß Pläne niemals perfekt sind. Niemals können Sie ganz *sicher* sein, daß nicht irgendein anderer Handlungsablauf besser wäre als der von Ihnen gewählte. Eigentlich könnte man immer abwarten und mehr Nachforschungen anstellen. Immer wieder tauchen Leute auf, die noch mehr Ratschläge für Sie haben. Daher müssen Sie sich entscheiden: Fahre ich mit der Planung fort, oder fange ich an, etwas zu tun? Da Ihnen ja bewußt ist, daß wir alle dazu neigen, zu warten und zu warten, bis ein Plan endlich perfekt ist, werden Sie dem einen guten Rat folgen, der da lautet: »Warten Sie nicht.« Betrachten Sie das Handeln nicht als eine isolierte Phase von Aktivität, an deren Ende das endgültige Produkt steht. Bei jeder Aufgabe, die Sie angehen, werden sich frühzeitig Möglichkeiten ergeben, Annahmen zu testen, Ideen auszuprobieren und Pläne zu testen.

Trennen Sie nicht zwischen Planung und Durchführung. Wer weise vorgeht, überlegt nicht, ob er noch mehr planen oder aber mit der Arbeit beginnen soll, er tut beides zugleich. Mit der Arbeit zu beginnen, bedeutet nicht, daß die Planung aufhören muß. Planung und Aktion sollten in gegenseitigem Austausch stehen, wobei jeder Teil von dem anderen profitiert. In den meisten Situationen werden die Vorzüge, die entstehen, weil etwas unternommen wird, die Vorzüge, die vielleicht entstehen, wenn man die Handlung zugunsten eines überarbeiteten Plans verzögert, bei weitem überwiegen. Einen Plan verbessert man am besten, indem man ihn auf die Probe stellt, zumindest zu einem kleinen Teil. Pilotprojekte, Testbohrungen, Versuchsläufe und Arbeiten mit Modellen und Simulationen sind allesamt Methoden, beizeiten mit der Handlung zu beginnen, damit spätere Versionen des Plans von dem im Feld Erlernten profitieren können.

Schätzen Sie das Risiko ein. Sollten Sie wegen des angenommenen Risikos dessen, was Sie im Sinn haben, zögern, fragen Sie sich: »Wie hoch ist dieses Risiko im Vergleich mit dem Risiko, nichts zu tun, das heißt, die Dinge so zu lassen, wie sie sind?«

Der Personalmanager eines großen Elektronikunternehmens zog eines Tages in Betracht, das Modell »Bezahlung für tatsächlich erbrachte Leistung« abzuschaffen, denn die Angestellten hatten wie schon viele vor ihnen herausgefunden, wie sie den Bonus, den sie erhielten, manipulieren konnten, ohne tatsächlich mehr zu produzieren. Dennoch zögerte der Manager, das Modell durch einen festen Tageslohn zu ersetzen. So unbefriedigend das gegenwärtige Modell auch war, fürchtete er doch, die Arbeiter könnten nachlässig werden und weniger produzieren, wenn er das Modell abschaffte.

Dann fragte er sich, was passieren würde, wenn er nichts ändern würde. Den Erfahrungen der letzten Jahre zufolge, würde die Bezahlung ständig steigen, ohne daß sich die Produktion erhöhen würde. Er kam zu dem Schluß, daß das Weitermachen wie bisher größere Risiken bergen würde als die Erprobung eines neuen Systems. Er beschloß, die Veränderung vorzunehmen und das Resultat zu testen. Zum alten Modell zurückkehren konnte er immer.

Unter gewissen Umständen kann man es sich einfach nicht leisten, Pläne zu entwerfen, die anders als perfekt und idiotensicher sind, bevor man auch nur den ersten Schritt unternehmen kann. Schließlich möchten Sie nicht mit einem Fallschirm aus einem Flugzeug abspringen, ohne sicher zu sein, daß die notwendigen Vorbereitungen so gut wie möglich getroffen wurden. Aber auch in diesem Fall hat schon etliche Zeit zuvor eine »Handlung« stattgefunden. Anstatt endlose Stunden an einem Schreibtisch zu verbringen, bis die Pläne für einen perfekten Fallschirm vervollständigt waren, haben weise Menschen einige vorläufige Zeichnungen angefertigt, einige Modellfallschirme konstruiert und sie mit Gewichten versehen von Brücken und Türmen geworfen, um sie auf diese Weise auszuprobieren. Musicalproduzenten machen wo anders einen Probelauf, bevor sie sich an den Broadway wagen.

Die meisten Ideen in diesem Buch wurden auf dieselbe Art und Weise entwickelt. Und wir nehmen immer wieder Verbesserungen vor. Vor der Veröffentlichung dieses Buches haben wir Workshops, die auf den Ideen im Buch basierten, abgehalten, um herauszufinden, ob hart arbeitende Praktiker sie auch wirklich als brauchbar empfanden. Es wurden Veränderungen vorgenommen. Ist die Arbeit erst im Gange, tauchen zwangsläufig Informationen auf, welche leicht zu einer verbesserten Neufassung der ursprünglichen Pläne führen können.

Beginnen Sie direkt mit der Revision

Ebenso, wie Sie jederzeit bereit sein sollten, Ihren Denkprozeß zu beenden und damit zu beginnen, sich die Hände schmutzig zu machen, sollten Sie andererseits schnell in der Lage sein können, das Werkzeug aus der Hand zu legen und Ihre Tätigkeit zu überdenken. Es erscheint uns naheliegend, die Revision unserer Handlung nach Beendigung der Arbeit vorzunehmen, schließlich bekommen auch Kursteilnehmer ihr Zertifikat am Ende eines Kurses ausgehändigt. Investmentbanker versammeln sich zur Leistungsbeurteilung erst dann, wenn eine größere Fusion abgeschlossen ist. Dennoch ist unbestreitbar, daß es sinnvoller ist, zwischendurch häufiger eine Revision vorzunehmen. Unabhängig davon, ob Sie gut vorankommen oder nicht, können Sie immer wieder innehalten und Ihre Methoden überprüfen und verbessern. Warum bis zum Schluß warten?

Es ist zu erwarten, daß Sie nach Beendigung Ihrer Tätigkeit, bessere Ratschläge zur Lösung des Problems erteilen können als zu Anfang, bevor Sie Erfahrungen gesammelt hatten. Warum sollte es nun nicht möglich sein, Ihre Strategie schon dann zu verbessern, wenn Ihre Arbeit erst zur Hälfte beendet ist? Wo immer möglich, wäre es klug, sofort von dem Wissen, das aus der Revision der eigenen Leistung resultiert, zu profitieren.

Ist man erst einmal zur Tat geschritten, wird die Aufmerksamkeit von den Einzelheiten der Aufgabe absorbiert, so daß man sehr leicht das große Gesamtbild aus den Augen verliert. Man ist dermaßen mit einem verzwickten Aspekt der Aufgabe beschäftigt, daß man mehr Zeit als angemessen damit verbringt. Während der Arbeit an diesem Buch machte Alan einmal eine Pause, um an seinem Auto etwas in Ordnung zu bringen. Nachdem er eine halbe Stunde lang vergeblich versucht hatte, einen Splint in ein kleines Loch an einer schwer zugänglichen Stelle im Motor zu stecken, stellte er fest: »Ich hätte mehr erreicht, wenn ich gleich nach fünf Minuten innegehalten und nachgedacht hätte!«

Es ist ganz sinnvoll, wenn man die Revision durch eine einfache Liste von Fragen strukturiert. Folgende Liste ist lediglich ein Vorschlag:

Beispiel: Eine kurze Checkliste für eine Revision
- Was hat gut funktioniert?
- Was möchte ich vielleicht anders machen?
- Welche Anleitungen gehen hieraus hervor?
- Folgerungen für die gegenwärtige Arbeit?
- Folgerungen für künftige Aufgaben?

Je präsenter die Daten im Kopf sind, desto produktiver wird die Revision ausfallen. Wenn Sie innehalten, um das bereits Getane zu überprüfen, während die Arbeit noch im Gang ist, wird die Revision die Aufmerksamkeit erhalten, die sie verdient, weil die Rückschlüsse wahrscheinlich einen unmittelbaren Einfluß auf den weiteren Verlauf der Arbeit haben werden. Ist die Aufgabe erst einmal erledigt, neigen wir dazu, sie als »geschlossenes Buch« zu betrachten und uns anderen Dingen zuzuwenden.

Die Autoren dieses Buches leiten fünftägige Workshops über Verhandlungsstrategien für praktizierende Anwälte und Angehörige anderer Berufsgruppen an der Harvard Law School. Unter den Lehrkräften befinden sich auch junge Akademiker und Studenten, deren Aufgabe darin besteht, die Diskussionen der Teilnehmer in kleinen Gruppen zu lenken. Das Lehrerteam schenkt der allabendlichen Revision des Tages die allergrößte Aufmerksamkeit, da es am nächsten Tag von den gewonnenen Erkenntnissen profitieren möchte. Nur Freitag nachmittags läßt der Eifer stark nach, alle möchten so schnell wie möglich die Revision hinter sich bringen und ein Bier trinken gehen. So lernen sie das meiste aus den zwischenzeitlichen Revisionen und wenig aus der abschließenden Revision.

Es besteht eine Spannung zwischen der Beendigung der Arbeit nach Plan und dem Zeitaufwand, der dem Nachdenken über bessere Bewältigungsmöglichkeiten der Aufgabe gewidmet werden muß. Hier ist eine gewisse Ausgewogenheit vonnöten. Nur wenigen Menschen und noch weniger Gruppen gelingt es, diese Ausgewogenheit herzustellen. Die meisten sollten mehr Zeit damit verbringen, zu revidieren und ihre Leistung zu verbessern.

Die Erfahrung kann eine mächtige Lehrmeisterin sein, aber nur dann, wenn sie auch richtig angewendet wird. Man sagt, daß die Medizin bis zu dem Zeitpunkt wenig Fortschritte gemacht habe, an dem die Ärzte begannen, Autopsien vorzunehmen, um festzustellen, wann ihre Diagnosen richtig gewesen waren, und wann ihre Patienten an etwas anderem gestorben waren. Man profitiert mehr, wenn man weder seine Fehler noch seine Erfolge begräbt. Revidieren Sie Ihre Projekte unter zwei Aspekten: Um Lob zu verteilen und -was noch viel wichtiger ist – um daraus zu lernen, wie Sie es in Zukunft besser machen können.

Folgen Sie kurzen Zyklen. Um Ihr Denken und Ihre Handlung in ausgewogener Weise mit einander zu verknüpfen, können Sie folgendes einfache Muster anwenden:

Vorbereitung → Handlung → Revision → Vorbereitung ...

Dieser Zyklus sollte sich im Verlauf einer Arbeit immer wiederholen.

Nun können wir das Zirkeldiagramm aus dem letzten Kapitel erweitern. Für sich genommen ist das Zirkeldiagramm eine reine Denkübung, die noch keine Handlung einleitet. Da das Diagramm dort endet, wo es begonnen hat, setzt es keine Vorwärtsbewegung in Gang. Sobald sich für Sie also eine Möglichkeit, sich nach vorn zu bewegen, abzeichnet, sollten Sie aus dem Zirkeldiagramm ausbrechen und sich in die Handlung stürzen. Grafisch ist diese Vorgehensweise im folgenden Sinuskurvendiagramm dargestellt. Der Bereich der Handlung befindet sich unterhalb der Wellenlinie. Unter dieser Linie werden Pläne in Handlungen umgesetzt, Ideen ausprobiert und reale Handlungen vorgenommen: Autos hergestellt, Patienten behandelt, Ernten eingebracht, Verträge abgeschlossen. Alles oberhalb der Wellenlinie gehört hingegen in den Bereich des Denkens. Wir denken über unsere Arbeit nach: Wir diagnostizieren Ursachen für Schwierigkeiten, halten Planungsmeetings ab, überprüfen die Leistung, schlagen zwischenzeitliche Korrekturen vor, erarbeiten überarbeitete Pläne.

Das Diagramm zeigt auf anschauliche Weise, wie unsere Vorgehensweise aussehen sollte: Folgen wir der Sinuskurve, tauchen wir immer wieder in das »Meer« der Aktivität ein (schwimmen aber mit offenen Augen), um dann wieder an das »Sonnenlicht« der Gedanken emporzusteigen – und dabei bewegen wir uns kontinuierlich auf unsere Ziele zu.

Durchlaufen Sie den Zyklus immer und immer wieder. Auf jede Revision sollte die Vorbereitung der nächsten Handlung erfolgen. Jede Revision liefert neue Informationen, die uns auf neue Handlungen ebenso zuführen wie auf neue Pläne, die erstellt und umgesetzt werden müssen.

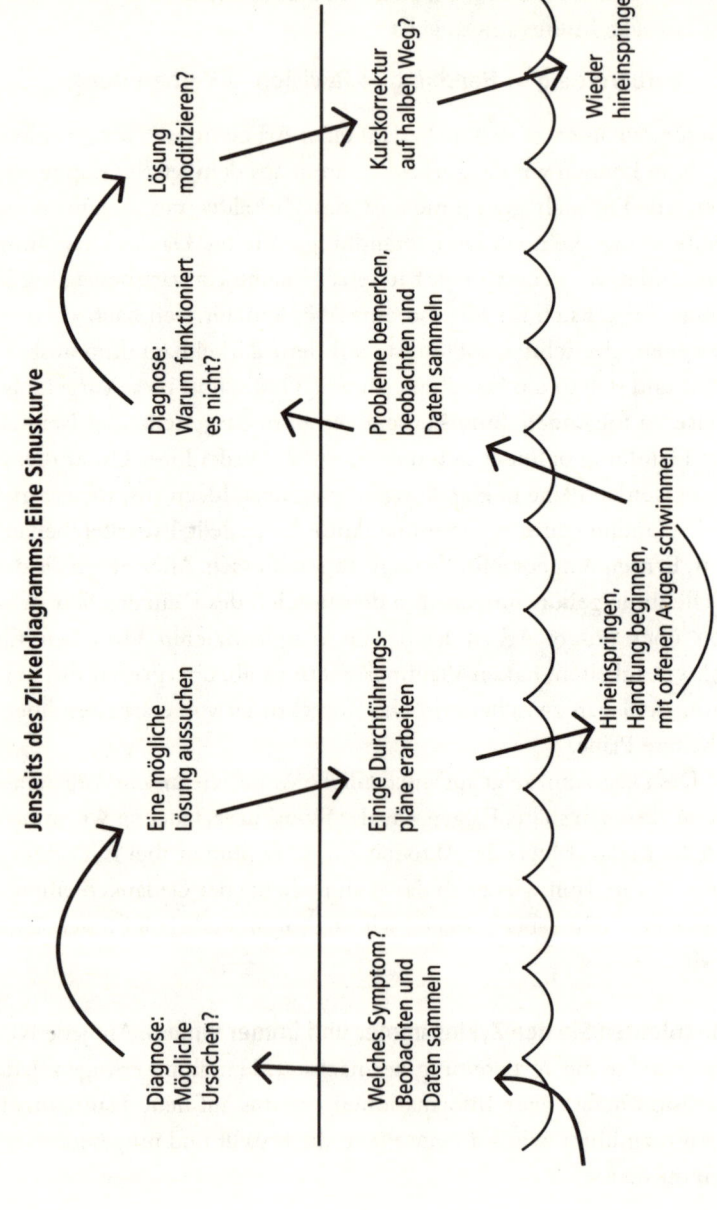

Jenseits des Zirkeldiagramms: Eine Sinuskurve

Diagnose: Mögliche Ursachen?

Eine mögliche Lösung aussuchen

Diagnose: Warum funktioniert es nicht?

Lösung modifizieren?

Welches Symptom? Beobachten und Daten sammeln

Einige Durchführungspläne erarbeiten

Probleme bemerken, beobachten und Daten sammeln

Kurskorrektur auf halbem Weg?

Hineinspringen, Handlung beginnen, mit offenen Augen schwimmen

Wieder hineinspringen

160

Vorbereitung, Handlung und Revision sind unerläßliche Schritte, um aus Handlungen zu lernen – auch dann, wenn man sie nur einmal durchführt. Allerdings sind sie sehr viel effektiver, wenn man sie in Form eines Zyklusses immer wiederholt. Die ständige Wiederholung des Vorgangs führt zu:

- Der Vermeidung von Lähmung an Entscheidungspunkten. Die Vorgehensweise in kurzen Zyklen befreit Sie von der Notwendigkeit, alles gleich beim ersten Mal richtig zu machen. Das Wissen darum, daß Sie Ihre Pläne im Verlauf der Arbeit revidieren können, verringert die Gefahr, steckenzubleiben.
- Einer schnellen Integration neuer Informationen. Wenn Sie regelmäßig aufblicken und überprüfen, ob Sie sich auf das Ziel zubewegen, ist die Gefahr, in die falsche Richtung abzudriften, wesentlich verringert.
- Einer Konzentration der Anstrengungen auf produktive Inhalte. Kräfte verzehrende Wiederholungen von Arbeitsvorgängen bleiben uns erspart, und wir müssen unsere Zeit nicht im Kampf um Perfektion vergeuden. So gewinnen wir das notwendige Vertrauen, um den ersten Schritt zu wagen und bald Fortschritte zu machen.

Entwerfen Sie ein klares Bild davon, wie die Fähigkeiten gemeinsam eingesetzt werden können: Gemeinsam vorbereiten und revidieren

Je mehr Leute zusammenarbeiten, desto größer ist die Schwierigkeit, aus Erfahrung zu lernen

Den Sommer 1996 verbrachte ein Betriebsausschuß einer großen amerikanischen Softwarefirma mit harter Arbeit, um einen für das ganze Unternehmen gültigen Plan für 1997 zu erarbeiten. Der Plan führte aus, welche Produkte aus der Produktion genommen, überprüft oder aber mit besonderen Marketing-Budgets unterstützt werden sollten. Der Plan wurde vom leitenden Management befürwortet und an alle Niederlassungen und Zweigstellen in der ganzen Welt verteilt.

Der Betriebsausschuß bestand aus fähigen Führungskräften, die sehr hart arbeiteten, dennoch waren einige andere Angestellte völlig verdutzt von dem, was sie da produzierten. Die japanische Niederlassung war der Meinung, daß der Plan völlig an den Erfordernissen ihres Marktes vorbeiging. Auch die Mitarbeiter in anderen Zweigstellen waren nicht glücklich. Aber Befehl war Befehl. Deshalb mühten sich nun in allen Teilen des Unternehmens ehrliche und hart arbeitende leitende Angestellte und ihre Mitarbeiter ab, um entweder zu versuchen, den Plan umzusetzen, oder um den Plan unter großen Anstrengungen so zu interpretieren, daß er in ihre realen Gegebenheiten paßte und um Rechtfertigungen zu ersinnen, warum der Plan in ihrem Bereich nicht funktionierte. Eine junge leitende Angestellte aus der Marketingabteilung fragte ihren Vorgesetzten: »Was sollen wir damit anfangen?«

»Gewöhnen Sie sich daran«, war die Antwort. »Das passiert regelmäßig.«

Einige planen, andere handeln

In allen Organisationen gibt es mit ziemlicher Wahrscheinlichkeit immer einige Leute, die sich auf die Planung konzentrieren, während andere für die Umsetzung der Pläne verantwortlich sind. Je größer die Organisation ist, desto größer wird die Distanz zwischen Planenden und Durchführenden. Das Resultat ist dann für gewöhnlich, daß die Planenden oft nicht die Daten bekommen, die sie veranlassen würden, ihre Schlußfolgerungen zu hinterfragen.

Eine Gruppe, sagen wir die Planungsabteilung für die Produktion, wird angewiesen, Pläne zu erarbeiten. Als die Pläne fertig sind, werden sie einer höheren Autorität vorgelegt. Das Management trifft die große Entscheidung, mit den Plänen fortzufahren. Die Pläne werden an die »Durchführenden«, also an die verschiedenen Herstellungsabteilungen weitergeleitet. Die Denkenden denken weiter, die Durchführenden handeln weiter, ohne daß die eine Gruppe jemals die Gelegenheit erhielte, aus den Erfahrungen der anderen Gruppe zu lernen. Die Durchführenden sind oft unsicher, welche Veränderungen sie ohne Gefahr vornehmen können, da sie die den Plänen zugrunde liegenden Gedanken nicht kennen. Und die Planenden bekommen niemals die Chance, ihre Pläne dahingehend zu revidieren, daß durch eine Veränderung die Schwierigkeiten in der Durchführung behoben werden können.

Die einen möchten perfekte Pläne, die anderen wollen sich direkt in die Arbeit stürzen

In einer Gruppe gibt es immer Mitglieder, die mehr Zeit zum Nachdenken haben möchten und die zögern, mit der Arbeit zu beginnen, bevor sie nicht sicher sein können, daß ihre Pläne die »richtige Antwort« produzieren. In der Regel sind nicht mehr als einer oder zwei dieses Typs notwendig, um die ganze Gruppe zu bremsen. Auf der anderen Seite gibt es immer einige Mitglieder, die nach dem Motto: »Egal, was passiert« vorwärts stürmen und es dadurch schwermachen, die anderen dazu zu bewegen, innezuhalten und zu revidieren.

Die Revision wird oft so lange verschoben, bis sich niemand mehr dafür interessiert

Konkrete Aufgaben zu meistern erscheint den meisten als wesentlich wichtiger, als zu pausieren und über die Sache zu reden. So findet oft keine Revision in der Phase statt, in der noch Zeit genug wäre, Korrekturen auf halbem Wege durchzuführen. Obendrein wird die Revision oft so lange aufgeschoben, bis nach Beendigung eines Projekts ein Bericht oder, noch schlimmer, bis ein Jahresbericht geschrieben werden muß. Bis dahin ist das Projekt dahingegangen wie Wasser über einen Damm und daher nicht mehr besonders interessant. In dieser Phase ist die Revision selten das Ergebnis einer gemeinsamen Anstrengung, sondern irgend jemand wird damit beauftragt, den Bericht zu schreiben. Selten ist es daher das Ziel eines Berichts, aus der gewonnenen Erfahrung zu lernen und Richtlinien für die Zukunft zu entwerfen. Ein wahrscheinlicheres Ziel dürfte vielmehr sein, die Leistung gut aussehen zu lassen. Eine solche Revision beinhaltet dann nur selten eine Lernerfahrung für die Gruppe.

Nur selten revidieren wir unsere Zusammenarbeit

Wenn wir innehalten, um ein Projekt noch einmal zu betrachten, neigen wir dazu, unsere Aufmerksamkeit auf den eigentlichen Inhalt unserer Arbeit zu richten. Nur selten betrachten wir jedoch die Art und Weise, in der wir zusammengearbeitet haben, und wir arbeiten auch nicht oft daran, unsere Zusammenarbeit zu verbessern. Wollen wir wirklich herausfinden, was die Gruppe aus dem Gleichschritt gebracht hat und was wir aus unserer Erfahrung lernen könnten, müssen wir uns diesen Punkten schon speziell zuwenden. Und wenn es Probleme mit unseren Methoden der Zusammenarbeit gibt, dann ist noch lange nicht gesagt, daß wir das nächste Mal nicht wieder Fehler machen, auch wenn die Arbeit diesmal erfolgreich war. Probleme in unserer tatsächlichen Arbeit haben ihre Wurzeln oft in der Art und Weise, wie wir zusammenarbeiten.

Die Softwarefirma müßte sich nun dringend mit dem Problem, daß die verschiedenen Zweigstellen und der Planungsausschuß nicht über dieselben Informationen verfügen, auseinandersetzen, andernfalls wird die Festlegung des konkreten Inhalts des Plans zu nichts Gutem führen. Durch eine konkrete Standortüberprüfung könnte das Unternehmen nun herausfinden, welche Produkte sich in diesem Jahr in Japan gut verkauften. Sie werden so jedoch nicht herausfinden, welche Vorgehensweise letztlich zum Fehler geführt hat, weshalb die Gefahr groß ist, daß sie im nächsten Jahr in einer anderen Niederlassung auf dieselben Probleme stoßen werden.

Immer gibt es Dinge, die zu erledigen wichtiger erscheint als zu planen, wie wir unsere Zusammenarbeit verbessern könnten. Aber schauen wir doch einmal auf die Worte, die der Chef einer großen chemischen Produktionsanlage äußerte: »Wir haben gelernt, daß sich die Zeit, die wir damit verbrachten herauszufinden, *wie* wir zusammenarbeiten, und *wie* wir zu Entscheidungen kommen sowie die Zeit, die wir schließlich in die Planung besserer Wege der Zusammenarbeit investierten, in reinem Gold auszahlte.«

Übergeordnetes Ziel: Jeder hilft dabei, Denken und Handeln miteinander zu verbinden

Dieselben Praktiken, die Sie anwenden, um bessere Arbeit zu leisten, werden auch der gesamten Organisation hilfreich sein, sofern sie im gesamten Unternehmen angewandt werden. Ein Ziel für die Zukunft sollte daher sein, daß jeder in der Organisation verstanden hat, wie wichtig es ist, mit dem Handeln bereits dann zu beginnen, wenn die Pläne noch nicht perfektioniert sind, und andererseits bei Bedarf schnell innehalten zu können, um zu sehen, wie es läuft und wie es mit der Zusammenarbeit klappt. Jedes Gruppenmitglied hat die Freiheit vorzuschlagen, daß ein Teil der Arbeit begonnen werden sollte, um daraus zu lernen, und jedes Mitglied hat die Freiheit, eine Pause zwecks gemeinsamer Revision vorzuschlagen. Außerdem lernen wir gemeinsam aus der Erfahrung, so daß wir alle von dem profitieren können, was die einzelnen lernen.

Wie wir unsere Aufgabe angehen: Vorbereitung, Ausführung und Revision

Selbstverständlich arbeiten wir, um irgend eine konkrete Aufgabe zu erfüllen. So besteht ein primärer Sinn unserer Beobachtung und Revision der Art und Weise, wie wir zusammenarbeiten, darin, zu erkennen, wie wir unsere konkrete Aufgabe früher und besser zum Ende führen könnten.

Die Ingenieure bei Boeing taten sich schwer mit dem Entwurf und dem Bau der ersten Boeings der 737-Serie. Nach einer sorgfältigen Revision waren sie in der Lage, ein dickes Buch mit den Aufzeichnungen der Fehler und Sackgassen, die sie gemacht bzw. beschritten hatten, zu füllen. Alle Designer, welche danach die ersten Boeings der 767-Serie konstruierten, lasen dieses Buch und waren daher in der Lage, ihr nächstes Flugzeug wesentlich schneller und effektiver zu bauen.

Gemeinsame Arbeit: Vorbereitung, Durchführung und Revision

Bei unseren Handlungen möchten wir auch lernen, wie gut wir zusammenarbeiten. Wie gut funktioniert die Kooperation? Welche Leitlinien könnten uns dabei helfen, unsere Zusammenarbeit bei dieser Aufgabe oder aber bei zukünftigen zu verbessern? Eines der Ziele bei unserer gemeinsamen Rekapitulation sollte sein, zu beobachten und zu lernen, wie erfolgreich wir bei unserer gemeinsamen Revision waren. Das übergeordnete Ziel ist dabei, daß wir diese Revision routinemäßig und gut durchführen sollten.

Natürlich klappt das in den wenigsten Regierungsbüros, Universitäten und Unternehmen. Haben Sie erst einmal für sich selbst erkannt, wie wichtig es ist, aus dem zu lernen, was Sie tun, möchten Sie diese Erfahrung selbstverständlich auch auf die Gruppe übertragen. Um so bestürzter werden Sie reagieren, wenn Sie sich einmal ansehen, wie die meisten Gruppen tatsächlich Erfahrung mit Denken verknüpfen.

Bessere Zeiten bei »Sunshine«

Das Unternehmen lernte aus seinen schmerzlichen Erfahrungen mit dem Plan für 1997. Der Planungsausschuß erfuhr durch einige Bezirksleiter, wie unglücklich diese darüber waren, sich mit einem undurchführbaren Plan in der Klemme zu befinden, ohne irgend eine

Möglichkeit zu haben, auf das Resultat Einfluß zu nehmen. Die Mitglieder des Ausschusses setzten sich abermals zusammen, um herauszufinden, was falsch gelaufen war. Sie untersuchten Fehler und vor allem, welche Vorgehensweisen bei ihrer Planung zu diesen Fehlern geführt hatte.

Als nun der Plan für 1998 anstand, verfaßte der Betriebsausschuß einen »Modellplan«, das heißt einen Plan, wie er ihn gemacht hätte, wenn er dieselben Vorgehensweisen wie im Jahr zuvor angewandt hätte. Es wurde ein großes Meeting einberufen, an dem Mitarbeiter von Niederlassungen in der ganzen Welt teilnahmen, um mögliche Veränderungen zu überlegen und vorzuschlagen, die auf ihrer eigenen Erfahrung beruhten. Es entstanden Komitees und Unterkomitees, in denen jeden Tag bis tief in den Abend hinein hart gearbeitet wurde. Im großen und ganzen waren jedoch alle freudig bei der Arbeit, waren sie doch glücklich, gefragt zu werden und eine Gelegenheit bekommen zu haben, ihre Erfahrung in den Planungsprozeß einbringen zu können. Indem das Unternehmen nun große Fortschritte in der Art, wie es seinen Plan verfaßte, machte, gewann der Plan auch inhaltlich ungeheuer an Substanz. Der Plan war nun wesentlich flexibler, berücksichtigte die Unterschiede örtlicher Märkte und sah Koordinationsmöglichkeiten zwischen verschiedenen Niederlassungen mit ähnlichen Bedürfnissen vor.

Nun ist es wieder an Ihnen, das Ruder zu übernehmen: Helfen Sie Ihren Kollegen, aus Erfahrung zu lernen

Der erste Teil dieses Kapitels hatte die Verbesserung der eigenen Fähigkeiten, Denken und Handeln miteinander zu verknüpfen, zum Gegenstand. Der zweite Teil war der Aufgabe gewidmet, ein Konzept einer kooperativen Situation, auf die Sie hinarbeiten könnten, zu entwickeln: Auf welche Weise macht eine Gruppe Lernerfahrungen, während sie immer wieder den Zyklus Planung – Handlung – Revision durchläuft? Nun möchten wir uns der Frage zuwenden, wie Sie Ihre Kollegen (und sich selbst) auf dieses Konzept »zuführen« können. Die Frage ist also: Wie können wir die Techniken der lateralen Führung einsetzen, damit alle Denken und Handeln integrieren, während wir versuchen, zusammen eine Aufgabe zu meistern?

Das Planungskomitee bei »Sunshine Software« änderte seine Methoden. Es überprüfte seine Leistung, entwarf neue Vorgehensweisen und probierte sie sogleich aus, man sah einen zeitlichen Spielraum vor, um aus den ersten Erfahrungen mit dem neuen System lernen zu können. Aber was hatte zu diesem Sinneswandel geführt? Wer hatte da Einfluß genommen? Stellen Sie sich vor, Sie seien ein erfahrener Mitarbeiter in einer der Niederlassungen der Softwarefirma. Was hätten Sie wohl getan, um dem Komitee dabei zu helfen, aus seinen Erfahrungen zu lernen?

Es liegt auf der Hand, daß der Ausschuß seine Aufmerksamkeit zunächst auf den inhaltlichen Aspekt der Aufgabe konzentriert: Auf welche Produkte sollte man sich konzentrieren, und wie gestalten wir die Promotion für diese Produkte – um sich dann dem Auswahlverfahren zuzuwenden? In der Regel bestehen in letzterem Bereich für Sie mehrere Möglichkeiten, Verbesserungen vorzunehmen. Klüger wäre es allerdings, wenn der Ausschuß von sich aus daran arbeiten würde, hier bessere inhaltliche Resultate zu produzieren. Wenn es Ihnen gelingt, die Gruppe zur Revision ihrer Arbeit anzuleiten und bessere Gewohnheiten zu entwickeln, wird der Zyklus von Vorbereitung – Handlung – Revision von selbst in Gang kommen.

Bieten Sie Daten an: Berichten Sie von gemeinsamen Lern-Mißerfolgen

Als der Plan für 1997 in Umlauf gebracht worden war, war der Betriebsausschuß auf ehrliche Daten hinsichtlich der Funktionalität des Plans und der Bedeutung des Planungsablaufs für die Mitarbeiter des Unternehmens angewiesen. Beobachten Sie also von Ihrem privilegierten Standort aus so viel, wie Sie nur können, und *fragen* Sie die anderen nach deren Beobachtungen. Vielleicht sind die Leute einfach nur unglücklich darüber, bisher nicht gefragt worden zu sein.

Während Sie privat Leute befragen, die Sie kennen, halten Sie gleichzeitig Ausschau nach *Daten,* welche Ihre Schlußfolgerungen widerlegen könnten. Schauen Sie, was an dem Plan gut war und was eventuell anders hätte gemacht werden können. Und halten Sie nach Standpunkten von anderen Ausschau, welche Ihnen dabei helfen können, Ihre eigenen Voreingenommenheiten zu überwinden.

Sobald Sie über eine Datensammlung verfügen, können Sie diese einer Person anbieten, welche etwas damit anfangen kann. Nur allzu oft erfährt das obere Drittel des Managements gar nichts von beunruhigenden Informationen, weil die unteren Ränge Angst haben, daß der »Bote erschossen« wird. Auf diese Weise werden den Planern Daten vorenthalten, aus denen sie lernen könnten, die Dinge besser zu machen. Ein Lösungsansatz könnte darin bestehen, jemandem die Daten unter vier Augen anzubieten, damit diese Person dann darüber nachdenken kann, ohne sogleich ins Rampenlicht zu rücken:

Sehr geehrte/r ....,
Da Sie dem Planungsausschuß angehören, möchte ich mich heute an Sie wenden. Ich möchte Ihnen gerne einige Informationen mitteilen, die ich beobachtet und gesammelt habe, indem ich mit meinen Kollegen darüber gesprochen habe, wie der Plan draußen funktioniert. Da Sie besser als ich in der Lage sein werden, diese Daten zu interpretieren und zu entscheiden, ob sie den anderen Mitgliedern des Komitees vorgelegt werden sollten, möchte ich Ihnen diese Daten zur Verfügung stellen. Ich verbinde damit die Hoffnung, daß Sie auf diese Weise herausfinden können, ob Veränderungen vorgenommen werden sollten, und wenn ja, welche. Zunächst habe ich beobachtet, daß ...

Wenn Sie ein Memo mit Beschwerden an den gesamten Ausschuß verschicken, wird die Reaktion bei den einzelnen Mitgliedern wahrscheinlich ungefähr so aussehen: »Soll ich mich mit diesen Beschwerden identifizieren und damit Position gegen meine Freunde im Ausschuß beziehen, oder soll ich die harte Arbeit verteidigen, die wir alle in die komplizierten Entscheidungen investiert haben?« Es ist nicht schwierig vorauszusagen, daß die Mitglieder des Ausschusses von der Versuchung überwältigt werden, zusammenzuhalten und die Schuld an den Problemen auf die Mitarbeiter der Niederlassungen abzuwälzen.

Der Vorteil des oben beschriebenen Vorstoßes liegt also darin, daß einem Mitglied des Ausschusses eine Auswahlmöglichkeit angeboten wird: »Soll ich diese Informationen an meine Freunde weitergeben, so daß *wir* etwas ändern können, bevor das Problem noch wächst? Da meine Freunde im Ausschuß und ich für jede Verbesserung belobigt werden, werde ich nur zu gerne von diesen Daten Gebrauch machen.«

Bieten Sie folgende Diagnose an: Wir helfen den anderen nicht beim Lernen

Der Betriebsausschuß kannte ganz offensichtlich keine der Fakten, die Teile des Plans unanwendbar machten. Diese Unkenntnis wird vielleicht eher durch diejenigen gefördert, die den Plan umsetzen müssen und daher die Fakten kennen, die aber versäumen, die Fakten weiterzugeben, als der Fehler der Mitglieder des Ausschusses, die gar nicht wußten, von welchen Fakten sie keine Ahnung hatten. Diese Kommunikationslücke können Sie nun von unten und von oben her versuchen, zu schließen.

Sie können entweder Ihren Kollegen im Büro eine Diagnose des Problems anbieten: »Ich glaube, der Grund dafür, daß sie Pläne machen, die unserer Situation nicht gerecht werden, ist, daß wir ihnen nicht genug über unsere Situation mitteilen. Könnte das nicht ein Teil des Problems sein?« Sie können aber auch der Betriebsleitung eine ähnliche Diagnose zukommen lassen.

Wenn es darum geht, Ursachen für Schwierigkeiten oder auch für Erfolg zu diagnostizieren, ziehen Sie vor allem diejenigen Ursachen in Betracht, die mit dem *Planungsablauf* in Zusammenhang stehen.

Bieten Sie eine Richtung an: Schlagen Sie vor, daß Ihre Kollegen ihre Erfahrungen austauschen

Eine andere Methode besteht darin, Ihren Vorschlag jemandem zu unterbreiten, dessen Position es eher erlaubt, die Situation zu beeinflussen. Denken Sie noch einmal an die leitende Angestellte in der Marketingabteilung zurück, die von ihrem Chef zu hören bekam, daß nichts daran zu ändern sei, daß der Ausschuß die Probleme der örtlichen Niederlassungen außer acht ließ. Was hätte sie sagen können, um ihren Chef zu ermutigen, weniger fatalistisch über die Sache zu denken?

Chef: Gewöhnen Sie sich daran, sowas passiert immerzu.

Monica: Das klingt ganz so, als hätten Sie schon einige Erfahrung mit solchen Dingen.

Chef: Es ist jedes Jahr dasselbe. Früher habe ich mich darüber beklagt, aber sie haben dem niemals Beachtung geschenkt.

Monica: Es genügt also nicht, wenn man ihnen einfach sagt, daß sich etwas ändern muß. Vielleicht gibt es ja noch eine andere Möglichkeit. Vielleicht können wir doch etwas ändern.

Chef: Was könnten wir tun?

Monica: Der Ausschuß macht also Pläne, ohne unsere Situation zu berücksichtigen, stimmt's? Wahrscheinlich tun sie das, weil sie unsere Situation gar nicht kennen. Dafür gibt es zwei Gründe: Sie fragen uns nicht, und wir sagen ihnen nichts, ohne gefragt worden zu sein. Vielleicht können wir deren Verhalten nicht beeinflussen, aber unser eigenes Verhalten können wir schon ändern.

Chef: Woher soll ich denn wissen, welche Informationen sie benötigen?

Monica: Gute Frage, das weiß ich auch nicht so genau. Immerhin könnten wir ihnen solche Informationen zukommen lassen, die wir für wichtig halten und sie dann fragen, für wie nützlich sie die Informationen halten.

Chef: Auch dann würden sie nichts ändern, denn dann müßten sie ja zugeben, daß sie einen Fehler gemacht haben. Ganz bestimmt werden sie das nicht tun.

Monica: Ich denke, da haben Sie Recht. Sie haben natürlich ein Interesse daran, nicht schlecht dazustehen, und sie werden daher versuchen, sich selbst zu schützen. Wir könnten diese Verantwortung jedoch von ihren Schultern nehmen, indem wir sagen: »Das hier sind wichtige Informationen und es tut uns sehr leid, daß wir sie nicht vorher bekommen konnten.« Sollten wir das einzige Büro sein, das diese Information weitergibt, könnten wir einen Teil der Verantwortung übernehmen und dennoch gut dastehen.

Chef: Vielleicht würde es klappen. Aber warum soll ich mich engagieren? Die sind im Planungsausschuß – ich sehe gar nicht ein, daß ich deren Arbeit machen soll.

Monica: Natürlich müssen Sie das nicht. Sollten Sie sich entschließen, dennoch Anstrengungen zu unternehmen, die zu einem besseren Planungsprozeß führen könnten, dann nur aus der Annahme heraus, daß Sie danach auf bessere Ressourcen zurückgreifen können, um den Bedürfnissen Ihrer Kunden zu entsprechen. Ich dachte, ich wäre Ihnen einige Lösungsvorschläge schuldig. Natürlich wissen Sie viel besser als ich, welche Entscheidung Sie treffen möchten.

Das Aufzeigen einer Richtung darf keinesfalls den Anschein erwecken, als wollten Sie dem anderen sagen, was er tun soll. Übernehmen Sie stattdessen die Rolle des Ratgebers, der einige Scenarios ausbreitet, aus denen derjenige, der die Entscheidung letztlich treffen soll, auswählen kann, ebenso wie Kabinettsmitglieder ihrem Regierungschef Optionen anbieten.

Tun Sie etwas

Vielleicht könnten Sie *anbieten,* die regulären Berichte der Zweigstellen an die Betriebsführung durchzusehen, um herauszufinden, ob es vielleicht an ausgelassenen Informationen liegen könnte, daß der Betriebsausschuß keine Ahnung von der realen Situation, auf deren Hintergrund der Plan für 1997 (und der Modellplan für 1998) so unangemessen erschien, hatte. Sie könnten sich sogar dafür zur Verfügung stellen, einen Entwurf für einen solchen Bericht anzufertigen.

Eines sollten Sie noch im Hinterkopf behalten, während Sie versuchen, Ihre Kollegen dazu zu bewegen, bessere Praktiken anzunehmen: Ihre ersten Bemühungen können leicht fehlschlagen. Sie werden Fehler machen. Sie könnten einige Kollegen verärgern. Kurz, Sie werden feststellen, daß einige der Dinge, die Sie versucht haben, nicht *gut gelaufen* sind. Nach einem schlechten Ergebnis könnten Sie leicht in Versuchung geraten, die Aufgabe als hoffnungslos zu betrachten und aufzugeben. Eine bessere Reaktion wäre, wenn Sie die Techniken für das Lernen auf Ihre eigenen Bemühungen übertragen würden. Analysieren Sie exakt, was Sie getan haben und schauen Sie dann, was falsch gelaufen ist. Suchen sie ein paar Dinge, die Sie anders machen könnten, und versuchen Sie es noch einmal. Mit Übung und durch ständiges Revidieren werden Sie immer effektiver werden.

Kapitel 6

Jeder ist »engagiert«: Alle bekommen eine wichtige Rolle zugeteilt

Wenn Sie sich einmal in Ihrem Büro umschauen, so werden Sie feststellen, daß einige Ihrer Kollegen offensichtlich energiegeladener sind als andere. »So sind die Menschen nun einmal«, könnten Sie nun sagen – oder: »Es ist die alte Geschichte von Maulwurf und Grille. Einige Menschen sind harte Arbeiter und andere nicht. Das ist nun einmal nicht zu ändern.« Dieser Standpunkt ist nicht ganz von der Hand zu weisen. Jeder Trainer wird bestätigen können, daß einige Athleten eifriger kämpfen als andere. Ein Vorarbeiter in der Werkstatt weiß, daß einige Arbeiter im Werk fleißiger sind als ihre Kollegen, und ein Geschäftsführer weiß, daß einige Manager energischer sind als andere.

Dennoch kann es sich dabei nicht lediglich um eine einfache Tatsache handeln. Vielleicht stimmt es ja, daß einige Leute *wirklich* die Veranlagung haben, härter zu arbeiten als andere. Dennoch besteht kein Zweifel daran, daß jeder von uns manchmal mehr Eifer zeigt und manchmal weniger. Sind aber die entsprechenden Voraussetzungen gegeben, steigert jeder von uns seine Produktivität.

Alan war einmal als Berater für das Management einer britischen Brauerei tätig. Sie saßen zusammen, um das Schulungsprogramm des Unternehmens zu bewerten und zu verbessern. Der Geschäftsführer leitete das Meeting ohne großen Erfolg. Als der Geschäftsführer zur nächsten Besprechung gehen mußte, übertrug er dem Produktionsleiter die Führung. Dieser leitete das Meeting nun glatt und effektiv, und bald hatte er seine Aufgabe beendet. Man möchte dem Produktionsleiter nun von Herzen dazu gratulieren, daß er so gute Arbeit geleistet hat, nachdem er die Führung übernommen hatte. Die Frage ist jedoch: Wenn er so genau wußte, was zu tun war, warum hat er seine Hilfe dann nicht früher angeboten?

Seien wir einmal ehrlich – wir alle sind zurückhaltend, wenn es darum geht, unsere Hilfe anzubieten. Bestimmt ist es Ihnen schon widerfahren, daß Sie auf einem Meeting Ihren Stuhl zurück geschoben und sich innerlich verabschiedet haben. Hätte Sie dann jemand gefragt, was der Sprecher gerade gesagt hat, hätten Sie keine Ahnung gehabt. Sie erwischen sich dabei, wie Sie aus dem Fenster starren. Wie die meisten Menschen haben sicherlich auch Sie Tage und Wochen, wenn Sie das Engagement für ein Projekt einfach abschütteln.

Indem Sie sich selbst fragen, warum es Ihnen bisweilen nicht gelingen will, mehr Engagement für eine Arbeit aufzubringen, und was Sie an dieser Situation ändern könnten, haben Sie ideale Voraussetzungen dafür geschaffen, herauszufinden, wie Sie andere dazu ermutigen könnten, mehr Energie in gemeinsame Anstrengungen zu investieren.

Entwickeln Sie eine persönliche Fähigkeit: Gestalten Sie Ihre Tätigkeit so, daß sie auch interessante Herausforderungen umfaßt

Die Voraussetzung dafür, daß Sie die Leute in Ihrer Organisation dazu bewegen können, besser zu arbeiten, ist, daß Sie zunächst bei sich selbst dieses Ziel erreichen. Haben Sie erst einmal selbst entsprechende Fähigkeiten entwickelt, haben Sie genug Einblick in die Problematik gewonnen, um anderen den Weg in dieselbe Richtung zu weisen. Gelten Sie selbst als hoch motiviert, verfügen Sie über ein hohes Maß an Glaubwürdigkeit, wenn Sie versuchen, die anderen zu motivieren.

Problem: Nicht immer gelingt es Ihnen, sich einzubringen

Natürlich wäre es äußerst wünschenswert, daß Sie immer alle Ihre Möglichkeiten ausschöpfen. Ihr Ruf, kompetent und engagiert zu sein, würde enorm profitieren. Aber es ist gar nicht so leicht, jemanden zu motivieren, nicht die anderen und eben auch nicht sich selbst. Aber es ist nicht unmöglich.

Ihr Training zur gelungenen »Selbstmotivation« sollte mit der Überlegung beginnen, welche Ursache Ihr schwindendes Engagement bei diesem oder jenem Anlaß gehabt haben könnte.

Diagnose: Der Rahmen, den Sie selbst Ihrer Arbeit setzen, ist zu eng für interessantere Tätigkeiten

Wir alle haben einen bestimmten »Rahmen« oder eine Geschichte, die wir uns selbst über unsere Arbeit erzählen, im Kopf. Skizzieren Sie doch einmal ein Bild von sich selbst bei der Arbeit. Wenn Sie nun eine Bildunterschrift entwerfen sollten, was würden Sie schreiben? Dieses Bild gibt zusammen mit der Bildunterschrift den Rahmen für Ihre Tätigkeit ab. Es ist eine Beschreibung dessen, was Sie tun, und implizit auch dessen, was im Rahmen Ihrer Macht steht und was nicht. Bis zu einem bestimmten Grade ist Ihre Tätigkeit durch die offizielle Arbeitsplatzbeschreibung determiniert. Jenseits dessen haben Sie aber einige Freiheiten, um die Geschichte, die Sie sich selbst erzählen, zu gestalten. Oft ist es nämlich genau diese Geschichte, die Sie davon abhält, sich zu engagieren.

»Hiermit möchte ich nicht mein ganzes Leben verbringen«

Ein Grund dafür, daß Sie sich Ihrer Tätigkeit nur halbherzig widmen, könnte sein, daß Sie Ihren Job nicht mögen. Vielleicht hatten Sie eine andere Position im Auge. Vielleicht ist Ihnen die Tätigkeit, die Sie einmal so geschätzt haben, nun langweilig geworden. Oder Sie haben vor, eine neue Karrierelaufbahn einzuschlagen. Sie sagen sich immer wieder, daß Sie sich eigentlich nicht mit dieser Arbeit herumschlagen sollten und lassen sich hängen. Es ist völlig in Ordnung, die Entscheidung zu treffen, daß diese oder jene Tätigkeit nicht fürs Leben sein kann. Viel zu oft wird dieses Argument jedoch als Ausrede benutzt. Die Suche nach einer neuen Tätigkeit könnte durchaus hilfreich sein. Es ist jedoch nicht hilfreich, in einer bestehenden Position zu verharren und mittelmäßige Arbeit zu leisten.

»In diese Tätigkeit kann ich meine Begabungen nicht einbringen«

Es ist sehr hart, einer Tätigkeit, bei der man nicht gefordert ist, gleichbleibendes Interesse entgegen zu bringen. Natürlich können Jobs langweilig sein. Wenn eine Tätigkeit lediglich aus sich immerzu wiederholenden schlichten Aufgaben besteht, könnte sie sogar eine Art von Entfremdung hervorrufen. Wenn Ihre Arbeit ebenso gut durch einen Roboter getan werden könnte, liegt für Sie der Verdacht nahe, daß Sie wenig mehr als ein Roboter gelten.

Wenn Sie eine Arbeitsplatzbeschreibung akzeptieren, die für Sie keine geistigen Anforderungen beinhaltet, ist es kein Wunder, daß Sie sich bald abwenden, so wie ein Teenager, der die Spielsachen eines Kleinkinds angeboten bekommt. Andererseits ist es kaum vermeidbar, daß die Bandbreite Ihrer Verantwortlichkeiten begrenzt ist. Eine Möglichkeit wäre nun, neben der Ihnen zugeteilten Arbeit zusätzliche Arbeiten zu übernehmen, die eine größere Herausforderung bieten. Auf kurze Sicht ist es einfacher, nur das zu tun, was einem gesagt wird. Der

Arbeitsaufwand und die Gefahr, Schwierigkeiten zu bekommen, sind geringer. Auf lange Sicht wird es Ihnen jedoch immer schwerer fallen, die Last einer totlangweiligen Tätigkeit zu tragen.

»Nichts, was ich tue, hat Bedeutung«

Ein hohes Maß an Anforderung ist für eine Tätigkeit nicht ausreichend. Wenn Ihre Arbeit keine Bedeutung hat, werden Sie nur sehr zögerlich Ihre Energie investieren. Jemand, der ein Memo schreibt, das nachher sowieso in der Schublade landet und vergessen wird, investiert mit Sicherheit weniger Sorgfalt in diese Arbeit als jemand, dessen Memo bei der nächsten Vorstandssitzung verlesen wird. Wenn Sie den Eindruck haben, daß Ihre Arbeit keinerlei Einfluß hat, werden Sie es schwierig finden, sich selbst zu motivieren.

Rezept: Setzen Sie Ihrer Tätigkeit einen neuen Rahmen, in dem auch motivierendere Herausforderungen Platz haben

Aus welchen Gründen auch immer es Ihnen an der Motivation fehlt – warten Sie nicht darauf, daß jemand anderes Sie motiviert, denn das können nur Sie allein. Bei praktischen Tätigkeiten kann man die Gewohnheit trainieren, Motivation für die Arbeit zu entwickeln, während man sie tut. Je gewandter Sie in der Fähigkeit sind, sich bei einer Arbeit voll zu engagieren – und sei es nur für eine kurze Zeitspanne –, desto produktiver und zufriedener werden Sie sein. Natürlich ist Engagement nichts, was man sich selbst »verordnen« kann, denn Gefühle entwickeln sich nicht auf Befehl. Andererseits *können* Sie aber Dinge tun, die Ihre Gefühle beeinflussen.

Der Rahmen, den Sie selbst Ihrer Tätigkeit durch Ihre Einstellung zu Ihrer Arbeit setzen, kann je nach Beschaffenheit motivierend oder demotivierend auf Sie wirken. Im folgenden finden Sie einige Bestandteile für einen Rahmen, die Sie für sich übernehmen könnten.

Portionieren Sie Ihr Engagement

Eine junge Frau machte einen Collegeabschluß, wobei sie sich durch ihre besondere Fähigkeit, kreativ zu schreiben, auszeichnete. Sie träumte davon, Schriftstellerin zu werden, ihren Lebensunterhalt verdiente sie sich derweilen als Werbetexterin. Eines Abends weinte sie sich bei ihrem Onkel aus, weil ihre Leistungen eine schlechte Beurteilung erhalten hatten. »Aber was macht das schon? Andere Leute davon zu überzeugen, daß sie mehr Waschpulver kaufen sollen, ist nun einmal nicht das, wovon ich träume«, klagte sie.

»Wenn du so denkst«, antwortete ihr Onkel, »ist es kein Wunder, daß ihnen deine Arbeit nicht gefällt, sie gefällt ja noch nicht einmal dir selbst. Du hast mir von deinen Plänen berichtet, dort einige Monate auszuhalten. Während dieser Zeit kannst du lernen, so zu schreiben, daß deine Texte auch etwas herüberbringen. Du kannst den Unterschied zwischen wirkungsvollen und wirkungslosen Werbeanzeigen beziehungsweise den Unterschied zwischen kraftvollen und schwachen Sätzen lernen. Du wirst mehr Spaß an deiner Tätigkeit haben, wenn du dich für ein paar Stunden am Tag voll und ganz in die Arbeit stürzt. Während dieser Zeit solltest du ganz und gar bei der Sache sein und dich bemühen, deine Arbeit so gut wie möglich zu machen.«

Das Anliegen der jungen Collegeabsolventin konnte nicht sein, sich selbst einzureden, daß es sich hier um einen Job fürs Leben handelte. Vielmehr gelang es ihr, sich klarzumachen, daß die Tätigkeit *im Moment* im Mittelpunkt stand. Indem sie die Fragestellung an sich selbst veränderte, machte sie ihren Job attraktiver.

Anstatt sich zu fragen: »Ist dies der Job meines Lebens?«, sollte man sich fragen: »Würde es mir bessergehen, wenn ich eine Stunde lang etwas anderes tun würde?« Ist die Antwort »Ja« so sollten Sie Ihre Arbeit unterbrechen und tun, was Sie möchten. Lautet die Antwort »Nein«, so haben Sie einen guten Grund, hineinzutauchen und Ihr Bestes zu geben. Sie investieren auch dann nicht 100 Prozent Ihrer Zeit, und es ist nicht für den Rest Ihres Lebens. Solange Sie aber dabei sind, etwas zu tun, werden Sie Ihre Tätigkeit um so mehr genießen und um so profitabler gestalten, je intensiver Sie bei der Sache sind.

Das »große Engagement« für die ganze Sache auf einmal aufzubringen, kostet viel Kraft, und wer vor einem solchen Berg steht, verliert leicht den Mut. Nimmt man sich jedoch vor, den »Aufstieg« in Etappen zu bewältigen, verliert er an Schrecken. Das Engagement für die unmittelbar bevorstehende Phase aufzubringen, fällt nicht so schwer; Sagen Sie sich dann, daß die Arbeit, die während des folgenden Tages oder auch nur der folgenden Stunde vor Ihnen liegt, lohnt, in dieser Zeit getan zu werden.

Suchen Sie nach Gelegenheiten, Ihre besten Fähigkeiten einzusetzen

Es ist sehr frustrierend, eine Arbeit zu tun, die keinerlei Kreativität erfordert oder die vielleicht sogar von einem Roboter erledigt werden könnte. Im Unterschied zu einem Roboter steht es Ihnen aber frei, mehr zu tun, als Ihre Tätigkeit verlangt.

Rogers Vater, Walter Fisher, hat ihm einmal davon erzählt, wie er einen Job in einem Lager für Sanitärbedarf annahm, bevor er Rechtsanwalt wurde. Walters Aufgabe war es, gußeiserne Knie- und T-Stücke zu prüfen, um dann die schadhaften Teile auszusortieren. Da ihm diese Aufgabe bald langweilig wurde, begann er, die ausgesonderten Teile nach Fehlertypen zu sortieren. Er stellte fest, daß die Biegungen die meisten Fehler aufwiesen. Schnell erledigte er seine Aufgabe, um dann die Maschine anzuschauen, welche die fehlerhaften Teile produzierte. Schließlich war er in der Lage, eine Veränderung im Design der Gußformen vorzuschlagen.

Leider kam sein Chef nach einigen Berechnungen zu dem Schluß, daß die Verbesserung der Gußformen mehr kosten würde als ein Junge, der die schadhaften Stücke aussortierte. Walter verbrachte seine Freizeit daraufhin mit einer spannenderen Tätigkeit: er suchte sich einen neuen Job. Bald darauf verließ er das Lager für Sanitärbedarf, jedoch nicht, ohne sein Bestes getan zu haben, einen monotonen, anspruchslosen Job in eine Tätigkeit zu verwandeln, die eine Herausforderung darstellte und dem Arbeitgeber Vorteile einbringen konnte. Ein Teenager, der die Gelegenheit bekommt, sich mit dem Spielzeug eines Kleinkindes zu beschäftigen, kann sein Spiel dadurch interessanter gestalten, daß er versucht herauszufinden, welche Eigenschaften einige Spielsachen interessanter machen als andere.

Sicherlich ist es nicht immer möglich, eine Tätigkeit aufregender und produktiver zu gestalten – manchmal muß man einfach einen Graben ausheben und sonst nichts. Aber selbst dabei ...

Nehmen Sie sich die Zeit, einen Beitrag zu leisten – auch wenn es sich eigentlich nicht um Ihre Aufgabe handelt. Eine Möglichkeit, die eigene Energie bei der Arbeit zu steigern, besteht darin, einem Kollegen bei seinem Problem zu helfen. So finden Sie eine neue Herausforderung und bekommen zudem das Gefühl, daß Ihr Beitrag wichtig ist. Sie können eine neue Aufgabe übernehmen, und diese Aufgabe kann sie zu mehr Engagement und Produktivität verleiten. Eine der besten Möglichkeiten, die eigenen Fähigkeiten zu verbessern, ist, anderen dabei zu helfen, deren Fähigkeiten zu verbessern. Sie können sich die Mühe machen, einige Ihrer Fähigkeiten an einen weniger erfahrenen Mitarbeiter weiterzugeben. Ein Stahlarbeiter in Texas kam auf die Idee, einen Abend pro Woche mit einem gerade aus China eingewanderten Kollegen zu verbringen. Der Texaner half dem Chinesen, sein Englisch zu verbessern, er brachte ihm die Feinheiten in der Handhabung einer der Maschinen im Werk bei und hörte ganz nebenbei interessante Geschichten über das Leben in einer kleinen chinesischen Stadt.

Erweitern Sie Ihr Tätigkeitsfeld so, daß Dinge darin vorkommen, die sonst nie erledigt werden. Stuart arbeitete in einer zentralen Sammelstelle für Lehrmaterial, an welche Lehrer Materialien schickten, die sie vorbereitet hatten und welche auf diese Weise auch anderen Lehrinstituten zugänglich gemacht wurden. Jahrelang hatte die Stelle lediglich auf Anfrage Materialien versandt. Stuart hatte viel darüber nachgedacht, wie man die Sammelstelle effektiver gestalten könnte. Er setzte sich mit seinen Vorgesetzten in Verbindung, begann selbst, Materialien zu besorgen und forderte die Lehrer auf, neue Materialien, die offensichtlich gebraucht wurden, herzustellen. Er stellte Kataloge her und brachte sie in Umlauf, kaufte von örtlichen Lehrern verfaßte Bücher zum Großeinkaufspreis und verkaufte sie dann zu einem fairen Discountpreis. Er stellte Materialien zu bestimmten Themen zusammen, entwickelte Marketingstrategien und bot Materialien über das Internet an. Stuart verwandelte die Sammelstelle von einer subventionierten Unternehmung in einen enormen Gewinnbringer. Es dauerte nicht lange, bis er zum Direktor ernannt wurde. Schließlich wurde er abgeworben, um noch größere Herausforderungen anzunehmen.

Jede Tätigkeit umfaßt gewisse lästige Pflichten, die getan werden müssen. Selten, wenn überhaupt, enthalten Arbeitsplatzbeschreibungen Begrenzungen des Tätigkeitsfelds. Der einfachste Weg, eine Tätigkeit interessanter zu gestalten, liegt daher oft darin, zu überlegen, welche Dinge man noch tun könnte, die für die Organisation *und* für einen selbst gut wären. Vielleicht haben Sie Sorge, daß die Übernahme von Tätigkeiten jenseits der formalen Anforderungen Sie in Schwierigkeiten bringen könnte. Immerhin besteht die Gefahr, in den Kompetenzbereich einer anderen Person einzudringen. Dennoch könnte es noch gefährlicher sein, keine Hilfestellung zu geben. Eine junge Frau in Boston, die Psychologin werden wollte, arbeitete als Lehrerin in der Kinderabteilung einer psychiatrischen Klinik. Oft waren die Kinder in ihrer Obhut unruhig und widerspenstig, so daß die junge Lehrerin ihre liebe Not mit ihnen hatte. Die beiden für diese Abteilung zuständigen Psychologen kümmerten sich nicht darum, sondern blieben in ihren Büros sitzen, um die dortige Arbeit zu erledigen. Die Psychologen beharrten darauf, daß das Managen solcher Krisen nicht Teil ihrer Arbeit sei. Das ging immer so weiter, bis das Krankenhaus von einem großen Unternehmen für medizinische Dienstleistungen übernommen wurde, das die Mitarbeiterzahl reduzieren wollte. Der neue Leiter der Klinik ging durch die Kinderabteilung und beobachtete, wie die Lehrerin tapfer versuchte, einen Gewaltausbruch zu zähmen, während die Psychologen weiterhin in ihren Büros saßen. Der Leiter ging geradewegs in die Büros, um die Psychologen darüber in Kenntnis zu setzen, daß sie gefeuert seien.

Stellen Sie sich vor, Sie seien ein Manager, der den Auftrag hat, zwanzig Prozent des Personals in Ihrer Abteilung zu entlassen. Wen schicken Sie fort – die Leute, die schauen, was getan werden muß, oder die, welche immer nur tun, was ihnen gesagt wird? Welche Verhaltensweise ist für einen Angestellten die geeignete, seinen Job zu behalten?

Umreißen Sie ein klares Bild, wie die Fähigkeiten gemeinsam genutzt werden können: Jeder engagiert sich voll und ganz

Niemand ist ständig in gleichem Maße motiviert – Sie nicht und auch die anderen nicht. Manchmal lassen nur einige nach, weil sie sich ausgeschlossen fühlen; oft genug ist jedoch eine ganze Abteilung in der Verwaltung oder im Werk demotiviert. Bevor Sie nun entscheiden können, wie Sie die Leute zu mehr Engagement bringen könnten, müssen Sie herausfinden, warum sie im Moment so demotiviert sind.

Problem: Je mehr Leute zusammenarbeiten, desto größer ist die Gefahr mangelnden Engagements

Arbeiten Sie allein, müssen Sie nur für sich selbst herausfinden, was Sie an Ihrer Arbeit motivieren könnte. Arbeitet jedoch eine große Gruppe zusammen, ist die Situation schwieriger. Einige der Gründe für das mangelnde Engagement der Leute sind dieselben wie für jemanden, der allein arbeitet: die Arbeit ist langweilig, oder es scheint nicht darauf anzukommen, wie gut man die Arbeit macht. Ein anderer Grund ist, daß die Menge die Dringlichkeit einer Arbeit nicht so stark empfindet wie das Individuum.

Einige fühlen sich ausgeschlossen

Das Wort »Engagement« hat zwei Bedeutungen. Zum einen kann es sich einfach auf die Teilnahme an irgendeiner Aktivität beziehen. Zum anderen kann damit die Hingabe an ein Ziel, eine Aufgabe oder eine Idee gemeint sein. Die beiden Bedeutungen liegen eng beieinander. Die gemeinsame Teilnahme an einer Aktivität bewirkt in der Regel beim einzelnen das Gefühl persönlicher Hingabe, gleichgültig, ob es sich um das Austragen eines Krieges oder das Streichen eines Zauns handelt. Von einer Tätigkeit ausgeschlossen zu sein, ruft vor allem dann ein Gefühl der Entfremdung hervor, wenn es sich um eine interessante oder wichtige Tätigkeit handelt.

Am ehesten entwickelt man dann Engagement, wenn man seine Arbeit selbst planen kann. Ein wichtiger Grund für Frustrationen ist das Gefühl, die Kontrolle verloren zu haben. Die präzisen Anweisungen einer anderen Person zu befolgen, verleiht wohl kaum soviel Befriedigung wie das Handeln nach eigenem Ermessen. Sieht ein Mensch keinerlei Chance, mehr zu tun als Befehle zu befolgen, spürt er naturgemäß weniger Verantwortung. »Soll sich doch der Chef darüber den Kopf zerbrechen.« Dieser innere Rückzug führt zu schwachen Leistungen, wodurch wiederum die Abneigung gegen das, was man gerade tut, wächst.

Wir überlassen anderen die Verantwortung

Die Arbeit in der Gruppe unterscheidet sich in einer Hinsicht besonders von der Arbeit allein: wir verlassen uns bei der Bewältigung einer bestimmten Aufgabe auf die anderen – und die anderen verlassen sich auf uns. Das am meisten zu beobachtende Merkmal im Verhalten einer Gruppe ist das verminderte Gefühl persönlicher Verantwortung. Je größer die Gruppe ist, desto weniger Verantwortung spüren die einzelnen Teilnehmer. Sie erledigen ihren Teil der Aufgabe und gehen im übrigen davon aus, daß schon irgend jemand anderes die weitere Arbeit erledigen wird.

Medizinische Studien belegen, daß Ihre Chance, einen Herzinfarkt zu überleben, größer ist, wenn nur eine andere Person zugegen ist, als wenn viele Leute in der Nähe sind. In der Menge erwartet jeder vom anderen, daß er hilft. Leistet keiner Hilfe, denkt jeder, es gibt kein Problem – oder, daß Hilfeleistung wohl nicht angebracht sei. Dieselbe Reaktion ist in Organisationen zu beobachten. Jeder sitzt da und schaut zu, wie die Gruppe immer hilfloser wird.

Um dieses Problem zu vermeiden, verteilen Organisationen verschiedene Aufgaben an verschiedene Leute. Durch die Art und Weise, wie Aufgaben verteilt werden, werden unglücklicherweise mindestens ebenso viele Probleme verursacht wie gelöst.

Die Arbeit ist unglücklich aufgeteilt

Oft werden Aufgaben mehr oder weniger zufällig vergeben. Ein Manager hat soeben bemerkt, daß er dringend einige Außenstände eintreiben muß, was ihm einige Sorgen bereitet. In diesem Moment betritt ein Mitarbeiter seiner Abteilung das Büro, um etwas anderes zu besprechen. Es ist nicht schwer zu erraten, wer hier eine neue Aufgabe erhält.

Solche Aufträge sind nicht wirklich willkürlich. Tatsächlich tritt hier ein implizites Kriterium in Kraft: »Gib die Aufgabe dem nächstbesten, der gerade vorbeikommt, wenn das Problem auftaucht.« Sobald wir uns dieses implizite Kriterium explizit vor Augen führen, können wir unschwer erkennen, daß es sicherlich nicht das beste ist, um Aufgaben sinnvoll zu verteilen. Es gibt noch ein paar andere Kriterien, die ebenso häufig wie ungenügend sind:

- Gib demjenigen, der am härtesten arbeitet, eine weitere Aufgabe.

- Gib demjenigen eine Aufgabe, der sich am wenigsten beklagt.
- Gib die Aufgabe demjenigen, den man am liebsten um sich hat (oder, wenn der Auftrag an einem anderen Ort durchgeführt wird, gib sie demjenigen, den man am wenigsten um sich haben möchte).

Diese Kriterien schaden sowohl dem einzelnen als auch der Organisation. Auf diese Weise wird die Arbeitskraft falsch genutzt, da diese Kriterien nichts damit zu tun haben, wie die Leistung der Gruppe maximiert oder wie die Aufgaben entsprechend den Fähigkeiten oder Interessen verteilt werden können. Allenfalls verstärken sie die Bereitschaft zu sturem Verhalten, wie etwa die Klage über und den Widerstand gegen neue Aufgaben. Diejenigen, welche sich verweigern, sind für den Moment aus dem Schneider. Auf lange Sicht verpassen sie jedoch die Chance, ihre Fähigkeiten zu erweitern und sich zu beweisen.

Ein weiteres häufiges Kriterium: »Gib diese oder jene Aufgabe der Person, die dafür am ehesten befähigt erscheint«, klingt besser, als es ist. Es könnte sich zuviel Arbeit bei einer Person ansammeln, die besonders fähig ist. In einem akademischen Seminar ist der stellvertretende Direktor, eine solche Person. Er ist ein begabter Lehrer und kann außerdem gut schreiben. Nur wenige Menschen auf dieser Welt haben ebensoviel Fachwissen wie er. Dennoch wird er nur zu oft davon abgehalten, diese Talente einzusetzen, da er außerdem der Beste im Büro ist, wenn es darum geht, ein Computerproblem zu lösen, die Bücher auszugleichen oder mit der Universitätsverwaltung zu verhandeln. Auch andere könnten diese Aufgaben lösen, wenn vielleicht auch nicht so gut. Da er die Verwaltungsaufgaben so vorzüglich meistert, kommt er seltener dazu, sich den wichtigeren Aufgaben, zu denen er fähig ist, zu widmen. Der Fehler liegt in der ungenügenden Verteilung der Aufgaben.

Vision: Jeder – oder fast jeder – ist voll engagiert

Idealerweise sollte jeder in der Organisation alle seine Kräfte voll ausschöpfen können, jedes Mitglied der Organisation eine Tätigkeit haben, die es wichtig und interessant findet. So würde es alle seine Fähigkeiten und Energien einsetzen, um die Arbeit gut zu machen. Natürlich werden wir niemals den Idealzustand erreichen, daß alle voll und ganz engagiert sind; dennoch lohnt es sich, ein paar Praktiken, die in der Regel das Engagement fördern, einer näheren Betrachtung zu unterziehen. Welche Vorgehensweisen könnten wir übernehmen, um eine Atmosphäre größtmöglichen Engagements zu schaffen?

Versuchen Sie nach Möglichkeit, jedem Gruppenmitglied eine attraktive Rolle anzubieten

Jeder Mensch zieht bestimmte Aufgaben anderen vor. Die Herausforderung bei der Organisation einer Gruppe besteht darin, Rollen zu schaffen, die jedem die größtmögliche Befriedigung aus seiner Aufgabe verspricht.

Wir haben alle ein emotionales Interesse an unserer Tätigkeit. Jeder wird sich für seine Aufgabe nur in dem Maße engagieren, wie es seinen emotionalen Interessen entspricht. Daher ist für Sie der erste Schritt, herauszufinden, wo diese Interessen liegen.

- **Respekt.** So wie unsere Kollegen uns sehen, betrachten wir uns selbst. Wenn also jeder von uns der Meinung ist, die Tätigkeit des anderen verdiene Respekt, werden wir alle glücklicher sein und härter arbeiten.
- **Autonomie.** Wenn wir selbst wählen können, auf welche Weise wir unserer Verantwortung nachkommen möchten, fühlen wir uns mehr als Urheber unserer Aufgaben und sind folglich eher daran interessiert, unsere Aufgabe gut zu machen.

- **Bedeutung.** Wir möchten sicher sein, daß unsere Bemühungen ein Ergebnis hervorbringen werden. Es befriedigt uns, wenn wir die Produkte unserer Anstrengungen sehen, berühren, messen oder zählen können.

Bemühen Sie sich, die emotionalen Interessen eines jeden zu bedienen. Wenn sich jemand zurückhält, dann deshalb, weil er meint, daß er nichts zu bieten hat, oder daß die Gruppe seinen Beitrag nicht braucht. Sein Rückzug bewirkt wiederum, daß die anderen dazu neigen, ihn auszuschließen. Die Aufgabe des Führers (bzw. lateralen Führers) besteht nun darin, etwas zu finden, das diese Person gut kann und der Gruppe eine Tätigkeit vorzuschlagen, bei der diese Fähigkeit gebraucht wird.

Unter den Teilnehmern eines Kurses über Verhandlungsstrategien an der Harvard Law School befand sich einmal der Stabschef der Streitkräfte eines westafrikanischen Landes. Er entwickelte außerordentliche Fähigkeiten, wenn es darum ging, jeden seiner Kommilitonen dazu zu bringen, an den Diskussionen der Klasse aktiv teilzunehmen. Der Lehrer war von dieser Fähigkeit, die aktive Teilnahme zu fördern, sehr beeindruckt und fragte den Kompanieführer, wie er das anstellte. Dieser gab folgendes zur Antwort: »Wenn ich einen Soldaten unter mir habe, der wenig Arbeit leistet und der bei seinen Kameraden unbeliebt ist, so ist das ein Problem. Alles geht dadurch langsamer, und die Moral der Kompanie sinkt. Also bemühe ich mich, für ihn einen Spezialauftrag zu finden. Wenn er ein schneller Läufer ist, beauftrage ich ihn, die nächste wichtige Nachricht, die eintrifft, zum nächsten Posten zu bringen. Ist er ein Musiker, erinnere ich die Soldaten daran, daß sie für den nächsten Nationalfeiertag ein Lied kreieren sollen. Schon bald wird er ebenso hart arbeiten wie alle anderen. Im Unterricht beobachte ich die Leute, um Themen zu finden, die sie interessieren. Ich bemerke es, wenn sie sich aufrichten und aufpassen. Dann bitte ich den Stillen, etwas dazu zu sagen.«

Ein designierter Führer ist nicht die einzige Person, die Wege finden kann, ein isoliertes Mitglied des Teams zu integrieren. In der Armee seines Landes hatte der Kompanieführer die Macht, zu befehlen.

In unserem Klassenzimmer hatte er keine solche Autorität. Dennoch war er ebenso effektiv, wenn es darum ging, zurückbleibende Teilnehmer dazu zu bringen, ihren Beitrag zu leisten.

So gut wie jeder kann etwas Nützliches tun. Natürlich sollte man keine Pseudo-Aufgaben schaffen und so Zeit und Geld verschwenden, nur damit sich Leute wichtig fühlen. In der Regel muß man nur ein wenig nachdenken, um eine Aufgabe, die wirklich gebraucht wird, zu finden, und die von einem »Outsider« erledigt werden kann. Tatsächlich ist es recht einfach, eine allgemein respektierte, interessante Aufgabe zu finden, die es dem einzelnen ermöglicht, einen nützlichen Beitrag zu leisten. (Jedes Kapitel dieses Buchs enthält eine Reihe solcher Ideen).

Machen Sie es sich zum Prinzip, daß jeder seine Ideen einbringen sollte

Sie können jeden einzelnen einladen, sich an der Zielsetzung und am Denkprozeß zu beteiligen und aus der gemeinsamen Arbeit zu lernen. Wenn Sie die vorherigen Kapitel gelesen haben, ist Ihnen dieser Hinweis nicht neu. Allerdings kann es nicht schaden, ihn gelegentlich zu wiederholen. Nimmt jedermann am Denkprozeß teil, erhöht sich die Qualität des Denkprozesses. Je größer der Ideen-Pool ist, desto besser sind die Chancen, daß eine gute darunter ist. Wenn alle am Denkprozeß beteiligt sind, weiß außerdem jeder, daß seine Gedanken die Wertschätzung der anderen erhalten, und daß er respektiert wird. Jeder wird bemüht sein, sein Bestes zu geben, wenn an seine Fähigkeiten appelliert wird – das gilt besonders dann, wenn es um seine Denkfähigkeiten und sein Urteilsvermögen geht.

Zielen, an deren Definition die Menschen selbst beteiligt waren, werden sie auch das entsprechende Engagement entgegenbringen. Ein Ziel, das man selbst mitformuliert hat, wird man wohl kaum nachträglich in Frage stellen. Ein Plan, den jeder mitentworfen hat, wird die Hingabe eines jeden erfahren. Die Mitglieder eines Teams neigen eher dazu, neue Vorgehensweisen aufzugreifen, wenn sie an dem Meeting, wo die vorherigen Leistungen revidiert und Veränderungen formuliert wurden, teilgenommen haben. Unter den Hilfestellungen, die dieses Buch hinsichtlich der Definition von Zielen, des systematischen Denkens und des Lernens aus Erfahrung zu bieten hat, ist eine der besten sicherlich, daß es ein Schema dafür anbietet, wie man jeden dazu bringen kann, seine Ideen einzubringen. Und dieses Schema funktioniert, ohne daß den designierten Managern etwas von ihrer Entscheidungsgewalt genommen wird.

Der Coach einer professionellen Fußballmannschaft kam eines Tages zu der Überzeugung, daß sich seine Spieler zu wenige Gedanken über das Spiel machten. Sie reagierten zu langsam auf die strategischen Herausforderungen, welche die Spielweise der gegnerischen Mannschaft für sie bedeutete. Der Starspieler der Mannschaft gehörte zu denjenigen, die eine Verbesserung ihres strategischen Denkvermögens am nötigsten hatten. Sein Hauptinteresse bestand darin, so viele Tore wie möglich selbst zu schießen. Daher war er unfähig, sich auf das Zusammenspiel, das Zuspielen des Balls und die Unterstützung seiner Mitspieler in der Verteidigung zu konzentrieren. Ihm lag die Verbesserung der eigenen Statistik mehr am Herzen als der Erfolg der Mannschaft.

Schließlich faßte der Coach den Entschluß, den Star und einige andere Spieler mehr an der Vorbereitung der Spiele zu beteiligen. Am nächsten Nachmittag teilte er sie zum Training in kleine Gruppen ein und gab jeder von ihnen einen Ball mit der Aufforderung, ihr Training selbst zu organisieren. Zunächst reagierten alle mit Zurückhaltung. Der Starspieler zeigte sich unbeeindruckt, begann aber, mit drei oder vier seiner Mannschaftskameraden zu arbeiten. Nach einigen Minuten kam der Coach zu ihnen. Da waren sie intensiv damit beschäftigt, eine neue Übung einzustudieren, und der »zurückhaltende Star« war mit großem Enthusiasmus bei der Sache, rief seinen Kameraden Vorschläge zu und ermutigte sie. In den folgenden Spielen bewies er sich als besserer Teamspieler als vorher.

Jeder sollte an der Verantwortung für die Verteilung der Arbeit teilhaben

Schon allein dadurch, daß Sie jeden auffordern, an der Verteilung der Arbeit teilzuhaben, können Sie der Auffassung, daß jeder alles tun sollte, was er kann, Nachdruck verleihen. Auf diese Weise bleibt niemand in seiner eigenen Nische sitzen. Jeder ist Teil des Teams, das daran arbeitet, eine Aufgabe zu erledigen.

Bitten Sie jeden, Informationen einzubringen. Jeder weiß von sich selbst am besten, welche Fähigkeiten er besitzt. Jeder von uns weiß, welche Arbeit ihn am meisten motivieren würde. Die Verteilung der Aufgaben sollte eher ein zwangloses Aushandeln sein, damit jeder die Aufgaben erhält, für die er augenscheinlich am besten geeignet ist, für den diese Aufgabe eine Herausforderung darstellt, und der auf diesem Gebiet das überzeugendste Engagement einbringt. Da die Kollegen anwesend sind, können sie Fragen stellen, Ideen austauschen und sich für Aufgaben, die ihnen liegen, zur Verfügung stellen.

Listen Sie die Aufgaben auf, um sie danach zu verteilen. Um sicherzustellen, daß die Arbeit vollständig erledigt wird, braucht jede Aufgabe jemanden, der für sie verantwortlich ist. Diese Person muß nicht die Autorität oder den Hintergrund besitzen, um die Arbeit allein erledigen zu können, aber sie hat nun die Pflicht, nach Kräften dafür zu sorgen, daß die Aufgabe erledigt wird.

Die Liste sollte unsere Zielsetzungen – langfristige Ziele und Ergebnisse, die wir erzielen möchten – und die Aufgaben, die erledigt werden müssen, um diese Ziele zu erreichen, aufzeigen. Ist die Liste vollständig, vergewissern wir uns, daß jeder eine Aufgabe hat, und daß jede Aufgabe jemanden hat, der für sie verantwortlich ist.

Machen Sie deutlich, daß jeder für den Erfolg des ganzen Projekts verantwortlich ist. »Das ist nicht *meine* Aufgabe.« Es gibt wohl kaum eine Aussage, die bedrohlicher für das Wohlergehen einer Organisation sein könnte als diese. Daher birgt die klare Zuweisung von Verantwortlichkeiten die Gefahr, daß die Leute das Gefühl bekommen, nur für diese eine Sache verantwortlich zu sein, während sie der Verantwortung für alle anderen Aufgaben enthoben sind. Das allererste Meeting wird schwerlich schon alle Aufgaben beleuchten können, die Aufmerksamkeit verlangen. Vielmehr werden mit dem Fortschreiten der Arbeit immer neue Bedürfnisse und Probleme auftauchen. Deshalb ist es wichtig, allen klar zu machen, daß jeder einen Teil der Verantwortung für das Erreichen der Ziele der Organisation trägt.

Verbessern Sie die Kriterien für die Entscheidung, wer was tut

Jeder hat also ein Mitspracherecht bei der Verteilung der Aufgaben; schön und gut, aber was geschieht, wenn jeder statt an das Wohl der Organisation nur an sich selbst denkt? Wenn jeder dem Planungsstab für langfristige Ziele angehören, aber niemand den Müll hinausbringen möchte? Oder wenn jeder neue Kunden umgarnen, aber niemand sich mit den Beschwerden der bereits vorhandenen Kunden herumschlagen möchte?

Auch wenn die Gewohnheit besteht, daß alle um ihren Beitrag gebeten werden, wird die Entscheidungsgewalt dadurch nicht verwässert. Die Mitarbeiter erhalten zwar die Chance, verschiedene Möglichkeiten vorzuschlagen, aber die endgültige Entscheidung liegt in den Händen derer, welche die Macht haben, zum Wohle der Organisation zu handeln – sie erhalten lediglich ein größeres Ideenspektrum, das sie bei ihren Entscheidungen berücksichtigen können.

Im übrigen werden Menschen, welche die Kriterien für eine Entscheidung einsehen können, diese auch in Betracht ziehen. Für die Seminare über Verhandlungsstrategien, welche im Rahmen des Harvard Negotiation Project veranstaltet werden, werden stets auch einige Jurastudenten als Assistenzlehrer beschäftigt. Sie arbeiten jeweils zu zweit. Eine Aufgabe an die Kursleiter besteht darin, Paare zusammenzustellen, die produktiv zusammenarbeiten können. Zunächst möchten die Studenten durchwegs mit einem Freund zusammenarbeiten.

Die Fakultät bietet nun Auswahlkriterien an, welche die Bedürfnisse des Programms berücksichtigen: Ausgewogenheit der Erfahrungen, sich ergänzende Arbeitsstile, eine einigermaßen ausgewogene Verteilung der Fähigkeiten. Die Studenten werden nun dazu übergehen, sich anhand dieser Kriterien einen entsprechenden Partner zu suchen, und in der Regel gelingt es ihnen, eine Wahl zu treffen, die den Interessen der Organisation entgegenkommt. Die endgültigen Entscheidungen sind mindestens so gut oder sogar besser als diejenigen, welche die Fakultät von sich aus getroffen hätte – mit dem einen Unterschied, daß nun jeder Assistent und jede Assistentin das befriedigende Gefühl hat, seinen oder ihren Partner frei gewählt zu haben bzw. gewählt worden zu sein. Am Arbeitsplatz gilt das gleiche Prinzip. Arbeitnehmer, welche die Gelegenheit erhalten haben, die Verteilung von Aufgaben auf dem Hintergrund gut gewählter Kriterien vorzuschlagen, haben das gute Gefühl, ihre Aufgaben selbst gewählt zu haben. Daraus resultiert eine größere Hingabe an die Arbeit, die vor ihnen liegt. Jede Organisation braucht ihre eigenen Kriterien, nach denen die Arbeit verteilt wird. Die folgenden Vorschläge sollen daher als Richtschnur dienen.

Die Gruppe für jede Aufgabe sollte nicht größer sein als für die Aufgabe notwendig. Die tagtägliche Verantwortung für irgendeine Tätigkeit wie zum Beispiel die, einen bestimmten Kunden bei der Stange zu halten, wird allzu oft auf der Führungsebene, auf der letztendlich die Verantwortung ruht, gehalten. Allgemein ist es von Vorteil, Aufgaben nach unten zu verteilen. Die Delegation einer Aufgabe bedeutet nicht, daß es nun im Ermessen der mit der Aufgabe betrauten Person liegt, alle entsprechenden Entscheidungen selbst zu treffen. Vielmehr obliegt es dieser Person, nun vorwärts zu schreiten, bis sie weitere Richtlinien oder Anweisungen benötigt und bei Vorgesetzten sucht. Wie viele Anweisungen zugleich bei dem Erteilen der Aufgabe gegeben werden, hängt weitgehend von der Kompetenz der Person, die den Auftrag erhält, ab. Weiß der oder die Betreffende genügend, um die Aufgabe selbständig zu beenden, ist es in der Regel besser, nicht zu viele detaillierte Anweisungen zu geben. Hier genügt es, das erwünschte Resultat zu erklären und dem Mitarbeiter den Rest zu überlassen.

Geben Sie jedem die schwierigste Aufgabe, die er bewältigen kann. Gibt man jede Aufgabe der Person, die dafür am ehesten qualifiziert ist, entsteht die Gefahr, daß sich zu viele Aufgaben bei jemandem häufen, der sich eigentlich schwierigeren Dingen zuwenden sollte. Besser ist es, wenn jeder einen maximalen Beitrag leistet, indem er die schwierigste Aufgabe bekommt, die er bewältigen kann.

Nicht immer ist es möglich, diese Empfehlungen umzusetzen. Leicht kann die Situation eintreten, daß die Gruppe nur eine Person zur Verhandlung mit einem Klienten benötigt, während diese Aufgabe für drei Gruppenmitglieder die schwierigste wäre, die sie bewältigen könnten. Wo es aber möglich ist, die genannten Empfehlungen zu befolgen, werden sie mit großer Wahrscheinlichkeit zu besseren Ergebnissen führen.

Nun übernehmen Sie das Ruder: Fördern Sie ein Klima, das zum Engagement einlädt

Die Verbesserung der Zusammenarbeit ist eine Aufgabe, die Sie übernehmen können

Soeben haben wir vorgeschlagen, jedem eine Tätigkeit anzubieten, die er als anspruchsvoll, aufregend und respektabel empfindet. Auch für Sie, lieber Leser, liebe Leserin, haben wir einen Vorschlag: Übernehmen Sie die Aufgabe, die Zusammenarbeit der Leute in Ihrer Organisation zu verbessern. Langweilen Sie sich in Ihrem Job? Diese Aufgabe wird neu und aufregend sein. Befürchten Sie, daß Ihre Arbeit keine Bedeutung hat? Wenn es Ihnen gelingt, die Interaktion einer Gruppe zu fördern, könnten Sie die wichtigste Person in Ihrem Unternehmen werden. Ein guter Ausgangspunkt wäre es, Ihren Kollegen Verhaltensweisen vorzuschlagen, die zu einer energischeren und engagierteren Leistung führen.

Bieten Sie eine Diagnose an: Die gegenwärtige Rollenverteilung schränkt die individuelle Verantwortung zu sehr ein

Führen Sie sich noch einmal den Fall der lustlosen Fußballmannschaft vor Augen. Was hätte man tun können, wenn der Coach nicht selbst in der Lage gewesen wäre, das Engagement zu steigern? Versetzen Sie sich in die Rolle eines Reservespielers ohne besonderen Einfluß – gibt es irgend etwas, was Sie tun könnten? Eine Möglichkeit wäre, zum Coach zu gehen und ihm zu erläutern, warum die Mannschaft Ihrer Meinung nach nur halb bei der Sache ist, das heißt, Sie bieten ihm eine Diagnose an.

> **Sie:** Haben Sie einen Moment Zeit? Ich habe nachgedacht und wollte eben kurz mit Ihnen darüber sprechen. Nach unserem letzten Spiel haben Sie zu uns gesagt, daß sich die Jungs Ihrer Meinung nach nicht genug Gedanken über die Spielstrategie machen.
>
> **Coach:** Aber Sie denken dafür um so mehr nach, wie? Wir möchten wohl beim nächsten Spiel gern dabei sein?
>
> **Sie:** Schon, aber das ist im Moment nicht mein Anliegen. Ich habe versucht herauszufinden, *warum* wir auf dem Feld nicht besonders viel nachdenken. Mir scheint, daß Sie derjenige sind, der uns vor und nach jedem Spiel das Denken abnimmt. Sie schauen noch einmal die Filme mit den Spielen an, erklären uns, was Sie sehen und entwerfen die Trainingsabläufe. Bis dann das Spiel beginnt, haben wir uns vollständig daran gewöhnt, daß Sie für uns denken.
>
> **Coach:** Da könnte etwas daran sein.
>
> **Sie:** Fallen Ihnen noch andere Erklärungen ein? Vielleicht gibt es ja noch mehr Ursachen.

Mit etwas Glück wird der Coach selbst damit beginnen, ohne Ihre Hilfe nach Lösungen für das von Ihnen dargestellte Problem zu suchen. Tut er es nicht, könnten Sie ihm beim nächsten Schritt helfen.

Bitten Sie um Anleitung: »Wie sollen wir die Leute dazu bewegen, mehr Engagement einzubringen?«

Wenn Sie einfach zum Coach gehen und ihm erzählen, was Ihrer Meinung nach nun zu tun wäre, könnte er leicht zu dem Schluß kommen, daß Sie aus der Rolle fallen. Folglich wird er seine Bemühungen darauf konzentrieren, Sie an Ihren Platz zu verweisen, wodurch Sie die Chance, die Methoden der Mannschaft zu verbessern, eingebüßt hätten. Anstatt dem Coach zu sagen, was er tun soll, sollten Sie sich selbst als loyalen Untergebenen beweisen, indem Sie für jeden Schritt seine Anweisungen einholen.

Sie: Ich weiß sehr wohl, daß Sie uns aufgefordert haben, auf dem Feld mehr zu denken. Vielleicht könnten Sie uns zeigen, wie wir *außerhalb* des Feldes anfangen könnten, mehr nachzudenken. Gibt es ein paar Dinge, die wir tun könnten, um unsere Gehirne zu trainieren?

Coach: Ich schlage vor, daß ich jedem von Euch künftig vor der Spielbesprechung eine Kopie des Videos über das letzte Spiel zum Anschauen gebe. Meinen Sie, die Jungs werden sich wirklich damit auseinandersetzen?

Sie: Ich würde es auf alle Fälle tun. Ich denke im übrigen, daß auch die anderen dazu bereit wären, wenn Sie Ihnen erklärten, wofür es gut ist. Es gäbe noch ein paar andere Dinge, die wir tun könnten – Sie sagen uns immer wieder, daß wir so oft auf das Tor schießen sollen, wie wir können. Was könnten wir sonst noch tun?

Coach: Mhmm. Nach dem Training könnten wir sie bitten, über ihre Eindrücke zu berichten, bevor ich meinen Kommentar abgebe.

Sie: Spitze! Wenn wir die Gelegenheit bekommen, etwas zu sagen, werde ich nicht mehr versuchen, die Zusammenkünfte nach dem Spiel zu schwänzen. Jetzt will ich Sie mal nicht länger aufhalten.

Coach: Na prima.

Wenn Sie zunächst fragen, um dann festzustellen, daß der Coach keine Vorschläge hat, können Sie Ihre eigenen Vorschläge einbringen. Hat er eine Idee, aber sie gefällt Ihnen nicht, können Sie einen Gegenvorschlag machen. In jedem Fall sollten Sie ihm die Entscheidung überlassen. Trollen Sie sich erst einmal zum Training und lassen Sie ihn nach Entscheidungen suchen.

Tun Sie etwas: Beraten Sie sich mit anderen, bevor Sie eine endgültige Entscheidung treffen

Vor einigen Jahren hatte ein britischer Öltanker eine Panne im Persischen Golf, ohne freilich das benötigte Ersatzteil, für dessen Vorhandensein der Kapitän hätte sorgen müssen, an Bord zu haben. Nach London zu funken, um das benötigte Teil einfliegen zu lassen, wäre teuer, zeitaufwendig und vor allem schrecklich peinlich gewesen. In seiner Verzweiflung rief der Kapitän einige Offiziere zu sich, um ihnen die Situation zu schildern. Der Funker, von dem der Kapitän eigentlich nichts erwartete, erzählte der Gruppe, daß ein Mannschaftsmitglied gerade eine Botschaft von seinem Bruder, der auf dem Schwesterschiff des Tankers arbeitete, erhalten hatte. Die Nachricht besagte, daß das Schwesterschiff aufgrund unerwarteter Planungsänderungen ganz in der Nähe war. Der Kapitän sandte sofort eine Botschaft an den Kapitän des Schwesterschiffs, der bestätigte, das benötigte Ersatzteil an Bord zu haben, woraufhin beide ein Rendezvous arrangierten.

Bittet man andere um Rat, gibt man ihnen das Gefühl, geschätzt und respektiert zu sein, was jene wiederum dazu veranlassen wird, effektiver zu arbeiten. Ein weiterer Grund dafür, um Rat zu fragen, ist natürlich, daß man wertvolle Ratschläge bekommen kann.

Suchen Sie aus jedem Beitrag Nutzen zu ziehen

Wir alle wissen, wie einfach es ist, anderer Leute Vorschläge abzuweisen. Und das ist eine sichere Methode, andere dazu zu veranlassen, abzuschalten und keine Beiträge mehr zu leisten. Man sollte statt dessen grundsätzlich davon ausgehen, daß die anderen ihre Idee für gut halten. Wenn Sie ihnen darin nicht folgen können, bitten Sie die anderen, ihre Idee zu erklären.

Der Zeitaufwand lohnt sich. Caroline, Rogers Frau, hatte für ihn wieder einmal eine Einladung zu einer Dinner Party angenommen, an der ihm nicht gelegen war. Verärgert warf er ihr seinen Lieblingsslogan vor: »Erst fragen, dann entscheiden.« Nach kurzem Zögern gab sie zurück: »Das bedeutet, niemals zu einem Schluß zu kommen.« Natürlich kostet es Zeit, andere einzubeziehen. Und es kommt vor, daß diese Zeit nicht vorhanden ist. Wenn es in der Küche brennt, sollten Sie nicht die Familie zusammentrommeln und um Vorschläge bitten. Die meisten Situationen sind jedoch nicht so »brisant«. Die Zeit, die investiert wird, um andere einzubeziehen, zahlt sich in der Regel dadurch aus, daß bessere Aktionen mit mehr Engagement und größerem Erfolg zustande kommen. Am Ende hat man in der Regel sogar Zeit gespart.

Wer um Rat bittet, wirkt kompetenter. Es könnte sein, daß Sie nicht recht wagen, andere um Rat zu fragen, weil Sie befürchten, das könnte ein schlechtes Licht auf Sie werfen. Ein Manager könnte zögern, die Mitarbeiter auf niedrigeren Ebenen um Rat zu fragen, weil er auf diese Weise ihr Vertrauen einbüßen könnte. Den Einzelkämpfer umgibt noch immer ein Hauch von Romantik – man denke nur an die vielen einsamen Kinohelden. Um Rat zu fragen könnte also bedeuten, die Heldenrolle aufgeben zu müssen.

Wenn Sie aber einmal konkret über Situationen nachdenken, in denen jemand Sie um Rat fragte, so haben Sie wahrscheinlich keineswegs den Respekt vor diesem Menschen verloren – im Gegenteil. Kurz nachdem Edward M. Kennedy zum ersten Mal zum Senator gewählt worden war, bat er den unterlegenen Kandidaten, ihm die Namen der Akademiker zu geben, bei denen er sich »kluge Ratschläge« holte. Als er dann einmal durch einen der gefürchteten Februar-Schneestürme gezwungen wurde, in Boston zwischenzulanden, rief er einen der genannten Professoren an und fragte, ob er für eine Stunde vorbeikommen und den fachmännischen Rat des Akademikers einholen könnte. Bei der Ankunft in Harvard wurde dem Senator plötzlich bewußt, daß er keine Ahnung hatte, auf welches Fachgebiet der Professor spezialisiert war. Der Senator ließ sich nicht aus der Fassung bringen, sondern fragte statt dessen: »Welche Fragen sollte ich sinnvollerweise an Sie richten?« Der Senator verminderte seinen Status dem Professor gegenüber nicht. (Und Roger hatte den Eindruck gewonnen, daß Kennedy ziemlich smart sei.) Die meisten Menschen verhalten sich so. Ungern möchten wir den Eindruck erwecken, Hilfe zu benötigen, aber gern stehen wir als Helfer da.

Bei den Schachweltmeisterschaften wird die Fortsetzung eines Spiels oft auf den nächsten Tag verschoben. Die teilnehmenden Großmeister holen in der Zwischenzeit Ideen und Ratschläge von ihren Assistenten ein. Der Großmeister hätte keinen Zweifel daran, daß er seine Assistenten im Spiel locker schlagen würde, dennoch würde er niemals ohne ihre Unterstützung zu einem Wettkampf antreten. Ob im Schach oder im Business: Es zeugt von Weisheit, sich zwecks Erschließung neuer Perspektiven an einen Assistenten zu wenden. Es zeugt außerdem von Selbstvertrauen, wenn man eingestehen kann, daß jemand anderes vielleicht eine bessere Idee haben könnte.

Übergeben Sie nicht die Zügel. Sie mögen zögern, andere einzubeziehen, weil Sie befürchten, daß diese erwarten, daß ihre Ansichten automatisch übernommen werden. Wenn Sie Ihre Mutter um Ratschläge hinsichtlich der Planung Ihrer Hochzeit bitten, wird sie Ihnen wahrscheinlich genau sagen, was Sie zu tun haben – und sehr enttäuscht sein, wenn Sie ihren Rat nicht aufs Wort befolgen. Ähnliches kann geschehen, wenn Sie einen Kollegen oder eine Kollegin um Rat fragen. Eine Bitte um Rat kann leicht als die Übertragung von Autorität mißverstanden werden. Deshalb sollte aus Ihrer Frage hervorgehen, welche Art von Reaktion Sie haben möchten.

Vieles weiß man nicht. Wir wissen nicht, wieviel wir nicht wissen. Der Tankerkapitän konnte nicht wissen, was der Funker wußte. Dennoch meinen wir zu wissen, welchen Beitrag andere leisten können. Und oft genug täuschen wir uns.

Der Vorsitzende eines kanadischen Konzerns, der innerhalb seines Unternehmens schnell aufgestiegen war, bemerkte einmal, daß eine der wichtigsten Lektionen, die er zu lernen hatte, war, daß er nicht deshalb zur Position des Vorsitzenden aufgestiegen war, weil er Antworten kannte, sondern weil er wußte, wie man Antworten finden konnte, und weil er die Fähigkeit besaß, gute von schlechten Antworten zu unterscheiden. Je weiter er aufstieg, desto weniger ordnete er an, und desto mehr befragte er seine Untergebenen um Rat.

Die anderen um Rat zu fragen, bevor man entscheidet, bringt, ebenso wie andere Methoden zur Steigerung des Engagements, zwei Vorteile mit sich. Erstens können wir auf eine größere Anzahl von Ideen und Talenten zurückgreifen, zweitens werden Engagement und Einsatzbereitschaft derer, die um Rat befragt werden, erheblich gesteigert.

Kapitel 7

Feedback: Drücken Sie Anerkennung aus – und geben Sie Rat

Was wir mit unserer Arbeit erreichen können, hängt davon ab, wie gut wir die Ressourcen nutzen, die uns zur Verfügung stehen. Arbeiten wir mit anderen zusammen, haben wir eine großartige Gelegenheit, uns gegenseitig dabei zu helfen, unsere Fähigkeiten zu verbessern und damit die Ressourcen zu vergrößern. Die Leistungen der anderen können wir viel besser beobachten als unsere eigenen. Ein Baseballspieler kann sich selbst beim Schlagen des Balles nicht sehen – schon deshalb nicht, weil seine Aufmerksamkeit auf den Pitcher gerichtet ist. Also benötigt er einen Mannschaftskameraden, der seine Bewegungen beobachtet und ihm Tips gibt. Jeder bringt verschiedene Fähigkeiten und Erfahrungen in die gemeinsame Arbeit ein, jedem können Lösungen einfallen, die den anderen so schnell nicht eingefallen wären.

Je effektiver das Feedback ist, das jeder dem anderen gibt, desto größer ist die Produktivität und Effizienz der Gruppe. Um die anderen zu ermutigen, besseres Feedback zu geben (und zu erhalten), sollten Sie selbst als Beispiel vorangehen, indem Sie versuchen, ein Bild dessen zu entwerfen, wie die Gruppenarbeit mit Hilfe besserer Praktiken und veränderter Einstellungen Ihrer Kollegen besser werden könnte, und indem Sie dabei helfen, diesen Entwurf in die Tat umzusetzen.

Entwickeln Sie eine persönliche Fähigkeit: Lernen Sie, unterstützendes Feedback anzubieten

Problem: Wir versäumen es, unseren Kollegen zu helfen, obwohl wir dazu in der Lage wären

Zieht man einmal die vielen Vorteile in Betracht, die der Austausch von Feedback mit sich bringt, wird ohne weiteres klar, daß auf Feedback in keinem Moment verzichtet werden sollte. Dennoch ist dies in der Regel der Fall. Wenn Jurastudenten in die Universität zurückkehren, nachdem sie den Sommer lang in großen Anwaltsfirmen gearbeitet haben, lassen sie alle dieselben Klagen verlauten: sie haben zu wenig Hilfestellung oder Feedback bei ihrer Arbeit bekommen. Dieselben Geschichten hört man von Berufsanfängern auf dem Gebiet des Consulting, des Investment Banking, von jungen Handelsvertretern und Managern. Und die leitenden Angestellten in Organisationen hören nicht auf, sich darüber zu beklagen, daß ihre Untergebenen ihre harte Arbeit nicht zu schätzen wissen oder überhaupt nicht wahrnehmen.

Wahrscheinlich ist jedem von uns klar, warum das so ist – keiner von uns nimmt sich gern die Zeit, jemand anderem dabei zu helfen, seine Aufgabe besser zu machen. Wir beobachten einen Kollegen oder unseren Chef und denken: »Da macht er aber einen großen Fehler.« Dennoch denken wir nicht daran, uns einzumischen und andere auf ihre Fehler (bzw. auf effektivere Praktiken) hinzuweisen. Allenfalls denken wir, daß wir eigentlich etwas sagen sollten. Vielleicht machen wir sogar eine Notiz auf unserem Merkzettel. Da steht es dann Tag für Tag, während wir immer wieder etwas Wichtigeres zu tun haben. Das Resultat ist, daß andere von uns nicht viel lernen können und wenig Unterstützung von uns erfahren. Wie kommt das?

Diagnose: Wir vermeiden es, Feedback zu geben, weil uns die Fähigkeit fehlt, diesen wichtigen Punkt souverän zu handhaben

Mit ziemlicher Sicherheit liegt es nicht an Ihrer Bequemlichkeit, wenn Sie es vermeiden, Ihren Kollegen zu helfen. Wahrscheinlich haben Sie es schon einmal versucht, aber sich dabei die Finger verbrannt. Vielleicht hat der andere ärgerlich reagiert und Ihnen Ihrerseits Ihre Fehler vor Augen geführt. Also ziehen Sie es vor, ein Klima der Entspannung aufrecht zu erhalten, in dem jeder vermeidet, Themen anzusprechen, die den anderen beunruhigen könnten.

Das erste Problem, das man auf dem Weg zu einem besseren Feedback bewältigen muß, liegt darin, daß das Ziel nicht eindeutig ist. Nehmen wir an, Sie haben einen Kollegen, einen Assistenten oder Ihren Chef bei der Arbeit beobachtet. Sie erwägen, mit der entsprechenden Person darüber zu reden. Zu welchem Zweck? Möchten Sie die Moral des anderen stärken? Ihn auf Fehler aufmerksam machen? Für sich selbst Pluspunkte sammeln? Gutes Verhalten anerkennen? Einen Tätigkeitsbericht verfassen?

Der häufigste Impuls ist, andere zu kritisieren. Aus Erfahrung wissen Sie, daß das bei den anderen nicht gut ankommt. Also versuchen Sie, »konstruktive Kritik« anzubieten. Die Unterscheidung zwischen »konstruktiv« und »destruktiv« geht dabei jedoch am Thema vorbei. Es ist der Gedanke, Ihr Ziel sei die »Kritik«, der hinterfragt werden muß. Ein »Kritiker« ist jemand, der Filme oder Restaurants beurteilt, der den Daumen nach oben oder nach unten zeigen läßt, um dann zum nächsten Objekt überzugehen. Eine Kritik hilft anderen bei der Entscheidung, ob sie sich einen Film anschauen sollen oder nicht. Sie jedoch bleiben an derselben Stelle. Sie werden weiterhin mit Ihrer Assistentin, Ihrem Kollegen, Ihrem Chef den Arbeitsplatz teilen. Es ist Ihnen nicht möglich, einfach zu vermeiden, mit ihnen zu arbeiten, und das möchten Sie sicherlich auch nicht, sondern Sie möchten die Art und Weise, wie die anderen Dinge tun, zum Positiven beeinflussen.

Rezept: Trennen Sie Anerkennung von Ratschlag und Bewertung

Ihr Anliegen ist es, den anderen ein Feedback zu geben, daß Ihnen und den anderen dazu verhilft, produktiver zu arbeiten. Es gibt mindestens drei verschiedene Strategien, um das zu erreichen. Es hängt von dem Ziel und dem Zweck, die Sie im Auge haben, ab, welche Strategie Sie wählen:

Sie möchten den Empfänger des Feedbacks ermutigen und seine Moral stärken. Hier ist es Ihr Ziel, die Einstellung Ihrer Kollegen zur Arbeit positiv zu beeinflussen, damit es jenen leichter fällt, sich zu engagieren. Sie möchten erreichen, daß Ihre Kollegen mit Vertrauen an eine schwierige Aufgabe herangehen. Sie möchten, daß sie mit Enthusiasmus jeden Tag zur Arbeit kommen, daß sie sich darüber freuen, wenn andere ihre Arbeit zur Kenntnis nehmen. Dann werden sie härter arbeiten, mit größerer Wahrscheinlichkeit in der Organisation bleiben und wahrscheinlich bessere Arbeitsergebnisse erzielen.

Sie möchten Ihren Kollegen dabei helfen, Ihre Fähigkeiten zu verbessern. Hier besteht Ihr Ziel darin, Ihren Kollegen dabei zu helfen, kompetentere Leistungen zu erbringen. Sie möchten, daß jene aus den in der gemeinsamen Arbeit gewonnenen Erfahrungen lernen, damit es das nächste Mal besser klappt. Sie können Ihre Kollegen nicht dazu zwingen, diese Dinge zu tun, denn sie entscheiden selbst über ihr Verhalten. Ihr Ziel ist es vielmehr, den anderen Ideen und Vorschläge zu unterbreiten und zur Disposition zu stellen.

Sie haben Personalentscheidungen zu treffen. Vielleicht braucht die Organisation Unterstützung bei ihren zukünftigen Entscheidungen, wer befördert werden soll, wer einen Bonus verdient, wer mehr Schulung braucht und wer entlassen wird. Hier wird eines

Ihrer Anliegen darin bestehen, Daten zu entwerfen, die der Organisation dabei helfen, kluge Entscheidungen zu treffen. Sie werden Ihre Bewertung an die Betroffenen weitergeben wollen, damit diese wissen, wo sie in der Organisation stehen, und damit sie eine Chance bekommen, ihr Verhalten zu ändern.

Unterschiedliche Ziele erfordern verschiedene Methoden. Dementsprechend gibt es mindestens drei verschiedene Möglichkeiten, das Feedback zu gestalten, wobei die jeweilige Situation über die Wahl der Methode entscheidet:

- **Anerkennung** ist der Ausdruck von Dankbarkeit oder Zustimmung gegenüber den Bemühungen einer anderen Person. Es handelt sich dabei um eine emotionale Geste, die emotionale Bedürfnisse befriedigen möchte.
- Ein **Ratschlag** impliziert Vorschläge hinsichtlich einer bestimmten Verhaltensweise, die wiederholt oder aber verändert werden sollte. Ein Ratschlag konzentriert sich auf die Leistung, die Person selbst soll nicht beurteilt werden.
- Durch eine **Bewertung** wird eine bestimmte Leistung an der Leistung anderer oder an expliziten oder impliziten Bewertungsmaßstäben gemessen.

Oft sind wir uns über Sinn und Zweck unseres Feedbacks nicht im klaren und vermischen daher die verschiedenen Feedback-Formen. Wenn Ihr Feedback jedoch keinen einzelnen klaren Zweck hat, wird es womöglich mehr Schaden als Nutzen bringen. Eine Sozialarbeiterin, die einen wichtigen Vortrag über Testverfahren zur Ermittlung emotionaler Störungen bei Kindern ohne Zuhause halten soll, hält ihre Rede zunächst zur Probe vor einigen neuen Kollegen. Diese sind der Meinung, daß der Vortrag wirklich gut, die Nervosität der Vortragenden jedoch deutlich zu spüren sei. Um ihr Vertrauen einzuflößen, sagen sie zu ihr: »Der Vortrag ist hervorragend – absolut perfekt.« Vertrauen aufzubauen, ist natürlich ein nützliches Ziel. Ein anderes gutes Ziel wäre, eine gute Präsentation noch besser zu machen. Die Freunde der Sozialarbeiterin übermitteln ihr aber indirekt die Botschaft, daß keine Verbesserungen notwendig seien, und dadurch verpaßt sie eine wertvolle Gelegenheit, ihren Vortrag zu verfeinern.

Besser wäre es, zu sagen: »Dein Vortrag hat mir gefallen, und ich denke, daß er auch deinen Zuhörern gefallen wird.« Man könnte nun hinzufügen: »Wenn du möchtest, können wir uns etwas Zeit nehmen und versuchen, ihn noch besser zu machen.«

Sie sollten die Gewohnheit entwickeln, sich über das Ziel Ihres Feedbacks klar zu werden, bevor Sie es anbieten, um Ihre Bemerkungen so gestalten zu können, daß sie dazu dienen, dieses Ziel zu erreichen.

Trennen Sie die verschiedenen Feedback-Formen voneinander

Der Versuch, mehrere Ziele zugleich zu erreichen, ist schwierig. Die meisten Menschen verfügen über ein begrenztes Aufnahmevermögen, und zwar vor allem dann, wenn es um so heikle Angelegenheiten wie die Beurteilung der eigenen Leistung geht. Eine Professorin am College verbringt einen großen Teil ihres Wochenendes damit, das Referat eines Studenten mit erschöpfenden Kommentaren zu versehen. Bei der Rückgabe schlägt der Student jedoch sofort die letzte Seite auf, um die Note zu sehen. Hat er eine Eins, ist er überglücklich. Hat er eine Vier, bläst er für den Rest des Tages Trübsal und jammert, daß die Note unfair sei. In beiden Fällen wird er jedoch wenig Zeit mit dem Versuch verbringen, etwas aus den Verbesserungsvorschlägen der Professorin zu lernen. Beurteilt zu werden, ist eine so große emotionale Belastung, daß die Aufnahmefähigkeit von Ratschlägen zur Verbesserung der Leistung mehr oder weniger davon erstickt wird.

Daher ist es ratsam, verschiedene Arten von Feedback zu verschiedenen Zeiten zu geben. Das mindeste, was Sie tun können, ist, es ausdrücklich zu signalisieren, wenn Sie von einem Ziel zum nächsten übergehen möchten. Das dient vor allem dazu, den »Ratschlag« von der »Anerkennung« und beide von der Angst, die typischerweise die

Revision einer Leistung, also die »Bewertung« begleitet, zu trennen. In den meisten Fällen ist die »Bewertung« diejenige Feedback-Methode, die am wenigsten hilfreich und am ehesten dazu geeignet ist, von den anderen beiden Zielen abzulenken.

Überprüfen Sie, ob Ihr Feedback richtig ankommt

Ein Mann kehrt früher von der Arbeit nach Hause zurück, um für seine Frau ein besonderes Abendbrot zuzubereiten. Nachdem sie das aufwendige Mahl verspeist hat, sind ihre ersten Worte: »Ich denke, Deine Sauce könnte etwas mehr Pfeffer vertragen.« Sie kann von Glück reden, wenn er ihr die Sauce nicht über den Kopf schüttet. Ihre Aussage würde die Frage: »Was könnte er besser machen?« beantworten, während er vergeblich auf eine Antwort auf die Frage: »Weiß sie all die Mühe, die ich mir gemacht habe, zu schätzen?« wartet. Statt dessen kann er nun über ihre Absichten spekulieren. Hätte Sie lieber auswärts gegessen? Bereitet ihr etwas anderes Kummer? Versucht sie, meine Gefühle zu verletzen?

Es ist also mehr als vernünftig, sich zunächst über die Art von Feedback, die Sie geben möchten, zu unterhalten und zu prüfen, ob Ihr Gegenüber daran interessiert ist, es zu hören. »Ich würde Ihnen gern ein paar Vorschläge hinsichtlich dessen, was ich an Ihrer Arbeit beobachten konnte, unterbreiten und hören, ob meine Vorschläge für Sie vernünftig klingen. Wäre das sinnvoll?« Fragt man den anderen erst einmal um Erlaubnis, gibt man ihm Zeit, sich vorzubereiten, so daß man ihn nicht überrascht. Die nun folgenden Ratschläge hört er sich nun freiwillig an, ohne das Gefühl zu haben, eine lästige Lektion erteilt zu bekommen.

Einige Techniken zur sinnvollen Gestaltung Ihres Feedbacks

Bisher haben wir eher allgemeine Rezepte zur Erlangung der Kunst, Feedback zu geben und anzunehmen, besprochen. Es folgen nun einige spezifische Ideen und Vorschläge.

Durch Anerkennung motivieren

Als Mitglied einer Arbeitsgruppe beschleicht jeden bisweilen die Angst, zurückgewiesen und ausgeschlossen zu werden. Durch Anerkennung werden diese Sorgen gemildert und die Moral gesteigert, wenn jemand erfährt, daß er »dazugehört«, von Bedeutung ist – daß die Anstrengungen und Beiträge des einzelnen Wertschätzung finden. Aus diesem Grund ist es wichtig, mit Worten der Anerkennung den Menschen anzusprechen. Die Gefühle dieses Menschen werden eher berührt, wenn das Lob an ihn persönlich und nicht an seine Handlungen gerichtet wird. »Ich bin von *Ihnen* beeindruckt.« – »Es macht mir Freude, mit *Ihnen* zusammenzuarbeiten.« – »*Sie* sind eine Bereicherung für unser Team.« – »Ich finde, *Sie* sind Spitze.«

Sprechen Sie Ihre Anerkennung frühzeitig und oft aus. Wann sollten Sie Anerkennung aussprechen? Immer. Es kann niemals verkehrt sein, sich einen Moment Zeit zu nehmen, um jemand anderen aufzumuntern und dadurch dessen Produktivität zu steigern. Der Preis ist niedrig: Es kostet nur eine Minute, bei jemandem im Büro vorbeizuschauen und zu sagen: »Ich bin Ihnen dankbar für Ihren Arbeitseinsatz.« Die Rendite ist hingegen hoch: Es ist eine Chance, die Produktivität der anderen zu steigern; es macht sie umgänglicher, und später fällt es ihnen leichter, einen Rat oder eine Anweisung anzunehmen.

Sie können die Gefühle der anderen ansprechen, indem Sie Ihre eigenen Gefühle enthüllen. Eine Anerkennung spricht man aus, um die

Gefühle des anderen in bezug auf seine Arbeit zu verändern. Der sicherste und schnellste Weg zu den Gefühlen des anderen führt über die eigenen Gefühle.

Das Bedürfnis nach Anerkennung ist ein emotionales Bedürfnis. Man hat Angst, die anderen könnten schlecht von einem denken. Das gilt im übrigen für den längsten Mitarbeiter der Firma ebenso wie für einen eben erst eingestellten. Nicht selten befürchten sogar äußerst erfolgreiche Menschen, man könnte sie nicht respektieren. Es handelt sich hierbei um eine subjektive Angst vor den subjektiven Meinungen anderer Leute. Daher ist der direkteste Weg, Anerkennung herüberzubringen, den anderen Menschen einen Blick auf die eigenen subjektiven Gefühle zu gestatten.

- »Ihre Arbeit hat mir sehr gut gefallen.«
- »Ich bin stolz darauf, Ihr Kollege zu sein.«
- »Ich habe keine Bedenken, das Büro zu verlassen, da ich weiß, daß ich Ihnen ohne weiteres alles überlassen kann.«
- »Es beeindruckt mich, wie sehr Sie sich bemühen.«
- »Ich weiß, was es heißt, die ganze Nacht durchzuarbeiten.«

Das Erwähnen der eigenen Gefühle macht deutlich, daß man es keinesfalls für ein Zeichen von Schwäche bzw. für verachtenswert hält, emotionale Bedürfnisse zu haben. Durch diese Haltung bringt man zum Ausdruck, daß auch die Mitarbeiter in professionellen Organisationen noch immer Menschen sind.

Andererseits beinhaltet das Enthüllen von Gefühlen auch Gefahren, denn jede Unehrlichkeit wird mit ziemlicher Sicherheit von den anderen wahrgenommen werden. Daher ist es von zentraler Bedeutung, zunächst die eigenen Gedanken zu ordnen, mit sich selbst soweit ins reine zu kommen, daß man mit dem anderen eine ehrliche Empathie empfinden kann und in der Lage ist, seine Beiträge sorgfältig zu betrachten.

Finden Sie etwas, das Sie anerkennen können. Sie könnten nun einwenden: »Wie soll ich ihnen meine Anerkennung aussprechen, wenn ich mit ihrer Leistung nicht zufrieden bin? Wäre das nicht unehrlich?«

Natürlich ist es dann am einfachsten, Anerkennung auszudrücken, wenn offensichtlich ein gutes Ergebnis vorhanden ist. Aber wie nun, wenn die Ergebnisse fürchterlich sind? Schwache Resultate entstehen manchmal aufgrund von Ereignissen, die völlig jenseits der Kontrolle der handelnden Person liegen. Der Konditor war in keiner Weise für den Stromausfall verantwortlich, der, kurz nachdem er das Soufflé in den Ofen geschoben hatte, eintrat. Dessen ungeachtet war das Ergebnis ein totales Desaster. In einem solchen Falle kann man unabhängig vom Resultat die Mühe anerkennen, die sich jemand gemacht hat, und man kann sein Mitgefühl dafür zum Ausdruck bringen, wie schlimm es sein muß, all die Mühe vergeudet zu haben.

Kürzlich wandten sich die Hinterbliebenen eines jungen Mannes, der beim Wellenreiten vor der Küste von Martha's Vineyard ertrunken war, mit der Bitte an die dortige Lokalzeitung, ihnen bei der Suche nach einem Mann zu helfen, der zufällig vorbeigekommen war, und der bei dem vergeblichen Versuch, den Ertrinkenden zu retten, sein eigenes Leben aufs Spiel gesetzt hatte. Die Hinterbliebenen waren kluge Menschen, die dem Hilfeleistenden – trotz ihres Schmerzes – ihre Anerkennung für seine Bemühungen aussprechen wollten. Eine Leistung kann auch dann mutig und kompetent sein, wenn kein gutes Resultat zustande kommt.

Eine Leistung kann ebensogut aus Mangel an Kompetenz, an Erfahrung oder an körperlicher Stärke verpfuscht werden. Dennoch kann eine »Eins für den Einsatz« angebracht sein. Unabhängig vom Ergebnis verdient eine Bemühung immer den ehrlichen Ausdruck von Anerkennung. Und selbst wenn die Bemühungen halbherzig waren, sollten Sie immer noch Bemühung, Leistung und Ergebnisse vom Wert der beteiligten Person trennen.

Vor einiger Zeit wurde eine bestimmte Region von einem schweren Regenguß heimgesucht. Ein Ehemann hatte den großen Sonnenschirm in das Loch in der Mitte der gläsernen Tischplatte des Gartentisches gesteckt. Seine Frau schlug vor, daß er den Schirm vielleicht lieber hereinholen sollte, um zu vermeiden, daß er vom Wind über den

Tisch gefegt und die Tischplatte dadurch zerbrochen würde. Der Ehemann jedoch beschloß, daß es die Mühe nicht lohnte, hinaus in den Regen zu gehen. Schließlich war der Tisch schon vorher umgeblasen worden, ohne daß etwas passiert war. Am nächsten Morgen war das Glas der Tischplatte in tausend Stücke zerborsten und über den Rasen, auf dem die Kinder barfuß liefen, zerstreut.

In diesem Fall war der Einsatz mangelhaft und das Resultat entsetzlich. Dennoch zog es die Ehefrau vor, ihrem Mann den Arm um die Schulter zu legen, statt ihn zu rügen, da sie einsah, daß er in dieser Situation mehr denn je Verständnis und Unterstützung brauchte.

Wenn jemand ohnehin weiß, daß seine Leistung besser hätte sein können, ist es ratsam, nicht auch noch auf ihm herumzuhacken. Es ist besser, mit jemandem, der für einen Mißerfolg verantwortlich ist, Mitgefühl zu zeigen: »Ich kann mir gut vorstellen, wie Ihnen zumute ist. Dasselbe ist mir auch schon passiert. Ich habe versucht, meine Lektion daraus zu lernen.«

Ein unehrliches Lob *ist* ein Fehler. Die Suche nach etwas Lobenswertem, auch wenn sie der berühmten Suche nach der Nadel im Heuhaufen gleichkommt, lohnt sich dagegen immer. Wird man fündig, lohnt es sich, ein ehrliches Lob auszusprechen. Etwas emotionale Wertschätzung ermutigt die anderen, mit ihren Bemühungen fortzufahren. Wenn sie weiterhin versuchen sollen, Ihnen zu gefallen, müssen sie sicher sein können, daß das überhaupt möglich ist.

Bieten Sie zur Verbesserung der Leistung Ihren Rat an

Das Ziel desjenigen, der versucht, Ratschläge oder Hilfestellung zu geben, ist, jemand anderem dabei zu helfen, seine Fähigkeiten zu verbessern oder seine Möglichkeiten zu entwickeln. Richten Sie Ihre Unterstützung auf das, was der oder die andere tut, und wie er oder sie es tut. Das Ziel sollte keinesfalls sein, die eigene Überlegenheit zur Schau zu stellen oder die Dinge so zu lenken, daß man selbst bekommt, was man will. Der Hinweis: »Ich denke, Sie sollten den Müll hinausbringen (damit ich es nicht tun muß)«, stellt keine Unterstützung dar. Ein ehrliches Angebot wäre hingegen folgende Äußerung: »Falls Sie gerade versuchen, den Müll hinauszubringen, hätte ich da eine Idee, die Ihnen helfen könnte.« Ein Hilfsangebot ist dann am effektivsten, wenn es ein bestimmtes Interesse des Adressaten anspricht: sein Interesse, seine Arbeit besser zu machen.

Anerkennung richtet sich an die Person: »Vielen Dank für *Ihre* Hilfe.« Für das Erteilen von Ratschlägen trifft das Gegenteil zu. Es ist dann am wirkungsvollsten, wenn es sich auf die *Leistung,* jedoch nicht auf die Person selbst bezieht. Es spricht bestimmte Verhaltensweisen an, die zu verändern in der Entscheidungsgewalt des Empfängers liegt, ohne daß seine Person betroffen ist. Man möchte den anderen bei der Entscheidung, welche Methoden gewählt werden sollen, um eine Arbeit optimal bewältigen zu können, unterstützen.

Findet das Gespräch jenseits der persönlichen Ebene statt, werden emotionale Widerstände eine geringere Rolle spielen. Die Wahrscheinlichkeit, bessere Arbeit zu bekommen, ist größer, wenn man sich auf die Verbesserung der Arbeitsweisen konzentriert, statt zu versuchen, den Menschen zu verbessern. Als Modell kann man sich zwei Kollegen vorstellen, die verschiedene Techniken zum Erreichen eines Zieles diskutieren – wie zwei Angler, die sich darüber austauschen, welcher Köder wohl die meisten Fische fängt. Man vergleicht die Art und Weise, wie der Empfänger im Moment arbeitet, mit möglichen Alternativen.

Machen Sie eine Unterhaltung daraus. Keinesfalls möchte man jemandem eine Lektion erteilen. Während Sie jemandem Ihre Beobachtungen anbieten, dürfen Sie niemals vergessen, daß auch Sie ein Mensch mit all seinen Fehlern und Voreingenommenheiten sind, dessen Beobachtung nur eine von vielen ist. Niemand ist perfekt, auch Sie nicht – auch Ihr Einblick, Ihr Wissen und Ihre Fähigkeiten sind begrenzt.

Beginnen Sie, indem Sie Fragen stellen. Ebenso, wie Sie Ihre eigenen Ansichten weitergeben möchten, benötigen Sie im Gegenzug Informationen. Wenn Sie Ratschläge darüber erteilen möchten, wie eine Aufgabe gelöst werden könnte, müssen Sie zuerst genau wissen, woran der Empfänger Ihres Ratschlags arbeitet. Ein junger Offizier war einmal als Adjutant eines Generals tätig. Die beiden revidierten gemeinsam ein Meeting, das gerade zu Ende gegangen war, und der junge Offizier machte seinem Chef ausführlich klar, wie dieser seiner Meinung nach einem Berater, der Mitglied einer Spezialeinheit war, hätte helfen sollen, damit er ein produktiveres Mitglied eines solch großen Meetings gewesen wäre. Der General unterbrach ihn mit den Worten: »Ich *wollte* ja gar nicht, daß er auf diesem Meeting eine bessere Leistung erbringt. Ich wollte, daß er immer weiter redet wie ein Idiot, damit jedem dort klar würde, warum ich ihn hinauswerfen mußte.« Diese Veränderung der Zielsetzung veränderte mit einiger Sicherheit die Art des Ratschlags, den der junge Offizier nun vielleicht anzubieten hatte. Um gute Ratschläge geben zu können, müssen Sie zuerst verstehen, was der Empfänger des Ratschlags erreichen möchte.

Der beste Hinweis darauf, wann ein Rat empfehlenswert wäre, kommt in der Regel vom Empfänger selbst. Sie können ihm sagen, daß Sie ihm gern ein paar Vorschläge machen würden, und er solle Ihnen sagen, wann es ihm am besten passen würde. Er wird auf diese Weise das Gefühl bekommen, selbst die Wahl getroffen zu haben, sich den Rat eines anderen anzuhören und daher offener sein. Sie bekommen Ihrerseits die Chance, Ihren Rat dann anzubieten, wenn er die besten Aussichten auf Erfolg hat. Leider haben manche Leute niemals Zeit. In einem solchen Fall sollten Sie vielleicht zumindest darauf bestehen, daß der oder die andere Ihnen zuhört und über Ihre Vorschläge nachdenkt.

Ihre »Hilfestellung« wird mehr Erfolg zeitigen, wenn Sie dem Empfänger die Chance lassen, Ihnen einige Direktiven zu geben. Vielleicht gibt es einen bestimmten Aspekt in der Arbeit einer Kollegin, zu dem sie gern Ihre Meinung hören würde. Hat sie schon beschlossen, daß sie sich auf diesem Gebiet verbessern möchte, so ist die Chance größer, daß sie Ihnen aufmerksam zuhören wird. Ein Coach kann auch nach den persönlichen Vorlieben des Empfängers fragen. Ein Dozent an der juristischen Fakultät pflegt die Gewohnheit, regelmäßig Vorschläge von seinen Studenten oder zuhörenden Kollegen zu erbitten. *Außerdem* bittet er darum, alle Beobachtungen und Ratschläge bis zum

Schluß des Unterrichts am Ende der Woche aufzuheben, damit die Vorschläge ihn nicht von seiner gegenwärtigen Darbietung ablenken.

Oft ist es nützlich, den Empfänger der Ratschläge zu fragen, was er selbst von seinen Leistungen hält, und wie sie seiner Meinung nach verbessert werden könnten: »Ich habe einige Vorschläge. Bevor ich Ihnen jedoch meine Ideen vorstelle, würde ich gern von Ihnen hören, wie Sie es Ihrer Meinung nach besser machen könnten.« Äußert er gar den gleichen Vorschlag, den auch Sie im Sinn hatten, ist es um so besser. Es ist einfacher, sein Verhalten zu beeinflussen, wenn er den Vorschlag als seinen eigenen, mit dem Sie übereinstimmen, ansieht.

Auch wenn Sie jemandem Ratschläge erteilen oder jemanden anleiten, können Sie sein Verhalten nicht statt seiner verändern; Sie können ihm allenfalls dabei helfen, es selbst zu verändern. Letztlich entscheiden die anderen selbst darüber, wie sie sich verhalten werden. Selbst Untergebene kann man nicht den ganzen Tag im Auge behalten. Ihr Versuch, ihr Verhalten zu verändern, kann daher nur dann Erfolg haben, wenn Sie ihnen die Entscheidung darüber, ob sie ihre Arbeitsweise verändern möchten, überlassen.

Verstärken Sie, was gut funktioniert hat. Anstatt Beobachtungen in positive und negative einzuteilen, sollten sie lieber in die folgenden zwei Kategorien unterteilt werden: Was hat geklappt, und was sollte anders gemacht werden? So können Sie, statt die Leistung zu *bewerten* (»Das war sehr gut« oder: »Daran müßte noch gearbeitet werden«), die Stärken der Leistung einerseits hervorheben und andererseits konkrete Möglichkeiten entwickeln, sie zu verbessern.

Wenn Sie anderen gegenüber Ihre Meinung zu deren Leistung zum Ausdruck bringen, geraten Sie leicht in die Gefahr, sich auf die Dinge zu konzentrieren, die Ihnen nicht gefallen haben, und die Sie gern verändern würden. Zu dieser Situation paßt das Sprichwort: »Der Nagel, der hervorsteht, wird eingeschlagen.« Nur zu leicht vergißt man die Nägel, die von vornherein richtig eingeschlagen wurden: Sie vergessen, die Erfolge lobend hervorzuheben.

Aus Erfolgen können die Menschen ebenso viel lernen wie aus Schwierigkeiten. Effektive Menschen sind oft gar nicht in der Lage zu erkennen, was sie gut machen. Macht man sie nun auf die bestimmten Dinge aufmerksam, die ihre Darbietung so erfolgreich gestalten, haben sie es leichter, diese Dinge zu wiederholen. Außerdem wird es ihnen dann vielleicht gelingen, allgemein anwendbare Prinzipien abzuleiten.

Wo immer möglich, sollten Sie Ihre Vorschläge in Form einer positiven Verstärkung hervorbringen: »Tun Sie mehr von X« und nicht: »Tun Sie weniger von Y.« Inhaltlich besagen beide dasselbe, aber die erste Äußerung wirkt längst nicht so bedrohlich wie die zweite. Die erste Äußerung ist auch wirkungsvoller. Wenn Sie den Kopf voller Dinge haben, die Sie nicht tun sollten, aber nicht wissen, welche Handlung statt dessen angebracht wäre, ist es nicht verwunderlich, wenn Sie weiterhin tun, was Sie nicht tun sollten. Wie wir alle wissen, ist es nicht möglich, jemandem aufzutragen, nicht an Elefanten zu denken.

Die Methode, Erfolge auszuweiten, anstatt Fehler aufzuspüren, birgt mehrere Vorteile. Der Empfänger des Hinweises kommt in die Lage, die vorgeschlagene Veränderung vorzunehmen, da er ja bereits in einer anderen Situation so gehandelt hat. Er hat mehr Vertrauen, da er ja zumindest teilweise in der Lage war, die Sache richtig zu machen. Schließlich weiß er, daß Sie den guten Teil seiner Arbeit zu würdigen wissen, und es wird ihn daher weniger bekümmern, Ihre Meinung über ihn anzuhören.

Machen Sie Vorschläge, was anders gemacht werden könnte. Nicht immer ist es möglich, nur mit positiver Verstärkung zu arbeiten. Sie müssen auch die Aspekte in der Leistung eines anderen ansprechen, die verändert werden müssen. Oft belassen wir es dabei, dem anderen zu sagen, was uns an seiner Leistung nicht gefällt, um ihn dann mit der Suche nach besseren Wegen allein zu lassen. Kritik ohne konstruktive Verbesserungsvorschläge verursacht leicht mehr Schaden als Nutzen. Das gilt besonders dann, wenn die Zeit für Korrekturen nicht ausreicht. Vor einigen Jahren sah Alan Sharp ein Fußballspiel einer führenden englischen Mannschaft gegen eine Mannschaft aus einer viel niedrigeren Liga an. Der Ball wurde vor das Tor der favorisierten Mannschaft geflankt, was zu einem Eckball führte. Für den Kapitän stand offensichtlich fest, daß der Torwart, ein erfahrener internationaler Spieler, hätte herauslaufen und den Ball selbst annehmen sollen, um die Gefahr auf diese Weise zu bannen. Dementsprechend nutzte der Kapitän die Zeit, in der sich die gegnerische Mannschaft für den nun folgenden Freistoß plazierte, um den Torwart ärgerlich und ausführlich für seinen angeblichen Fehler auszuschimpfen. Als der Eckstoß geschossen wurde, lief der Torwart, dem wahrscheinlich noch die Worte des Kapitäns in den Ohren klangen, viel weiter als gewöhnlich aus dem Tor hinaus und versuchte, den Ball zu erreichen. Er verpaßte ihn, und die Gegner schossen das Tor, das am Ende das entscheidende sein sollte. Für den Zuschauer war nichts anderes denkbar, als daß die Kritik des Kapitäns zu diesem Verlauf der Ereignisse geführt hatte. Ganz bestimmt hatte die Handlung des Kapitäns dem Torwart nicht dazu verholfen, seine Fähigkeiten richtig einzusetzen.

Ein präziser Vorschlag hat mehr Aussicht, zu der gewünschten Veränderung im Verhalten zu führen. Ein Kommentar wie der folgende: »Ich habe den Eindruck, daß es ganz schön dämlich war, die Landkarte mitsamt den Anweisungen als Endfassung ausdrucken zu lassen, ohne vorher jemanden zu bitten, die Anweisungen auszuprobieren« wird sicherlich Widerstand, die Bereitschaft zur Selbstverteidigung und sogar Gegenkritik hervorrufen. Konstruktive Vorschläge sind da hilfreicher: »Ich habe festgestellt, daß es immer hilfreich ist, jemanden die Wegbeschreibungen ausprobieren zu lassen, egal, wie klar und deutlich ich sie meiner Meinung nach auch formuliert habe. Immer wieder muß ich nämlich feststellen, daß meine Anweisungen unerwartete Zweideutigkeiten aufweisen. Wann immer die Zeit reicht – und ich sorge dafür, daß es so ist –, versuche ich, keine Anweisungen drucken zu lassen, ohne daß sie zuvor getestet wurden.« – »Ich denke, an dieser Stelle könnten Sie Verbesserungen erzielen« ist sicherlich hilfreicher als: »Diesen Teil haben Sie falsch gemacht.«

Bieten Sie nicht zu viele Vorschläge auf einmal an. Ein Untergebener könnte leicht überfordert sein, wenn er von einer Besprechung mit einer Liste von zwanzig Dingen, die er verändern sollte, zurückkehrt. Mit großer Wahrscheinlichkeit wird er viele davon vergessen haben, bevor er überhaupt die Gelegenheit bekommt, sie in die Tat umzusetzen. Schlimmer noch, eine große Masse von Veränderungen wirkt einschüchternd und entmutigend. Geben Sie Ihr Feedback mündlich, erscheint es normalerweise klug, sich auf zwei oder höchstens drei Vorschläge zu beschränken. Warten Sie, bis diese in die Tat umgesetzt wurden, bevor Sie mit weiteren Vorschlägen kommen.

Dieses Kapitel enthält zum Beispiel viel zu viele illustrative Beispiele, als daß man von Ihnen, der Leserin oder dem Leser, erwarten könnte, daß Sie alle beim ersten Lesen aufnehmen. Daher lautet unser Rat an Sie: Versuchen Sie nicht, alles auf einmal zu tun. Sie können sich zunächst mit einem Rat näher auseinandersetzen, um dann später das Buch erneut aufzunehmen und einen anderen Vorschlag auszuprobieren. Beim mündlichen Feedback fehlt uns leider die Möglichkeit, es wie ein Buch auf einem Regal zu lagern und von Zeit zu Zeit darauf zurückzukommen. Aus diesem Grund sollten Sie das Feedback so einfach wie möglich halten.

Tauschen Sie konkrete Daten und Gedanken aus. Oft geben wir Ratschläge, die wegen des allgemeinen Charakters ihrer Aussage kaum hilfreich sind. Jeff und Alan arbeiten in der Verkaufsabteilung eines Herstellers von Mobiltelefonen. Gerade sind sie von einem Meeting mit einem potentiellen Großhändler zurückgekehrt.

Jeff: Was meinst du, wie ist es gelaufen? Hast du ein paar Tips für mich?

Alan: Es war prima. Gute Arbeit, mach weiter so. Nur eine Sache würde ich anders machen: Mit diesen Leuten muß man hart umgehen. Sie sollten nicht auf den Gedanken kommen, sie könnten bessere Konditionen bekommen als alle anderen Großhändler. Wenn du sie das denken läßt, werfen wir unser Geld weg.

Jeff: Ja, schon. Aber das hier ist wirklich eine Riesensache für uns, also mußte ich sicherstellen, daß ...

Alan: Genau! Genau deshalb müssen wir sicherstellen, daß wir unseren Rahmen wahren. Bei einem großen Händler ist das viel wichtiger als bei einem kleineren.

Jeff: Okay. Ich werde daran denken.

Je allgemeiner ein Ratschlag gehalten ist, desto mehr gerät er in Gefahr, nicht als professionelle Analyse eines Verhaltens aufgefaßt, sondern als persönliche Kritik mißverstanden zu werden. Es ist nicht weiter verwunderlich, daß Jeff sich darauf konzentriert, sich selbst zu verteidigen, statt zu versuchen, etwas aus Alans Kommentar zu lernen. Da der Grundgedanke ist, die guten Seiten der Arbeit zur Wiederholung zu empfehlen, sollte man diese Seiten so deutlich wie möglich bezeichnen. Die Bemerkung: »Gute Arbeit« sagt nichts darüber aus, welche Methoden gut waren und weiterhin angewendet werden sollten. Eine deutliche und präzise Aussage ermöglicht es dem anderen, nachzuvollziehen, was Sie an seiner Arbeitsweise genau wahrgenommen haben, und warum es Ihnen gefallen hat. So wächst die Wahrscheinlichkeit, daß er Ihre Gedanken übernehmen wird. Präzision gestattet es dem anderen außerdem, andere Daten, die Sie ausgelassen haben, hinzuzufügen oder Ihnen seine eigenen Gedanken dergestalt zu verdeutlichen, daß Sie Ihrerseits zu anderen Rückschlüssen kommen könnten. Sie sollten niemals außer acht lassen, daß unser Ziel darin besteht, bessere Methoden zu finden, nicht darin, Recht zu behalten. Der Austausch präziser Daten macht uns bei der Aufgabe, bessere Methoden zu finden, zu Partnern. Eine andere Version der vorhergehenden Szene mag dies verdeutlichen ...

Jeff: Was meinst du, wie ist es gelaufen? Hast du ein paar Tips für mich?

Alan: Nun, Ich war wirklich beeindruckt von der Art, wie du eine entspannte, angenehme Atmosphäre geschaffen hast. Als der Händler zum Beispiel fragte, warum unsere Produkte teurer seien als diejenigen der Konkurrenz, hattest du einige Gründe parat, und deine Gründe hast du anhand von Beispielen erläutert. Ich hatte den Eindruck, daß deutlich wurde, daß man mit dir über harte Themen reden kann, was den Händler dazu ermutigte, über jedes seiner Anliegen mit dir zu sprechen.

Jeff: Danke. Es macht Spaß, mit dir zu arbeiten.

Alan: Wenn es dich interessiert, habe ich auch einen Verbesserungsvorschlag.

Jeff: Na klar, das wäre sehr gut.

Alan: Erinnerst du dich daran, wie du unsere Politik hinsichtlich des Preisschutzes erklärt hast? Was passiert, wenn wir unsere Preise senken und der Großhändler noch Ware von uns auf Lager hat, die er zum alten Preis eingekauft hat?

Jeff: Ja, ich erinnere mich.

Alan: Ich habe mir deine Antwort gemerkt. Du sagtest: »Normalerweise schützen wir den Preis nicht gern für mehr als dreißig Tage«, und dein Tonfall klang für mich sehr zögernd. Ich denke, daran lag es, daß er versuchte, uns auf einen Zeitraum von neunzig Tagen festzunageln. Welchen Grund gab es für dich, es so zu sagen?

Jeff: Na hör mal, schließlich handelt es sich um eine ganz große Sache. Die wollte ich nicht aufs Spiel setzen und den Händler womöglich an die Konkurrenz verlieren, bloß weil wir diese Preisschutzpolitik vertreten.

Alan: Du hast recht, wir würden lieber Zugeständnisse beim Preisschutz machen, als den Kunden zu verlieren. Allerdings glaube ich, wir hätten die dreißig Tage bekommen und den Kunden behalten können. Meine Empfehlung wäre gewesen, ihm das Geschäft selbstbewußt im bestmöglichen Licht erscheinen zu lassen – und wenn er mehr will, mit ihm darüber zu sprechen. Du könntest zum Beispiel sagen: »Wir bieten allen unseren Großhändlern einen Dreißig-Tage-Zeitraum. Übrigens ist uns in der ganzen Branche niemand bekannt, der mehr bietet, einige Hersteller bieten sogar nur fünfzehn Tage.« Will er dann immer noch mehr, können wir klären, warum, und versuchen, einen Weg zu finden, ihn zufriedenzustellen.

Jeff: Okay. Und wenn er nun sagt, er habe gehört, daß wir manchmal Ausnahmen machen?

Alan: Dann könntest du folgendes tun ...

Präzise Vorschläge erfordern mehr Zeit und Kraft. Man kann sie im übrigen nur dann machen, wenn man zuvor genau auf die besondere Sprache achtet, die im betreffenden Gespräch benutzt wurde. Diese Investition lohnt sich jedoch, da ein anderer eine konkrete Anleitung dafür bekommt, eine bestimmte Fähigkeit zu erlernen und wahrscheinlich sogar eine Menge Zeit zu sparen, die er sonst investieren müßte, um Fehler zu korrigieren und weitere Ratschläge anzuhören.

Bewertungen sind nur dann angebracht, wenn sie für Personalentscheidungen benötigt werden

Manager, die darüber entscheiden müssen, wer befördert wird, wer eine Probezeit erhält oder wer »wegrationalisiert« wird, fragen gern die Kollegen des betreffenden Mitarbeiters nach ihrer Meinung, da diese mehr Gelegenheit zur näheren Beobachtung haben als ein Manager. Eine Bewertung anhand bestimmter Kriterien oder im Vergleich mit den Leistungen anderer ist selten der beste Weg, die Leistungen einer bestimmten Person zu verbessern. Der sehr allgemeine Schluß, jemand sei der schlechteste in der Gruppe, kann kaum etwas anderes als eine Entmutigung der betreffenden Person bewirken. Im übrigen wird auf diese Weise keinerlei Idee, wie das zu ändern sei, vermittelt. Erzählt man andererseits jemandem, er sei der beste von allen, kann das zur Folge haben, daß dieser sich zufrieden zurücklehnt, ohne daß er eine Information darüber erhalten hätte, was genau an seiner Leistung der Wiederholung wert sei bzw. welche Methoden er ausweiten sollte.

Es ist ein allgemein üblicher Fehler, jedes Feedback wie eine Bewertung zu behandeln. Manchmal ist eine Bewertung notwendig, um jemanden »in den Hintern zu treten«, damit er sich mehr Mühe gibt. Als Roger vor der Entscheidung stand, welchen der zwölf Jurastudenten seines Seminars für Verhandlungsstrategien für Fortgeschrittene er zum Tutor ernennen sollte, bat er alle zwölf Studenten, jeden in der Klasse anonym hinsichtlich seiner vermeintlichen Befähigung zum Tutor zu bewerten. Es gab keine Möglichkeit der Absprache oder des Verhandelns. Elf Studenten setzten denselben Studenten auf den zwölften Platz, einer setzte ihn dagegen auf den ersten Platz. Aus diesem Ergebnis war zu schließen, daß dieser Student dringend eines offenen Feedbacks über seinen Leistungsstand bedurfte.

Erläutern Sie Ihre Vorstellung, gemeinsam eine Atmosphäre gegenseitiger Unterstützung und Betreuung zu schaffen

Die durch die oben beschriebenen Praktiken geschulte Bereitschaft, Hilfe anzubieten und anzunehmen, hilft nun Ihnen und Ihren Kollegen, miteinander Ihre Fähigkeiten und diejenigen Ihrer Kollegen zu entwickeln. Nun sind die meisten von uns, die seit längerem in Betrieben gleich welcher Größe tätig sind, ein anderes Klima gewöhnt. Wahrscheinlich sind uns Situationen, in denen es üblich ist, daß niemand etwas tut bzw. erst dann etwas tut, wenn es bereits zu spät ist, wesentlich vertrauter.

Je mehr Leute zusammenarbeiten, desto schwieriger wird es, eine Atmosphäre zu schaffen, in der Feedback nach oben, nach unten und quer durch die Organisation ohne weiteres möglich ist. Wir kennen einander nicht gut genug, die Organisation ist zu bürokratisch, und es ist zu schwierig zu durchschauen, was vor sich geht, als daß ein einfaches Feedback möglich wäre.

Paul hatte seine erste feste Anstellung in der Schadenersatz-Abteilung einer Versicherungsgesellschaft in Hartford. Er beeindruckte seine Vorgesetzten nicht gleich mit überragenden Leistungen. Er machte keine schlimmen Fehler, aber er konnte auch keine großen Erfolge aufweisen. Seine Vorgesetzten schenkten den anderen Mitarbeitern mehr Zeit und Mühe. Pauls Kollegen hatten jemanden, der ihnen über die Schulter guckte, wenn sie ihre Berichte verfaßten, und ihnen sagte, was sie anders machen sollten, um sich zu verbessern. Da von Paul andererseits nicht mehr verlangt wurde, als er leistete, ging er davon aus, daß er Spitzenleistungen erbrachte. Als es zu Entlassungen kam, war er daher um so erstaunter, als er gefeuert wurde.

In großen Organisationen beklagen sich die Mitarbeiter oft darüber, daß ihre Arbeit ignoriert oder nicht gewürdigt wird. Neuere Mitarbeiter erwarten mehr Aufmerksamkeit von ihren Vorgesetzten. Egal, ob im Bankgewerbe, in der Rechtsberatung, in der Lehre oder in sonstigen Bereichen der Arbeitswelt – durchwegs beklagen sich

Berufsanfänger, daß ihre Arbeit unbemerkt und ohne Anleitung bleibt.

Auch hochrangige Mitarbeiter stehen vor diesem Problem. Dennoch scheuen sich die anderen, ihnen Ratschläge zu erteilen, und vor allem schrecken sie davor zurück, Fehler hervorzuheben. Vorgesetzte sind oft der Meinung, ihr Status verbiete es ihnen, das Feedback zu erhalten, das sie brauchen. Und sehr oft haben sie das Gefühl, daß ihre Erfahrung und all die Jahre harter Arbeit, die sie hinter sich haben, keinerlei Würdigung erfahren. Niemand klopft ihnen anerkennend auf die Schulter. Sie sollen ihre Untergebenen ermutigen und motivieren, aber wer spricht *ihnen* Mut zu?

Hier handelt es sich um ein ernstes Problem. Arbeiter und Angestellte, die den Eindruck haben, ihre Bemühen bleiben unbeachtet, sind unzufrieden, und sie reagieren, indem sie ihre Bemühungen drosseln. Wofür strengt man sich an, wenn es ohnehin niemanden interessiert? Ignoriert werden kann man auch bei weniger Aufwand. Schlimmer noch, jede Leistungsverbesserung wird erstickt. Eine Fabrik kann ihre Produktivität steigern, indem sie in Maschinen und Ausrüstung investiert. Mit einiger Anstrengung kann sie ebenso die Produktivität der Menschen verbessern.

Wie kommt es, daß so viele Menschen in großen Organisationen offensichtlich »verkümmern«? Warum werden Leute, die wegen ihrer Fähigkeiten und Möglichkeiten eingestellt werden, kurze Zeit später wieder entlassen, weil sie dieses Potential nicht erfüllen?

Diagnose: Wir unterstellen Zusammenhänge, die uns den Mut nehmen, zu helfen

Dieselben Gründe, die Ihnen die Fähigkeit nehmen, Feedback zu erbitten und zu geben, gelten auch für die anderen: Der Sinn und die verschiedenen Ziele von Feedback sind ebenso wenig einsichtig wie die Methoden, anhand derer die verschiedenen Ziele erreicht werden sollen. In einer solchen Kultur, in der Feedback weitgehend fehlt, neigen die Menschen nun dazu, einen Katalog ungeschriebener, angenommener Gesetze aufzustellen, der den Mangel an gegenseitiger Unterstützung und Hilfestellung rechtfertigt. Viele dieser Mutmaßungen nehmen uns den Mut, unsere Beobachtungen dafür zu benutzen, uns gegenseitig zu helfen:

»Wir sind nicht hier, um uns gegenseitig zu schmeicheln«

Im Jahre 1949 war William als junger Finanzbeamter in der Pariser Verwaltungszentrale des Marshallplans tätig. Er hatte hart gearbeitet, um auf die in Österreich erwartete Währungskrise vorbereitet zu sein. Als die Krise tatsächlich eintraf, flog der Botschafter, Averill Harriman, nach Wien und ließ William in Paris zurück. Harriman arbeitete in der Woche, in der alle Banken geschlossen blieben, in Österreich und schaffte es, bemerkenswerte Lösungen zu vermitteln.

William sagte zu seinem Kollegen, Roger Fisher, daß er vorhabe, zu kündigen. »Was soll ich hier? Harriman braucht mich offenbar nicht. Er hat alles richtig gemacht, ohne sich wie ich sechs Monate lang mit dem Problem auseinanderzusetzen, ja, ohne überhaupt mit mir darüber zu reden.« Später war Fisher sehr überrascht, als Harriman ihm gegenüber folgendes erwähnte: »Unser junger Finanzbeamter ist ein Genie. Als die Krise an jenem Samstagabend eintraf, konnten wir ihn nicht finden. Also bat ich die Sicherheitsbeamten, mir seinen Safe zu öffnen. William hatte die Krise vorausgesehen und ein langes Memo geschrieben. Wir haben eine Kopie seines Entwurfs gemacht, und während der nächsten Woche war das meine Bibel. Ich brauchte nur seinen Ratschlägen zu folgen.« Als Fisher vorschlug, daß Harriman den jungen Finanzbeamten doch über den Wert seiner Arbeit aufklären solle, antwortete der Botschafter: »Wir sind nicht nach Europa gekommen, um herumzusitzen und uns gegenseitig Komplimente zu machen. Er hat eben seine Arbeit getan.« Fisher mußte alles tun, was in seiner Macht stand, um Harriman dazu zu bewegen, mit dem Finanzbeamten einen Termin zu vereinbaren und ihn für seine gute Arbeit zu belobigen.

Oft versäumen wir es, Anerkennung auszusprechen, weil uns nicht bewußt ist, wie sehr die meisten Menschen von ein wenig Rücken-stärkung und Ermutigung profitieren. Noch schädlicher sind die Mut-maßungen über die Konsequenzen, die eine Anerkennung haben könnte.

»Jemand, der Lob braucht, ist schwach«

Ein kompetenter, professioneller Mitarbeiter bezieht seine Befriedi-gung aus der guten Arbeit, die er macht. Ein wirklich Professioneller interessiert sich nicht für das, was andere von ihm denken – so oder so ähnlich lautet eine gängige Unterstellung. Vielen Menschen ist es peinlich, wenn man ihre Arbeit lobt, da in ihren Köpfen die Klischee-vorstellung vorherrscht, daß ein wirklich starker Mensch auf Lob ver-zichten kann. Nur die Jungen oder die Langsamen wollen, daß man sie hätschelt und ihnen »Händchen hält«.

Unglücklicherweise ignorieren diese Vorstellungen völlig, daß auch der kompetenteste Experte nichts anderes als ein Mensch mit Unsi-cherheiten und emotionalen Bedürfnissen ist.

»Kompetenten Menschen muß man nicht sagen, wie sie ihre Arbeit zu machen haben«

Wir alle möchten das Bild eines kompetenten Mitarbeiters abgeben, möchten, daß unser Können vor den anderen in günstigem Licht er-scheint. Leider verhalten wir uns deshalb oft so, als müßten wir die Il-lusion, perfekt zu sein, aufrecht erhalten. Wir denken, daß smarte, be-gabte »Professionals« keine Fehler machen sollten. Wir setzen alles daran, um unsere Fehler vor den anderen zu verbergen und lehnen deshalb jeden Rat ab, damit niemand auf die Idee kommt, wir könn-ten Unterstützung benötigen. Wir alle haben schon Menschen hervor-stoßen hören: »Das wußte ich aber schon!«, nur um sich selbst vor der Unterstellung zu schützen, man könnte in der mißlichen Lage sein, von einem freundlichen Hinweis profitieren zu können.

Auch den Umstand, daß wir es vermeiden, Ratschläge entgegenzunehmen, versuchen wir zu verbergen. Schließlich können wir kaum sagen: »Vielen Dank, aber ich würde lieber keinen Rat annehmen. Es ist mir wichtiger, die Illusion meiner Perfektheit aufrechtzuerhalten.«

Also bevorzugen wir Taktiken, welche Kollegen den Mut nehmen, uns einen Rat anzubieten. So neigen wir zum Beispiel dazu, einen Fehler zu leugnen. Wir entrüsten uns ob der Vermessenheit desjenigen, der uns seine Hilfe anbietet. Der Versuch, unter allen Umständen den Eindruck makelloser Kompetenz zu vermitteln, hat leider einen gegenläufigen Effekt, da wir es auf diese Weise versäumen, wirkliche Fehler und entsprechende Verbesserungsmöglichkeiten ehrlich zu prüfen. Irgendwann stellen wir dann fest, daß wir bei dem Versuch, uns als überaus kompetent darzustellen, in vielen Dingen inkompetent geblieben sind. Das trifft insbesondere auf unsere Lernfähigkeit zu.

»Coaching ist etwas, das eine übergeordnete Person mit einem Untergebenen tut«

Wenn Sie nun zugeben, daß es noch Dinge in Ihrem Beruf gibt, die Sie lernen könnten, werden Sie vielleicht dennoch in der Wahl der Sie beratenden Person sehr wählerisch sein. Wir nehmen an, daß der oder die Ratgebende kompetenter oder erfahrener ist als wir selbst. Folglich sind wir allenfalls bereit, Ratschläge von unserem Chef entgegenzunehmen, aber ein Untergebener, der versucht, einen Vorschlag zu machen, handelt sich bestimmt Ärger ein. Wir kommen gar nicht auf den Gedanken, daß sich unter den Fähigkeiten, die einem höhergestellten Mitarbeiter zu seiner Beförderung verholfen haben, oftmals jene wesentliche fehlt, die sich darin äußert, einen Untergebenen bei jeder Aufgabe perfekt zu beraten und zu betreuen. So verpassen wir die Chance, Hilfe von einem weniger einflußreichen Mitarbeiter zu erhalten, von jemandem vielleicht, der gerade genau das Prblem gelöst hat, vor dem wir im Moment stehen.

Zu der vorgefaßten Meinung, daß man nur von Vorgesetzten Rat annehmen kann, gesellt sich eine weitere: ein Rat – oder ein Coaching –

kommt einem Befehl gleich. Wird vom Empfänger des Ratschlags etwa erwartet, daß er – unabhängig davon, ob er ihm zustimmt oder nicht – dem Rat folgt, kann die Sache nur danebengehen.

Rezept: Die Organisation macht sich bessere Prämissen zu eigen

Sie wollen die Vision von einer Arbeitsgruppe vermitteln, die besser funktioniert, weil sie von Prämissen ausgeht, welche die gemeinsame Arbeit fördern.

»Anerkennung führt bei jedem zu besserer Leistung«

Ein Verleger in Cambridge wurde immer deprimierter. Seine Moral sank und mit ihr die Energie, die er in die Arbeit investieren konnte. Denn jede Zuschrift, die er zu lesen bekam, stammte von einem weiteren unzufriedenen Leser, der sich über ein Problem beklagte, mit dem sich der Verleger auseinandersetzen mußte. Während er einen Beschwerdebrief nach dem anderen bearbeitete, beklagte er sich schließlich bei seiner Assistentin, daß offensichtlich niemand seine Bemühungen zu würdigen wußte. Seine Assistentin antwortete: »O doch. In den meisten Fällen enthält Ihre Post nichts als Zustimmung. Die Leute schreiben Ihnen immer wieder, um Ihnen zu Ihren Leistungen zu gratulieren. Da ich aber weiß, wie beschäftigt Sie sind, bestätige ich diese Briefe lediglich und lege sie dann ab. Die negativen Briefe gebe ich Ihnen natürlich, da sie ja Ihre Aufmerksamkeit verlangen.« Schnell wurde das Auswahlverfahren geändert. Als der Verleger nun auch viele Ausdrücke der Zustimmung zu Gesicht bekam, stiegen seine Moral und seine Energie rasch wieder an.

Untergebene neigen besonders dazu, zu verkennen, wie sehr sie ihren Chef beeinflussen können, indem sie ihm ihre Anerkennung für das aussprechen, was er oder sie geleistet hat. Die Wahrheit ist nämlich,

226

daß Menschen sich oft – bis an die Spitze - hocharbeiten, gerade weil sie ein starkes Bedürfnis nach Anerkennung haben. Solche Menschen benötigen noch mehr als alle anderen eine Bestätigung, daß ihre Arbeit geschätzt wird.

»Die Bitte um Hilfestellung ist ein Zeichen von Kompetenz«

Je fähiger jemand ist, desto mehr kann er von Hilfestellungen profitieren. Professionelle Tennisspieler haben einen Full-Time-Coach, Wochenendamateure dagegen nicht. Teilnehmer von Schachweltmeisterschaften begeben sich nur im Kreise ihrer Coachs und Assistenten zum Turnier. Wird das Spiel vertagt, hockt der Meister mit seinen Beratern zusammen, um sein Spiel zu analysieren und Vorschläge für den nächsten Morgen zu erarbeiten. Der Schachmeister könnte leicht jeden dieser Assistenten im Spiel schlagen, was ihn jedoch nicht davon abhält, auf ihre Ratschläge zu achten. Er weiß, daß er trotz seiner Überlegenheit Dinge übersehen haben könnte, die sie bemerkt haben, oder daß sie einen Geistesblitz haben könnten, der ihm im Moment versagt bleibt. Für das berufliche Umfeld gilt dasselbe. Weit davon entfernt, ein Zeichen von Schwäche zu sein, signalisiert die Suche nach Hilfestellung die Bereitschaft, sich zu verbessern und die Weisheit, neue Ideen zu suchen.

»Jeder kann der ›Coach‹ eines anderen sein«

Die Annahme, Hilfeleistung könne nur von oben nach unten erfolgen, ist falsch. Es gibt einige Dinge, die ein Untergebener besser weiß, bzw. die er aus seiner Position heraus besser beobachten kann. Auch gibt es immer irgendein Thema, über das ein Kollege besser Bescheid weiß als Sie selbst. Sie können sich nur vorstellen, wie Sie den anderen erscheinen, die anderen sehen Sie wirklich. Ein Fan auf der Tribüne beobachtet vielleicht etwas am Schwung des Baseballspielers, das diesem selbst entgeht, weil er seinerseits den Pitcher beobachtet. Ebenso kann Ihre Sekretärin besser beurteilen, wie Sie am Telephon klingen, wenn Sie mit einem Kunden sprechen, als Sie selbst.

Jeder in der Hierarchie, ob Vorgesetzter, Gleichgestellter oder Untergebener, könnte zu Zeiten einen wertvollen Tip für Sie parat haben. Jemand, den Sie persönlich als weniger fähig als sich selbst einschätzen, könnte dennoch einen guten Rat für Sie haben. Seien Sie offen dafür, jedem zuzuhören und seine Vorschläge rein inhaltlich und unabhängig von Ihrer Meinung über die Persönlichkeit dieses Menschen zu beurteilen. Da nur Sie allein entscheiden, ob Sie Ihr Verhalten verändern möchten, können Sie Vorschläge gelassen anhören und dann entscheiden, ob Sie sie annehmen möchten oder nicht. Je qualifizierter diejenigen, die Ihnen ihre Beobachtungen und Vorschläge mitteilen, jedoch sind - gleichgültig, ob es sich um Untergebene, Gleichgestellte oder Ihren Chef handelt –, desto eher werden Sie bereit sein, aufgrund der Vorschläge Veränderungen vorzunehmen.

Nun übernehmen Sie das Ruder: Ermutigen Sie die anderen, besseres Feedback zu geben

Wie soll man das Unternehmen dazu ermutigen, besser und klarer über die Rolle des Feedbacks zu denken und es innerhalb der Organisation besser zum Einsatz zu bringen? Diese Frage hat besonders dann Gewicht, wenn man keine Verantwortung trägt. Zum Glück ist die Antwort relativ einfach. Zunächst können Sie Ihren Untergebenen, Kollegen und Vorgesetzten Anerkennung zukommen lassen. Mit einiger Sicherheit werden diese Ihren Vorstoß zu schätzen wissen, im übrigen wirkt diese Vorgehensweise »ansteckend«. Sich als »Coach« für Ihren Chef zur Verfügung zu stellen ist schon wesentlich riskanter, vor allem dann, wenn ein solches Verhalten in Ihrer Organisation nicht zur üblichen Routine gehört. In diesem Fall müssen Sie mehr nachdenken.

Tun Sie etwas: Bitten Sie selbst um eine kleine Beratung

Am besten geben Sie Ihren Kollegen konkrete Hinweise darauf, welche Art von Ratschlag Sie von ihnen wünschen. Wenn Sie sagen: »Feedback sollte immer nach folgendem Prinzip erteilt werden ...«, könnte das leicht als Angriff auf die Art und Weise, wie Ihre Kollegen bisher Feedback gegeben haben, mißverstanden werden. Stellen Sie Ihre Vorschläge hingegen als etwas dar, das *Sie* benötigen, dann reflektieren Ihre Vorschläge lediglich Ihre eigenen Eigenheiten: »Ich habe Schwierigkeiten damit, meine Arbeit zu verbessern, wenn ich lediglich gesagt bekomme, daß ich gute oder schlechte Arbeit geleistet habe. Könnten Sie mir bitte statt eines allgemeinen Urteils einige konkrete Hinweise geben?«

Haben die anderen erst einmal damit begonnen, die hier beschriebenen Techniken anzuwenden, werden sie schnell zu der Überzeugung kommen, daß sie hilfreich sind. Wenn sie das nächste Mal einem anderen Kollegen ihren Rat anbieten, werden sich diese an die Strukturen erinnern, die Sie vorgeschlagen haben. Wenn sie selbst kein anderes Schema im Sinn haben, können sie Ihren Vorschlag als Vorlage benutzen.

Bieten Sie eine Diagnose an: Die Leute hören auf das, was von oben kommt

Wenn Sie um Unterstützung bitten, wird Ihr Beispiel sicherlich einigen Einfluß haben. Dennoch wird Ihre Chefin den längeren Schatten werfen, und ihr Beispiel wird mehr Wirkung zeigen.

Vielleicht möchte Ihre Chefin gern, daß ihre Angestellten mehr von einander lernen. In diesem Falle könnten Sie in der Lage sein, ihm einen Grund dafür zu nennen, warum die Angestellten es nicht tun. »Die Leute hier betrachten Sie als Vorbild. Wenn sie niemals sehen, daß Sie jemanden um Rat fragen, könnten sie zu dem Schluß kommen, daß es auch für sie nicht ratsam ist, um Rat zu fragen.« Akzeptiert sie diese Diagnose, hat sie einen guten Grund, künftig öffentlich um Rat

und Unterstützung zu bitten. Erhält sie auf diese Weise auch noch einen guten Rat, ist es um so besser. Auf alle Fälle ist es sicherer, ihr einen Grund zu geben, andere um Rat zu fragen, als ihr zu erzählen, daß
sie etwas falsch macht.

Teil III

Die Summe der Erfahrungen

Kapitel 8

Setzen Sie Ihre persönlichen Fähigkeiten systematisch ein

In den vorhergehenden Kapiteln haben wir einige grundlegende Elemente vorgestellt, die Ihnen bei Ihrer Arbeit allein oder mit anderen helfen sollen, geschickter vorzugehen. Außerdem haben wir ein paar einfache Taktiken vorgeschlagen, die dazu verwendet werden können, andere dazu anzuregen, die erlangten Kompetenzen gemeinsam zu nutzen – dabei handelte es sich vor allem um das Stellen von Fragen, das Anbieten von Ideen und beispielhaftes Handeln. Diese Taktiken erweisen sich vor allem dann als vorteilhaft, wenn man mit unproduktiven Meetings oder anderen Hindernissen konfrontiert ist und man herausfinden muß, was zu sagen oder zu tun ist. Bisher hatten wir die einzelnen Elemente jedoch noch nicht zu einer Strategie zusammengefaßt. Tun wir das, so erhalten wir eine Strategie, die voll und ganz auf die Aufgabe anwendbar ist, sich gemeinsam mit seinen Kollegen auf eine bessere Zusammenarbeit hin zu bewegen:

- Das *Ziel* durch Definition der Ergebnisse, die erreicht werden sollen, formulieren.
- Einen systematischen *Gedankengang* aufbauen, der von den Daten über die Diagnose und die einzuschlagende Richtung zum ersten Schritt führt.
- Aus der eigenen Erfahrung *lernen,* indem man früh damit anfängt und oft revidiert.
- Sich voll *engagieren,* indem man eine Aufgabe übernimmt, die eine Herausforderung bedeutet.

- *Feedback* anbieten und annehmen – zu den Dingen, die gut funktionieren, und jenen, die anders gemacht werden müssen.

Bisher haben wir es vermieden, die Elemente »Fragen«, »Anbieten« und »Tun« mit »Ziel und Zweck«, »Systematischem Denken«, »Lernen« usw. zusammenzubringen, da wir befürchteten, den Leser auf diese Weise zu verwirren. Hat man die Elemente erst einmal in ihrer ganzen Komplexität durchdrungen, können sie auf vielfältige Weise angewandt werden. Solange man sich aber noch im Lernprozeß befindet, kann es sehr verwirrend sein, sie in verschiedenen Kontexten anzutreffen. Eine gute Methode, die anderen dazu zu bekommen, den Ratschlag, der sich um die fünf Elemente gruppiert, *anzunehmen,* besteht darin, den Rat *anzuwenden,* während Sie die genannte Aufgabe verfolgen.

Dieses Kapitel befaßt sich damit, wie Sie als Individuum die Elemente produktiver Arbeit dazu verwenden können, andere dazu zu bewegen, ebenfalls diese Elemente zu verwenden.

Fernziel

Das Fernziel Ihrer Aufgabe erhält dadurch Kontur, indem Sie die erwünschten Zwischenresultate und deren Zeitpunkt definieren. Das Ziel sollten Sie unabhängig von der Größe der Organisation oder der Gruppe, mit der Sie arbeiten, grundsätzlich formulieren. Die Zwischenziele sollten greifbar sein, wobei Sie mit kleinen, leicht erreichbaren beginnen und langsam auf die Vision einer veränderten Organisation zuarbeiten sollten. Betrachten Sie hierzu folgendes Beispiel:

- *In fünf Jahren* wird die Firma folgende spezifische Praktiken anwenden: Plan – Handlung – Revision.
  - Alle sind an der Formulierung von Nahzielen beteiligt.
  - Jeder bekommt ein regelmäßiges Feedback von seinen Kollegen (etwa einmal pro Woche).

- *In zwei Jahren* werden die oben genannten Elemente in meiner Abteilung eingesetzt.
- *In drei Monaten* wird mein Kollege im Büro die Praktiken übernommen haben, und wir verwenden sie gemeinsam.

Sie können das kleinste Nahziel noch einmal in noch kleinere Ziele unterteilen:

- *In drei Monaten* wird mein Kollege im Büro eine bestimmte Zahl neuer Dinge tun.
- *In einem Monat* werden wir uns darauf einigen, daß wir uns jeden Freitag beim Mittagessen fünfzehn Minuten lang gegenseitig Feedback geben. Während dieser Sitzung werden wir keine Rücksicht auf das Ego des anderen nehmen – jedem wird die Möglichkeit gegeben, einem Kollegen vorzuschlagen, welche Arbeiten und Dinge anders gemacht werden sollten.
- *Heute* wird er sich bereit erklären, mir ein paar Ratschläge zu Dingen zu geben, die ich seiner Meinung nach besser machen könnte, und ich werde darauf reagieren, indem ich ihn dazu ermutige, diesen Schritt zu wiederholen.

Dieses konkrete Beispiel soll zur Illustration des Gedankens dienen. Ihr eigenes Set von Zielen kann ganz anders aussehen, da er von Ihren persönlichen Umständen geprägt sein wird. Es sollte nicht allzu schwer sein, ein motivierendes Fernziel zu finden. Die Entwicklung einer Fähigkeit, die Art der Zusammenarbeit zwischen Ihnen und anderen Menschen zu verbessern, ist für sich genommen schon sehr motivierend. Und je mehr Erfolg Sie haben, desto mehr werden Sie mit einer Umgebung am Arbeitsplatz, die motivierend auf alle wirkt, belohnt werden.

Formulieren Sie Etappenziele, die als solche erstrebenswert sind. (Der Versuch, alle im Büro dazu zu bewegen, dieses Buch zu lesen, ist sicherlich sinnvoll, empfiehlt sich jedoch nicht als Etappenziel – viele Leute lesen Bücher, ohne daß diese irgendeinen Einfluß auf ihr Verhalten hätten.) Versuchen Sie, bei der Definition Ihrer Ziele die Ergebnisse, das heißt die tatsächlichen Veränderungen in der Art und Weise, wie

Dinge getan werden sollten, in den Mittelpunkt zu stellen. Schließlich sollten Sie versuchen, ein Nahziel zu finden, mit dem Sie heute nachmittag oder morgen früh oder gleich beim nächsten gemeinsamen Meeting beginnen können.

Denken

Es ist nicht so, daß es für jede Situation genau die richtige Taktik gibt – ebensowenig, wie es für jede Krankheit genau die richtige Medizin gibt. Auch bei diesem Schritt ist es angebracht, zunächst an sich selbst zu arbeiten: Sie möchten, daß die anderen in die Lage versetzt werden, das gemeinsame Ziel genauer zu formulieren oder gemeinsam bessere Gedanken zu produzieren. Also sollten Sie zunächst selbst systematisch nachdenken – welche sind die Fakten, die Ursachen für die Schwierigkeiten? Welche allgemeine Strategie könnte mir dabei helfen, die genannten Schwierigkeiten zu überwinden, und welcher könnte mein nächster Schritt in meiner Position des »lateralen Führers« sein? Ihr Gedankengang sollte systematisch von den Daten über die Diagnose und die Richtungsangabe zum ersten konkreten Schritt verlaufen. Beginnen Sie unten in »Quadrant I« mit den sorgfältig beobachteten Fakten zu dem Thema, wie sich Ihre gemeinsame Arbeit mit Ihren Kollegen bisher gestaltet hat. Betrachten Sie zunächst die Dinge, die gut funktioniert haben und versuchen Sie herauszufinden, warum. Befassen Sie sich dann mit den Problembereichen, und versuchen Sie die Ursachen für die Schwierigkeiten zu begreifen. Formulieren Sie eine Strategie, um diese Schwierigkeiten zu überwinden und Sie Ihren Zielen näher zu bringen. Entscheiden Sie dann, was zunächst getan werden muß, um die unmittelbaren Ziele zu erreichen.

Eine der Schwierigkeiten, denen Sie eventuell begegnen werden, besteht darin, daß Ihre Kollegen die Schwierigkeiten ganz woanders sehen als Sie. In der Tat könnten einige der Auffassung sein, gerade Sie seien das Hindernis. Ein wesentlicher Aspekt des »Denkens« ist die Entwicklung der Angewohnheit, zurückzublicken und systematisch

über die Situation, mit der man sich auseinandersetzen muß, nachzudenken, statt auf ungeordnete Fakten in unorganisierter Weise zu reagieren.

Lernen

Lernen Sie, beständig aus Ihren eigenen Erfahrungen zu lernen.
Während des Versuchs, ein wenig aus der Gruppe heraus die
Führungsrolle zu übernehmen, stellen Sie vielleicht fest, daß es nicht
so gut klappt, wie Sie es sich erhofft hatten. Bevor Sie nun die Flinte
ins Korn werfen, sollten Sie ein paar andere Möglichkeiten prüfen.

Vielleicht waren unsere Ideen ja wirklich nicht so gut, wie wir
dachten. Dennoch ist es schwierig, darüber auf der Grundlage eines
einzigen mißglückten Versuchs zu entscheiden, ohne einen kritischen
Blick auf unsere Methoden der Durchführung zu werfen - waren wir
geschickt oder clever genug? Unterscheiden sich die Methoden, die
wir bisher vorgeschlagen haben, stark von Ihren üblichen Verhaltensweisen, dürfte es Ihnen sehr schwerfallen, diese Taktiken in Ihr Reper-
toire zu integrieren. Nehmen Sie sich also Zeit. Versuchen Sie
zunächst, die Sache geschickter anzugehen, bevor Sie beschließen, daß
die Ideen undurchführbar sind.

Nehmen wir einmal an, Sie hätten vor, das Verhalten Ihres Chefs zu
beeinflussen. Sie wenden die Technik der Frageform an, um ihn dazu
zu bringen, seine Methoden zu überprüfen: »Sind Sie der Meinung,
daß wir in Zukunft die Ergebnisse unserer Kundenbesuche täglich
auswerten sollten, statt wie bisher mehrere Monate verstreichen zu lassen, in denen wir dann fast alles wieder vergessen?« Entgegen Ihrer Erwartungen bekommt Ihr Chef nun lediglich ein rotes Gesicht, runzelt
die Stirn und fordert Sie schließlich auf, an Ihre Arbeit zurückzukehren.

Bevor Sie nun den Entschluß fassen, die Rolle des lateralen Führers an den Nagel zu hängen, sollten Sie versuchen, einige mögliche
Erklärungen für Ihren Mißerfolg zu finden:

- Keinen Chef dieser Welt wird man je dazu bringen, sich zu ändern. Alle Versuche in dieser Richtung sind töricht.
- Es gibt vielleicht Wege, die Menschen zu verändern, aber nicht aufgrund der Anweisungen und Ratschläge, die in dem vorliegenden Buch stehen.
- Diese bestimmte Person ist nicht offen für Lernprozesse.

Einige andere Möglichkeiten wären:

- Diese Form der Fragestellung war in diesem Fall wahrscheinlich unangemessen.
- Wahrscheinlich muß ich die Kunst der Fragestellung noch mehr trainieren.
- Wahrscheinlich wäre eine andere Technik der lateralen Führung effektiver gewesen.

Sooft Sie eine der vorgeschlagenen Taktiken ausprobieren und einen Mißerfolg erzielen, sollten Sie noch einmal einen genauen Blick auf das Geschehene werfen und sich fragen: »Warum? Welche möglichen Ursachen gibt es?« Wählen Sie nicht den einfachen Weg, indem Sie den Fall als hoffnungslos ad acta legen, sondern suchen Sie zunächst nach Erklärungen, mit denen Sie etwas anfangen können. In einigen Fällen ist es hilfreich, nach Absprache mit einer anderen Person ein Gespräch mit ihr unter Anwendung einer der Techniken lateraler Führung auf Band aufzuzeichnen. Sie könnten auch versuchen, im nachhinein soviel von dem Gespräch aufzuschreiben, wie Sie in Erinnerung behalten haben. Es ist zwar schwierig, eine Unterhaltung in schriftlicher Form wiederzugeben, aber durch Übung wird es leichter. Der Lohn kann freilich sehr hoch sein. Schon eine grobe Wiedergabe einer Unterhaltung kann Ihre Aufmerksamkeit auf das lenken, was Sie gesagt haben, und was Sie verändern könnten. Auf diese Weise können wir der Versuchung widerstehen, einfach anderen die Schuld am Mißerfolg zu geben. Schachspieler wissen, daß der schnellste Weg zur Verbesserung darin liegt, ihre Spielzüge aufzuzeichnen, um sie dann noch einmal durchzugehen und nach besseren Zügen zu suchen, die sie hätten machen können. Dieselbe Technik wird auch Ihnen helfen.

Wenn Sie üben und regelmäßig revidieren, werden Sie Ihre Fähigkeiten als lateraler Führer nächstes Jahr um diese Zeit mit ziemlicher Sicherheit um einiges verbessert haben. (Wahrscheinlich werden Sie dann sogar gelernt haben, wie Sie es noch besser machen können, indem Sie über die von uns vorgeschlagenen Techniken hinausgehen.)

Engagement

Sie sollten Ihre Rolle so lange immer wieder neu definieren und angleichen, bis es Ihnen möglich ist, sich voll und ganz für sie zu engagieren. Dieses ganze Buch handelt von einer Rolle, die wir Ihnen anbieten. Wir wollten für Sie eine Vision dessen entwerfen, was Sie in Ihrem Büro, Ihrem Werk oder in Ihrer Agentur tun bzw. darstellen können. Wir finden diese Rolle attraktiv. Vielleicht projizieren wir aber auch nur unsere eigenen Wunschvorstellungen auf Sie. Unsere Karrieren waren dem Ersinnen und Verdeutlichen von Ideen, die für uns und andere nützlich sein könnten, und dem Unterrichten anderer auf dem Gebiet effektiveren Verhaltens gewidmet. Wir waren erfolgreich, und so hatten wir den Wunsch, unsere Gedankengänge an Sie weiterzugeben, damit Sie dieselben Erfolgserlebnisse haben und an unserer Statt weiterarbeiten könnten. Aber vielleicht haben Sie gar keine Lust, diese Rolle zu spielen. Diese Erkenntnis als solche sollte schon eine wertvolle Information für Sie implizieren.

Wenn wir uns in der Annahme, Sie würden diese Rolle mögen, geirrt haben, warum? Welche Interessen haben Sie, die durch unsere Vorschläge nicht befriedigt werden? Erscheint Ihnen die Rolle des lateralen Führers als zu einsam? Haben Sie zu sehr den Eindruck, bei dem Versuch, das Verhalten der Gruppe positiv zu beeinflussen, als Einzelkämpfer dazustehen? Wenn Ihnen also die Rolle, die wir entworfen haben, nicht gefällt, sollten Sie versuchen, diese Rolle Ihren eigenen Bedürfnissen anzugleichen. Vielleicht würde es Ihnen leichter fallen, sich voll zu engagieren, wenn Sie einen Kollegen finden könnten, mit dem Sie die Aufgabe als voll engagiertes Team erfüllen könnten. Oder was sonst wäre für Sie eine angemessene allmorgendliche Herausforderung?

Ihre Bemühungen, für sich selbst herauszufinden, was Sie sich zusätzlich wünschen, werden sich auch positiv auf Ihre Versuche, anderen dabei zu helfen, die eigenen Wünsche besser zu erkennen, auswirken. Wenn Sie auf Dinge stoßen, die wir in unserer Aufzählung dessen, was Menschen sich von ihrem Job wünschen (nicht so sehr in bezug auf die Bezahlung, sondern auf das Gefühl, involviert zu sein), vergessen haben, dann haben Sie zusätzlich etwas, das Sie anderen bei dem Versuch, sie zu besserer Zusammenarbeit zu animieren, anbieten können.

Feedback

Drücken Sie immer wieder Anerkennung aus, und bitten Sie routinemäßig um Ratschläge und Unterstützung. Jeder Aspekt Ihres Versuchs, diejenigen, mit denen Sie zusammenarbeiten, dahingehend zu beeinflussen, daß die Zusammenarbeit besser klappt, kann schwierig sein. Auch wenn Sie Ihre Sache perfekt machen, können Ihre Bemühungen erfolglos bleiben. Und das Dumme daran ist, daß man niemals perfekt ist.

Überprüfen Sie Ihre Leistung niemals für sich allein. Bei jedem Aspekt Ihrer Bemühungen, die Zusammenarbeit der Gruppe zu verbessern, haben Sie die Möglichkeit, von den anderen zu lernen. Fragen Sie Ihre Kollegen nach ihrer Reaktion auf Ihre Versuche zu helfen -angefangen bei Ihrer Formulierung des Fernziels bis hin zu Ihrer Art, Feedback zu geben. Fragen Sie, warum die anderen so reagierten. Fragen Sie, ob es irgend etwas besonderes gab, das sie gestört hat. Die Bitte um Feedback bedeutet sowohl, etwas zu tun, das den anderen als Beispiel dienen kann, als auch eine Einladung an die anderen, Ihnen Ideen zu vermitteln, wie Sie Ihre Fähigkeiten der lateralen Führung verbessern könnten.

Kapitel 9

Und wenn Sie der Chef sind?

Dieses Buch wendet sich an Menschen, die zwar nicht die Verantwortung für eine Aufgabe tragen, die aber dennoch bewirken möchten, daß eine Arbeit auf angenehme und produktive Weise erledigt wird. Das Buch unterbreitet Vorschläge, wie Mitarbeiter, die über begrenzte Autorität verfügen, oft eine Verbesserung der Art und Weise, wie Menschen zusammenarbeiten, erreichen können, so daß Resultate erzielt werden. Aber wie nun, wenn Sie doch über Autorität und Verantwortung verfügen? Hat dieses Buch dann überhaupt irgendeine Relevanz für Sie?

Wir, die Autoren, beantworten diese Frage mit »Ja«. Wir hoffen, daß leitende Angestellte jeder Ebene unter unseren Vorschlägen zur Entwicklung persönlicher Fähigkeiten etwas finden können, das ihnen dazu verhilft, selbst auf diesem Gebiet effektiver zu werden. Wir haben zweitens die Hoffnung, daß leitende Angestellte mit Hilfe dieses Buchs die Vision einer Organisation entwerfen können, deren Mitglieder gemeinsam bessere Resultate erzielen können. Drittens wünschen wir uns, daß ein Führer mit Autorität diesem Buch Führungsmethoden entnehmen kann, anhand derer er den Mitgliedern einer Organisation dabei helfen kann, sich auf die genannte Vision hin zu bewegen. Kurz, der Besitz von Autorität schließt niemanden vom Gebrauch der Vorschläge in diesem Buch aus. Im Gegenteil, das Vorhandensein von Autorität und Status sollte die Umsetzung dieser Vorschläge sowohl einfacher als auch effektiver machen.

Was ist das Problem?

Unabhängig von der Größe des Erfolgs eines Unternehmens ist ein leitender Angestellter immer mit der Frage konfrontiert: »Können wir es noch besser machen, und wenn ja, wie?« Die Resultate Ihrer Untergebenen sind nicht so, wie sie sein sollten. Ein Teil dieses Problems besteht darin, daß Ihre Mitarbeiter bei der Koordination ihrer Arbeit nicht so kompetent vorgehen, wie Sie es sich wünschen. Daher verbringen Sie einen großen Teil Ihrer wertvollen Zeit damit, die Probleme ihrer Mitarbeiter untereinander auszubügeln. Sie müssen sie managen, da Sie ihnen nicht zutrauen können, sich selbst zu managen. Es scheint nicht viele Möglichkeiten zu geben, das zu ändern. Sie können die Produktion steigern, indem Sie in bessere Produktionsanlagen und Maschinen investieren, aber die Mitarbeiter dazu zu bewegen, produktiver zu sein, ist offensichtlich äußerst schwierig. Vielleicht arbeiten Sie ja nicht intensiv genug daran, die Situation zu verbessern. Warum?

Mögliche Diagnosen

Es gibt drei mögliche Erklärungen dafür, daß Sie die Mitarbeiter nicht ausreichend dabei unterstützen, den Ablauf ihrer Zusammenarbeit zu verbessern.

- Da Ihr primäres Ziel darin besteht, die Arbeit zu erledigen, konzentrieren Sie Ihre Aufmerksamkeit auf *die konkreten Arbeitsabläufe.*
- Da Sie mehr als andere die Autorität besitzen, Entscheidungen zu treffen, konzentrieren Sie Ihre Aufmerksamkeit auf *die Entscheidungen, die Sie zu treffen haben.*
- Da Sie mehr als andere die Autorität besitzen, Leuten zu sagen, was sie tun sollen, *sagen Sie den Leuten, was sie tun sollen.*

Alle drei möglichen Ursachen weisen darauf hin, daß es klug von Ihnen wäre, Ihre Aufmerksamkeit mehr auf *die Art,* wie Sie und die anderen zusammenarbeiten, auf *die Art,* wie Sie Entscheidungen treffen und auf *die Art,* wie Sie andere beeinflussen, damit sie Dinge tun, zu konzentrieren.

Vorschlag für die Vorgehensweise

Achten Sie mehr auf die Arbeitsweise Ihrer Mitarbeiter, um bessere Resultate zu erzielen

Statt ausschließlich die Qualität und die Quantität der geleisteten Arbeit zu überwachen, könnten Sie mehr Zeit damit verbringen zu beobachten, wie die Manager unter Ihnen und die Mitarbeiter mit den Elementen, die in den Kapiteln Drei bis Sieben dieses Buchs besprochen wurden, umgehen.

Haben die Leute eine klare Vorstellung des *Zieles* ihrer Bemühungen, das heißt, kennen sie die Resultate, die zu verschiedenen Zeitpunkten in der Zukunft erreicht sein sollen? Waren sie an der Formulierung jener Etappenziele, und hier vor allem der unmittelbaren Ziele, die sie selbst zu erreichen versuchen, beteiligt?

Verfolgen die Leute einen *systematischen Denkprozeß* von den Fakten über die Ursachen von Erfolg und Schwierigkeiten zu den Strategien und schließlich zu den konkreten Handlungen, die sie morgen vornehmen werden? Tragen die Leute zu diesem Denkprozeß bei, und teilen sie die Denkweisen?

Lernen aus Erfahrung – ist das eine Strategie, die Sie und Ihre Kollegen beherzigen, indem Sie Ihre Planung mit der Ausführung verknüpfen? Beginnen Sie früh genug zu handeln? Halten Sie oft genug inne, um die Ergebnisse Ihrer Bemühungen zu revidieren und aus ihnen sowohl für die unmittelbare Arbeit als auch für die Zukunft zu lernen?

Enthält die Aufgabe Ihrer Kollegen genug Motivation und Herausforderung, damit sie sich aktiv für ihre Arbeit *engagieren* können? Ha-

ben alle verstanden, daß es zu ihrem Job gehört, über Wege nachzudenken, wie das, was sie tun und wie sie es tun, zu verbessern sei?

Verstehen Ihre Kollegen allgemein, wie wünschenswert und be-
friedigend es ist, wenn alle einander durch *Feedback,* das Anerkennung
und Beratung nach oben, nach unten und gegenseitig beinhaltet, unterstützen? Haben Sie ein Arbeitsklima, in dem ein solches Feedback
leicht zu geben und zu bekommen ist? Eine solche Analyse des Ar-
beitsmilieus kann Menschen mit Autorität dabei helfen, eine bestehende Situation einzuschätzen und Problembereiche ausfindig zu machen,
in denen es besonders sinnvoll wäre, den Arbeitsprozessen mehr Aufmerksamkeit zu schenken.

Beteiligen Sie andere am Entscheidungsprozeß, um zu besseren Entscheidungen zu kommen

Es kann kein Zweifel daran bestehen, daß Menschen mit Autorität
auch Pflichten haben. Sie tragen die Verantwortung für viele Entscheidungen hinsichtlich des Aufspürens von Ressourcen zwischen all den
konkurrierenden Bedürfnissen und Forderungen. Immer wieder bleibt
der Schwarze Peter an Ihnen haften. Sie haben weder die Möglichkeit,
die Entscheidung nach unten abzuwimmeln, noch können Sie auf eine übergeordnete Autorität wie den Vorstand zurückgreifen.

Allerdings ist es möglich, die Qualität Ihrer Entscheidung und so
gut wie immer auch deren Akzeptabilität zu verbessern, ohne Verantwortung zu delegieren oder zu vermeiden, indem diejenigen, die von
der Entscheidung betroffen sein werden, an der Entscheidungsfindung
beteiligt werden.

Hier gilt der simple Slogan: »Erst beraten, dann entscheiden.« Unabhängig davon, ob die Qualität Ihrer Entscheidung nun verändert
wird oder nicht, eine Entscheidung wird so gut wie immer in dem
Maße besser aufgenommen und umgesetzt werden, in welchem diejenigen, die davon betroffen sind, wissen, daß ihre Standpunkte direkt
oder indirekt berücksichtigt wurden. Es liegt auf der Hand, daß nicht
jeder Mitarbeiter zu jeder Entscheidung befragt werden kann. Für vie-

le Angelegenheiten können jedoch frühzeitig breit angelegte Umfragen durchgeführt, Ideen eingeholt, Entwürfe in Umlauf gebracht und zur Diskussion gestellt werden. Ein Chef oder eine Chefin kann klarstellen, daß er oder sie nicht vor hat, die endgültige Entscheidung zum Gegenstand einer Mehrheitswahl zu machen, sondern daß er oder sie Input, Daten und Rat sucht.

Führen Sie, indem Sie fragen, etwas anbieten und etwas tun, und verbessern Sie so die Zusammenarbeit

Ohne etwas von Ihrer Autorität einzubüßen, ist Ihr Einfluß auf Ihre Untergebenen durch Ihr Beispiel oft wirkungsvoller als durch Ihre Worte. Stellen Sie das Verhalten, das Sie gern sehen möchten, selbst zur Schau. Eines ist klar: Ihre Autorität spielt eine Rolle. Wenn Sie einem Mitarbeiter sagen, was er tun soll, hat das wesentlich mehr Einfluß, als wenn es ein gleichgestellter tut. Da Ihr Status das Erteilen von Anordnungen für Sie zu einer wesentlich effektiveren Strategie macht als für andere, ist die Versuchung groß, diese Strategie anzuwenden, ohne andere überhaupt in Betracht zu ziehen. Sie dürfen es, also tun Sie es. Dabei können Sie aber leicht die Tatsache übersehen, daß gerade Ihr Status auch andere Methoden effektiver machen kann.

Auch dann, wenn Sie zum Beispiel *Fragen* stellen, Vorschläge oder Ideen *einbringen* oder etwas *tun,* was Sie eigentlich lieber jemand anderem überließen, wird Ihre Handlung mehr Einfluß haben als die einer anderen Person. Und oft werden diese Techniken der lateralen Führung für Sie besser funktionieren als die Ausgabe von Anordnungen.

Dieses Buch enthält eine große Anzahl von Vorschlägen konstruktiver Dinge, die ein Mitglied einer Gruppe tun kann, ohne einen höheren Status oder Autorität zu besitzen. Im folgenden finden Sie zwei Listen: Die erste weist Dinge auf, die ein lateraler Führer ohne Autorität tun kann. Die zweite zeigt, was ein leitender Angestellter mit Autorität tun kann.

Einige Dinge, die Sie tun können, um Ihre Zusammenarbeit mit Ihren Kollegen zu verbessern

Ohne Autorität können Sie:

Ihre persönlichen Fähigkeiten, effektiv zu arbeiten, verbessern.
- Ihr Ziel vermittels Definition von Resultaten formulieren.
- Systematisch denken, ausgehend vom Problem über die Diagnose zu Strategien und Taktiken.
- Schnell aus Erfahrung lernen durch frühen Handlungsbeginn und häufige Revision.
- sich vollständig für eine reizvolle Aufgabe engagieren.

Auf dieses Ziel zuarbeiten, indem Sie
- gute Fragen stellen,
- Daten, Ideen, Vorschläge und Rat anbieten,
- das Verhalten, das Sie gerne sehen möchten, selbst zur Schau stellen.

Diejenigen, mit denen Sie arbeiten, als Kollegen behandeln, die bessere Daten und Ideen haben können.

Für andere Ideen aufnahmebereit bleiben.

Mit der Autorität eines leitenden Angestellten können Sie:

Ihre persönlichen Fähigkeiten, effektiv zu arbeiten, verbessern.
- Ihr Ziel vermittels Definition von Resultaten formulieren.
- Systematisch denken, ausgehend vom Problem über die Diagnose zu Strategien und Taktiken.

Sich vollständig für eine reizvolle Aufgabe engagieren.

Auf dieses Ziel zuarbeiten, indem Sie
- gute Fragen stellen,
- Daten, Ideen, Vorschläge und Rat anbieten,
- das Verhalten, das Sie gerne sehen möchten, selbst zur Schau stellen.

Diejenigen, mit denen Sie arbeiten, als Kollegen behandeln, die bessere Daten und Ideen haben können.

Für andere Ideen aufnahmebereit bleiben.

Sie können Entscheidungen treffen, die niemand anderer treffen kann.

Sie können anderen sagen, was sie tun sollen.

Die aufgeführte Liste veranschaulicht auf eindringliche Weise unsere Überzeugung, daß dieses Buch Relevanz für Verantwortungsträger hat – für sie vielleicht noch mehr als für Personen ohne Verantwortung.

Kapitel 10

Entschließen Sie sich zur Hilfsbereitschaft

Es gibt da eine Geschichte von einem Skeptiker, der den berühmten Rabbi Hillel durch folgende Aufforderung herausfordern wollte: »Rezitieren Sie die gesamte Torah, während Sie auf einem Bein stehen. Wenn Sie dazu in der Lage sind, bin ich bereit, Ihre Weisheit und Ihren Glauben anzuerkennen.« Der Rabbi antwortete: »Tue nicht, was du nicht möchtest, daß es dir getan wird. Das ist die Torah. Der Rest ist Kommentar.«

Natürlich überschattet die Weisheit der großen Weisen die prosaischen Ratschläge zu dem Thema, wie man bessere Ergebnisse bei dem Versuch, die Zusammenarbeit von Menschen zu verbessern, erzielen kann. Der Grund dafür, daß wir diese Geschichte hier zitieren, liegt darin, daß der Skeptiker ein sehr gutes Anliegen hatte. Er erwies dem Rabbi einen Dienst, indem er ihn dazu herausforderte, seine Lehre auf eine simple Maxime herunterzufahren, eine solche Maxime sollte:

- leicht zu behalten sein und
- ein Anhaltspunkt bei der Interpretation all der anderen, komplexeren Ideen sein.

Auch wenn die Ratschläge in diesem Buch nicht annähernd so tiefschürfend sind wie die des Rabbis, wollen wir dennoch versuchen, dem geneigten Leser das Wesentliche unserer Gedanken in einer kurzen Phrase, gleichsam »auf einem Bein stehend«, wiederzugeben:

Entschließen Sie sich zur Hilfsbereitschaft.

Auch wenn Ihnen sämtliche detaillierten Ratschläge oder Analysen dieses Buchs entfallen sein sollten, können Sie sich dennoch auf diese eine Botschaft besinnen. Machen Sie das Motto »Entschließen Sie sich zur Hilfsbereitschaft« zu dem Ihrigen, so können Sie niemals völlig falsch liegen.

Helfen Sie!

Wenn andere dasitzen und nichts tun, während die Zeit vergeudet wird, oder törichte Entscheidungen ohne Einwand bleiben, können Sie die Person sein, die versucht, etwas zu tun. Eines Nachts im Jahre 1966 wurden die zahlreichen Bewohner eines Wohnblocks in New York von den Schreien einer Frau, die im Hof überfallen wurde, geweckt. Dutzende von Menschen schalteten ihre Lichter ein und schauten aus dem Fenster, um zu sehen, was los war. Jeder von ihnen ging davon aus, daß jemand anderes die Polizei rufen würde. So tat es niemand. Ihr Angreifer kam später zurück, fand sie noch immer dort liegend, und ermordete Kitty Genovese.

Es ist einfach und sogar natürlich, sich so zu verhalten. Obwohl die Konsequenzen selten so schrecklich sind, entfaltet sich doch jeden Tag dieselbe Dynamik in der Organisation. Es geschieht jedes Mal, wenn wir völlig unbeteiligt ein Meeting absitzen, das ziellos dahintreibt. Es geschieht immer dann, wenn wir feststellen, daß es eine Aufgabe gibt, die keiner erledigt, und wir dennoch unsere Blicke ab- und lediglich der Aufgabe zuwenden, die uns übertragen wurde. Wir hoffen, jemand anderes würde etwas unternehmen, die anderen hoffen, wir würden es tun. So geschieht gar nichts.

Es liegt in Ihrer Entscheidung, einzugreifen. Erkennen Sie die Notwendigkeit, können Sie handeln, anstatt zu warten, daß es jemand anderes tut. Sie können der- oder diejenige sein, der oder die versucht, das Meeting, die Abteilung oder das Unternehmen zu retten.

Daß Sie Einfluß gewinnen möchten, bedeutet für Sie nicht, sich so verhalten zu müssen, als hätten Sie die Verantwortung. Die Autorität zu ergreifen und Anordnungen zu erteilen ist nicht die einzige Alternative zum Nichtstun. Sich zur Hilfsbereitschaft zu entschließen bedeutet, die anderen einzuladen, Ihnen beim Tragen der Last zur Seite zu stehen. Ihr Reflex muß nicht sein, das Kommando zu übernehmen, sondern gute Fragen zu stellen, Ideen vorzubringen oder mit dem zu beginnen, was getan werden muß.

Warum sollte ich?

Als Leser mögen Sie den Ton der vorherigen Abschnitte als fast beschwörend wahrgenommen haben; in der Tat – die Autoren *wollen,* daß Sie die vorgeschlagenen Dinge tun. Daher sei Ihnen die Frage: »Was springt dabei für mich heraus?« vergeben.

Dieses Buch besteht darauf, daß jeder – nun, fast jeder – einen Job haben möchte, der ihn oder sie herausfordert, einen, der den Selbstrespekt steigert und den Respekt der anderen fordert. Die Autoren sind der festen Überzeugung, daß die Übernahme der Rolle, die Art und Weise, wie Menschen in einer Organisation zusammenarbeiten, zu verbessern, genau solch ein Job ist.

Langweilt Sie Ihre Tätigkeit? Dann werden Sie die Aufgabe, sich zur Hilfsbereitschaft zu entschließen, als erfrischend und herausfordernd empfinden. Unabhängig davon, ob Sie nun ein Börsenmakler, ein Ingenieur, eine Krankenschwester, ein leitender Angestellter oder ein Assistent sind, wird die Förderung der Zusammenarbeit der Menschen eine Aufgabe für Sie sein, die sich wesentlich von dem unterscheidet, was Sie sonst jeden Tag tun. Andererseits sind Sie lange genug im Geschäft, um die Spezialkenntnisse zu besitzen, die Sie für den Anfang benötigen. Und in Ihrer Arbeitsplatzbeschreibung findet sich sicherlich nirgendwo ein Hinweis, der Sie daran hindert, es zu tun.

Haben Sie Sorge, daß Ihre Tätigkeit bedeutungslos sein könnte? Wenn es Ihnen gelingt, die Interaktion der Gruppe zu fördern, könnten Sie zur wichtigsten Persönlichkeit des ganzen Unternehmens avancieren. Und Sie brauchen sich keine Sorgen mehr zu machen. Die Arbeit wird in Zukunft immer eine Herausforderung für Sie sein.

Wir alle handeln auf der Grundlage von gängigen Vorstellungen darüber, wer wir sind, was Menschen tun, was sich gehört und was nicht, welche Lebensweise gut ist, und so weiter. Irgendwelche Vorstellungen muß man haben, ohne sie kommt man nicht aus. Allerdings steht es einem frei zu wählen, welche Vorstellungen man übernehmen möchte. Um Sie bei der Suche nach den richtigen Annahmen und Vermutungen zu unterstützen, folgt eine Liste verschiedener Vorstellungen.

Worauf wir hinauswollen, ist einleuchtend. Wenn Sie einmal die beiden Reihen der Vorstellungen betrachten: Welche verspricht mehr Spaß? Welche würde eher zu einem interessanten, erfüllten Leben führen? Bei welchen Vorstellungen fühlen Sie sich besser, wenn Sie sie lesen? Die Empfehlung der Autoren lautet, diese zweite Liste zu nehmen und ein bißchen zu verfeinern, bis daraus ein Set funktionaler Vorstellungen wird, das lohnt, es zu übernehmen. Machen Sie sich diese Vorstellungen zu eigen – zumindest so lange, bis Sie bessere gefunden haben.

★

Anmerkung: Kommentare, Ideen und Vorschläge sind uns willkommen. Die Autoren hoffen, es wird so viele davon geben, daß sie nicht in der Lage sein werden, sie zu beantworten. Zuschriften an: Harvard Negotiation Project, 1563 Massachusetts Avenue, Cambridge, MA 02138, USA.

Wie stellen wir uns unsere Arbeit vor?

Einige gängige Vorstellungen

Abweichende Vorstellungen, die Sie übernehmen können

An Problemen ist immer jemand anderes schuld.

Vielleicht kann ich etwas ändern.

Am Verhalten der anderen kann ich nicht viel ändern.

Der einfachste Weg, das Verhalten der anderen zu ändern, ist der, mein eigenes Verhalten zu ändern.

Was ich auch versuche, es wird wahrscheinlich nicht klappen.

Nur indem ich es versuche, werde ich herausfinden, ob es funktioniert.

Wenn es einmal nicht geklappt hat, versuche ich es kein zweites Mal.

Kluges Insistieren zahlt sich in der Regel aus.

Etwas zu versuchen, was ich nicht gut kann, könnte peinlich enden.

Jeder lernt neue Fähigkeiten, indem er Dinge probiert, die er nicht gut kann.

Einige dieser Ideen sind nutzlos.

Ich kann einige dieser Ideen übernehmen und dann feststellen, ob Sie gut sind.

Viel schlimmer kann es nicht kommen.

Niemals gab es soviel Raum für Verbesserungen.

Im Prinzip ist die Welt ein schrecklicher Ort; am Ende werden wir alle tot sein.

Der Optimist hat mehr Freude am Leben.

Ich sollte mich heraushalten.

Je mehr ich mich engagiere, desto erfüllter ist mein Leben.

Es macht mir nichts aus, wegzusehen.

Ich kann mich entscheiden zu helfen.

Analytisches Inhaltsverzeichnis

Danksagung 7

Einführung: Warum dieses Buch? 11

Teil I
Der große Entwurf

Kapitel 1
Wie wir es schaffen können 17

Zwei geläufige Symptome 18
Die Zusammenarbeit ist schwach 18
Niemand trägt zur Verbesserung der Situation bei 18

Diagnose: Wir wissen nicht so genau, wie wir es besser
machen sollen 19

Die persönlichen Fähigkeiten sind begrenzt 19
*Wir haben keine klare Vorstellung davon, wie gute Zusammenarbeit
aussehen könnte* 20
Wir wissen nicht, wie wir das Verhalten anderer beeinflussen können 21

Rezept: Persönliche Fähigkeiten entwickeln, ein klares Ziel
fassen und dann Einfluß nehmen 22

*Verbessern Sie Ihre Fähigkeit, sich in die Gruppe einzubringen,
indem Sie Ihre persönlichen Fähigkeiten weiterentwickeln* 23

*Entwerfen Sie einen Plan für gute Zusammenarbeit unter Einbindung
dieser fünf Grundelemente* 26

*Danach ist es an der Zeit, einige Grundtechniken zu erlernen, mit
deren Hilfe man andere zu besserer Zusammenarbeit anregen kann* . 27

Der Aufbau dieses Buches im einzelnen 28

Kapitel 2
Laterale Führung 30

Symptom: Es gelingt Ihnen nicht, die anderen dazu zu bewegen,
sich zu ändern 30

Diagnose: Anweisungen können ein Verhalten nicht verändern . 32

*Anordnungen geben dem Empfänger das Gefühl, einen niedrigeren
Status als der Aktive zu haben* 33

Ihre Kollegen fassen Ihre Worte meist als Schuldzuweisung auf . 33

*Die Kollegen meinen Ihre Absicht herauszuhören, ihnen geringere
Rollen zuzuweisen* 35

Bloße Anordnungen sind nicht überzeugend 37

Die Leute verstehen nicht, warum sie sich ändern sollen 37

Die anderen haben an Ihrem Denkprozeß nicht teilgehabt . . . 38

Die anderen kennen Ihre Ideen nicht in der Anwendung 38

Rezept: Führen Sie lateral, um zu vermeiden, daß die anderen
negativ auf Ihre Vorschläge reagieren 38

Trennen Sie die Menschen vom Problem 40

Die Methoden sind das Problem, nicht die Kollegen 40

*Gehen Sie von der Annahme aus, daß der andere für sein
Verhalten gute Gründe hat* 41

Übernehmen Sie einen Teil der Verantwortung 42

*Stellen Sie sich vor, wie die anderen die Rollenverteilung sehen
könnten* 43

Machen Sie die Rolle attraktiv 43

Verbleiben Sie der Rollen Einfluß 44

Beteiligen Sie ihre Kollegen an der Planung von Veränderungen . . 44

Aufnahmebereit bleiben 45

Anwendung in der Praxis: Wählen Sie eine Taktik, welche die
anderen anregt, mitzudenken 46

Bitten Sie Ihre Kollegen, ihre Gedanken einzubringen 46

    Erklären Sie den Zweck einer Frage 47

    Stellen Sie echte Fragen 47

Bieten Sie Ihre Gedanken an 48

    Fügen Sie nur ein Teil in das Puzzle ein 49

    Fordern Sie andere dazu auf, Ihre Gedanken zu Frage zu stellen 50

Tun Sie etwas Konstruktives 51

    *Verwenden Sie die »vier Quadranten«, um Ihren Gedankengang
    zu organisieren und zu erklären* 52

Teil II
Die Grundelemente effektiven Arbeitens

Kapitel 3
**Zielsetzung: Die Formulierung erfolgversprechender
Etappen zur Umsetzung von Visionen** 59

Entwickeln Sie zunächst eine persönliche Fähigkeit: Das
Ausformulieren Ihres Zieles 60

Problem: Auch wenn Sie hart arbeiten, kommt mitunter sehr
wenig dabei heraus 60

Ursache: Sie haben keine brauchbare Zielsetzung 61

Wir reagieren auf die Vergangenheit, statt die Zukunft zu formen . 62

*Der Zweck der Arbeit ist klar, aber Sie kommen trotzdem nicht
voran* 63

    Das Ziel wirkt nicht inspirierend 64

    Das Ziel hilft nicht, den Erfolg zu messen 64

    Das Ziel weist nicht in eine bestimmte Richtung 64

Es ist gar nicht so einfach, ein Ziel zu formulieren 65

Lösungsansatz: Ein Ziel formulieren, das motivierend
und richtungsweisend ist 66

Nicht nur reagieren, sondern weiterblicken 66
Ein Ziel formulieren, das es leichter macht, es zu schaffen 68
Drei Etappenziele wählen 68
    Eine inspirierende ferne Vision 69
    Ein mittelfristiges Ziel als Meilenstein 71
    Unmittelbare Ziele 72
Formulieren Sie Ziele, die auf jeden Fall erreicht werden sollen . . . 73

Konkrete Schritte: Eine der Möglichkeiten, Ziele zu definieren . 75

Beginnen Sie mit dem Ziel, welches das meiste Vertrauen erweckt . . 76
*Korrigieren Sie nahe und ferne Ziele so lange, bis alle »in einer
Reihe« sind* 76
    Frage: »Für welches Endziel«? 76
    Frage: »Mit welchen Mitteln«? 78

Stellen Sie sich konkret vor, wir man diese Fähigkeiten gemeinsam nutzen könnte: Jeder trägt dazu bei, einige Ziele aufzustellen,
die man gemeinsam erreichen möchte 79

Das Problem: Bei der Zusammenarbeit ist ein verschwommenes
Ziel eher hinderlich 80

Einige kennen überhaupt kein Ziel 81
Wir arbeiten an gegensätzlichen Zielen 82
Es ist schwierig, alle zu gleichem Engagement zu bewegen 82

Konzept: Eine Reihe gemeinsam erstellter Ziele, die uns lenken
und motivieren 83

*Alle helfen dabei, das Ziel, auf das sie hinarbeiten werden,
zu formulieren* 84
Jeder lernt die unmittelbaren Zielsetzungen des anderen kennen . . 85

Wer bei der Formulierung der Ziele mitgewirkt hat, ist danach
engagierter 85
Wie können wir das in die Tat umsetzen? 86
    Fernziel 87
    Mittelfristiges Ziel 88
    Unmittelbare Ziele 88

Übernehmen Sie nun das Ruder: Verbessern Sie die Methoden
der Zielsetzung in Ihrer Organisation 89

Sinn und Zweck einer jeden Aufgabe kennen 90

Auf die Verbesserung der inhaltlichen Ziele der Organisation
hinarbeiten 91
    Bitten Sie um Daten: Versuchen Sie herauszufinden, welcher
    Gedankengang hinter der gegenwärtigen Zielsetzung steckt . . . 91
    Bieten Sie Daten und Diagnosen an: Berichten Sie von Ihrer
    eigenen Reaktion 95
    Weisen Sie eine Richtung: Schlagen Sie vor, vage Visionen
    in greifbare Ziele umzuwandeln 96
    Bieten Sie den nächsten Schritt an: Schlagen Sie konkrete
    Punkte für ein Meeting vor 98
    Handeln Sie: Entwerfen Sie eine Anzahl von Zielen 100
Verbessern Sie den Ablauf, indem Sie alle ermuntern, dabei mitzu-
helfen, untergeordnete Ziele zu finden 101
    Fragen Sie konkret: Ist jeder hinreichend durch das Ziel motiviert? 101
    Bieten Sie eine Diagnose an: Die Ziele, die jemand anderes
    gesetzt hat, motivieren mich nicht so sehr wie diejenigen, die ich
    selbst gesetzt habe 101
    Bieten Sie eine Richtung an: Jeder könnte an der Zielfindung
    beteiligt sein 102

Kapitel 4
Denken: Machen Sie sich die Kraft organisierten Denkens
zunutze 104

Entwickeln Sie für sich selbst die Fähigkeit, systematisch
zu denken 106

Problem: Planloses Denken kann keine komplexen Aufgaben lösen . 106
Rezept: Einige »Werkzeuge« des klaren Denkens 106

Ein Grundgerüst für systematisches Denken: Das Zirkeldiagramm 107

Daten: Die Suche nach Informationen, auf deren Grundlage
Entscheidungen getroffen werden können 109

Problem: Es sind zu viele Informationen zu bewältigen 111
   Lassen Sie sich durch die »Farbenpracht« der Fakten
   beeinflussen? 111
   Neigen Sie dazu, in Zahlen ausdrückbare Fakten überzu-
   bewerten? 112
   Sind Sie der Meinung, daß das, was Sie wissen, wichtiger ist
   als das, was Sie nicht wissen? 112
   Sind Sie ein Gefangener Ihrer eigenen Ansichten? 112
Geben Sie Ihren Beobachtungen eine Richtung 113
Welche Daten möchten Sie? Verwenden Sie eine Checkliste! . . . 114
Wie entrinnt man seiner eigenen Voreingenommenheit? Versuchen
Sie es mit der Drei-Positionen-Methode 115
   Die erste Position: »Ich« 115
   Die zweite Position: »Die anderen« 116
   Die dritte Position: »Auf den oberen Rängen« 118

Diagnose: Anstatt lediglich auf Symptome zu reagieren, ist es besser,
einen Schritt zurückzugehen und nach den Ursachen zu suchen . 119

Die Diagnose ist ein entscheidender Bestandteil der Problemlösung . 119
Die Diagnose überprüfen: Die Leiter der Schlußfolgerungen . . . 121
   Daten 123
   Denkprozesse 123
   Fazit 124

Richtung: Ersinnen Sie kreative Lösungsmöglichkeiten 125

Das Denken aufteilen in: Entwurf – Bewertung – Entscheidung . . 126
Ziehen Sie viele Möglichkeiten in Betracht, bevor Sie eine auswählen 127

Der nächste Schritt: Gute Ideen in Pläne zur Durchführung
umwandeln 130

Erläutern Sie Ihre Vorstellungen von der gemeinsamen Nutzung
der Fähigkeit, systematisch zu denken: Das »synchrone Denken« 131

Je mehr Leute, desto schwerwiegender die Folgen unorganisierten
Denkens 131
Alle denken willkürlich – auf verschiedene Weise 132

Konzept: Wir verwenden alle ein einfaches Muster, um unser
gemeinsames Denken zu organisieren 132

Ihre Stunde ist gekommen: Regen Sie die anderen zum systematischen Denken an 138

Es ist sehr schwierig, andere dazu zu bringen, über das Denken
nachzudenken 140
Denken Sie selbst systematisch 141
Regen Sie den gemeinsamen Gebrauch der »Werkzeuge« an 142
Bitten Sie um Daten 142
Bitten Sie um eine Diagnose 143

Kapitel 5
Lernen: Denken und Handeln integrieren 146

Entwickeln Sie eine persönliche Fähigkeit: Lernen Sie ständig
aus Ihren Handlungen 147

Problem: Pläne basieren auf irrtümlichen Annahmen, und Handlun-
gen resultieren aus Plänen, die auf falschen Voraussetzungen basieren . 147

Ursache: Wir trennen das Denken von der Handlung 149

Sie verschieben die Handlung, bis die Pläne perfekt sind 149
Haben Sie erst einmal mit der Arbeit angefangen, ignorieren
Sie die Möglichkeiten, sich zu verbessern 150
Wir versäumen, auf halber Strecke Kurskorrekturen zu erwägen 150
Wir versäumen, für die Zukunft zu lernen 152

Ziel: Denken und Handeln integrieren 153

Beginnen Sie frühzeitig zu handeln 154
Trennen Sie nicht zwischen Planung und Durchführung 155
Schätzen Sie das Risiko ein 155
Beginnen Sie direkt mit der Revision 156
Folgen Sie kurzen Zyklen 158
Durchlaufen Sie den Zyklus immer und immer wieder 159

Entwerfen Sie ein klares Bild davon, wie die Fähigkeiten
gemeinsam eingesetzt werden können: Gemeinsam vorbereiten
und revidieren 161

Je mehr Leute zusammenarbeiten, desto größer ist die Schwierigkeit,
aus Erfahrung zu lernen 161
Einige planen, andere handeln 162
Die einen möchten perfekte Pläne, die anderen wollen sich direkt
in die Arbeit stürzen 163
Die Revision wird oft so lange verschoben, bis sich niemand mehr
dafür interessiert 163
Nur selten revidieren wir unsere Zusammenarbeit 164

Übergeordnetes Ziel: Jeder hilft dabei, Denken und Handeln
miteinander zu verbinden 165

Wie wir unsere Aufgabe angehen: Vorbereitung, Ausführung
und Revision 165
Gemeinsame Arbeit: Vorbereitung, Durchführung und Revision ..166
Bessere Zeiten bei »Sunshine« 166

Nun ist es wieder an Ihnen, das Ruder zu übernehmen: Helfen
Sie Ihren Kollegen, aus Erfahrung zu lernen . . . . : . . 167

Bieten Sie Daten an: Berichten Sie von gemeinsamen Lern-
Mißerfolgen 168
Bieten Sie folgende Diagnose an: Wir helfen den anderen nicht
beim Lernen 170
Bieten sie eine Richtung an: Schlagen Sie vor, daß Ihre Kollegen ihre
Erfahrungen austauschen 171
Tun Sie etwas 172

Kapitel 6
Jeder ist »engagiert«: Alle bekommen eine wichtige Rolle
zugeteilt 174

Entwickeln Sie eine persönliche Fähigkeit: Gestalten Sie Ihre Tätigkeit so, daß sie auch interessante Herausforderungen umfaßt . . 175

Problem: Nicht immer gelingt es Ihnen, sich einzubringen . . . 176

Diagnose: Der Rahmen, den Sie selbst Ihrer Arbeit setzen, ist
zu eng für interessantere Tätigkeiten 176

»Hiermit möchte ich nicht mein ganzes Leben verbringen« 177
»In diese Tätigkeit kann ich meine Begabungen nicht einbringen« . 177
»Nichts, was ich tue, hat Bedeutung« 178

Rezept: Setzen Sie Ihrer Tätigkeit einen neuen Rahmen, in
dem auch motivierendere Herausforderungen Platz haben . . . 178

Portionieren Sie Ihr Engagement 179
Suchen Sie nach Gelegenheiten, Ihre besten Fähigkeiten einzusetzen 180
Nehmen Sie sich die Zeit, einen Beitrag zu leisten – auch wenn
es sich eigentlich nicht um Ihre Aufgabe handelt 181
Erweitern Sie Ihr Tätigkeitsfeld so, daß Dinge darin vorkommen,
die sonst nie erledigt werden 181

Umreißen Sie ein klares Bild, wie die Fähigkeiten gemeinsam
genutzt werden können: Jeder engagiert sich voll und ganz   . . . 183

Problem: Je mehr Leute zusammenarbeiten sind, desto größer
ist die Gefahr mangelnden Engagements 183

Einige fühlen sich ausgeschlossen 184
Wir überlassen anderen die Verantwortung 184
Die Arbeit ist unglücklich aufgeteilt 185

Vision: Jeder – oder fast jeder – ist voll engagiert   187

Versuchen Sie nach Möglichkeit, jedem Gruppenmitglied eine
attraktive Rolle anzubieten 187
   Wir haben alle ein emotionales Interesse an unserer Tätigkeit . . 187
   Bemühen Sie sich, die emotionalen Interessen eines jeden zu
   bedienen 188
Machen Sie es sich zum Prinzip, daß jeder seine Ideen einbringen
sollte 189
Jeder sollte an der Verantwortung für die Verteilung der Arbeit
teilhaben 191
   Bitten Sie jeden, Informationen einzubringen 191
   Listen Sie die Aufgaben auf, um sie danach zu verteilen 191
   Machen Sie deutlich, daß jeder für den Erfolg des ganzen
   Projekts verantwortlich ist 191
Verbessern Sie die Kriterien für die Entscheidung, wer was tut . . 192
   Die Gruppe für jede Aufgabe sollte nicht größer sein als für die
   Aufgabe notwendig 193
   Geben Sie jedem die schwierigste Aufgabe, die er bewältigen kann 194

Nun übernehmen Sie das Ruder: Fördern Sie ein Klima, das
zum Engagement einlädt 194

Die Verbesserung der Zusammenarbeit ist eine Aufgabe, die Sie
übernehmen können 194
Bieten Sie eine Diagnose an: Die gegenwärtige Rollenverteilung
schränkt die individuelle Verantwortung zu sehr ein 195

Bitten Sie um Anleitung: »Wie sollen wir die Leute dazu bewegen,
mehr Engagement einzubringen?« 196
Tun Sie etwas: Beraten Sie sich mit anderen, bevor Sie eine end-
gültige Entscheidung treffen 197
Suchen Sie aus jedem Beitrag Nutzen zu ziehen 197
  Der Zeitaufwand lohnt sich 198
  Wer um Rat bittet, wirkt kompetenter 198
  Übergeben Sie nicht die Zügel 199
  Vieles weiß man nicht 199

Kapitel 7
Feedback: Drücken Sie Anerkennung aus –
und geben Sie Rat 201

Entwickeln Sie eine persönliche Fähigkeit: Lernen Sie, unter-
stützendes Feedback zu geben 202
  Problem: Wir versäumen es, unseren Kollegen zu helfen, obwohl
  wir dazu in der Lage wären 202

Diagnose: Wir vermeiden es, Feedback zu geben, weil uns die
Fähigkeit fehlt, diesen wichtigen Punkt souverän zu handhaben . 203

Rezept: Trennen Sie Anerkennung von Ratschlag und
Bewertung 204
  Sie möchten den Empfänger des Feedbacks ermuntern und seine
  Moral stärken 204
  Sie möchten Ihren Kollegen dabei helfen, Ihre Fähigkeiten zu
  verbessern 204
  Sie haben Personalentscheidungen zu treffen 204
  Trennen Sie die verschiedenen Feedback-Formen voneinander . . . 206
  Überprüfen Sie, ob Ihr Feedback richtig ankommt 207

Einige Techniken zur sinnvollen Gestaltung Ihres Feedbacks . . . 208

Durch Anerkennung motivieren 208

  Sprechen Sie Ihre Anerkennung frühzeit und oft aus 208

  Sie können die Gefühle der anderen ansprechen, indem Sie Ihre
  eigenen Gefühle enthüllen 208

  Finden Sie etwas, das Sie anerkennen können 209

Bieten Sie zur Verbesserung der Leistung Ihren Rat an 211

  Machen Sie eine Unterhaltung daraus 212

  Verstärken Sie, was gut funktioniert hat 214

  Machen Sie Vorschläge, was anders gemacht werden könnte . . . 215

  Tauschen Sie konkrete Daten und Gedanken aus 217

Bewertungen sind nur dann angebracht, wenn Sie für Personal-
entscheidungen benötigt werden 220

Erläutern Sie Ihre Vorstellung, gemeinsam eine Atmosphäre
gegenseitiger Unterstützung und Betreuung zu schaffen 221

Diagnose: Wir unterstellen Zusammenhänge, die uns den Mut
nehmen, zu helfen 222

  »Wir sind nicht hier, um uns gegenseitig zu schmeicheln« 223

  »Jemand, der Lob braucht, ist schwach« 224

  »Kompetenten Menschen muß man nicht sagen, wie sie ihre Arbeit
  zu machen haben« 224

  »Coaching ist etwas, das eine übergeordnete Person mit einem
  Untergebenen tut« 225

Rezept: Die Organisation macht sich bessere Prämissen zu eigen 226

  »Anerkennung führt bei jedem zu besserer Leistung« 226

  »Die Bitte um Hilfestellung ist ein Zeichen von Kompetenz« . . . 227

  »Jeder kann der ›Coach‹ eines anderen sein« 227

Nun übernehmen Sie das Ruder: Ermutigen Sie die anderen,
besseres Feedback zu geben 228

  Tun Sie etwas: Bitten Sie selbst um eine kleine Beratung 229

*Bieten Sie eine Diagnose an: Die Leute hören auf das, was
›von oben‹ kommt* 229

Teil III
Die Summe der Erfahrungen

Kapitel 8
Setzen Sie Ihre persönlichen Fähigkeiten systematisch ein 233

Fernziel 234

Denken 236

Lernen 237

Engagement 239

Feedback 240

Kapitel 9
Und Wenn Sie der Chef sind? 241

Was ist das Problem? 242

Mögliche Diagnosen 242

Vorschlag für die Vorgehensweise 243

*Achten Sie mehr auf die Arbeitsweise Ihrer Mitarbeiter, um bessere
Resultate zu erzielen* 243
*Beteiligen Sie andere am Entscheidungsprozeß, um zu besseren
Entscheidungen zu kommen* 244
*Führen Sie, indem Sie fragen, etwas anbieten und etwas tun, und
verbessern Sie so die Zusammenarbeit* 245

Einige Dinge, die Sie dann können, um Ihre Zusammenarbeit
mit Ihren Kollegen zu verbessern 246

Kapitel 10

Entschließen Sie sich zur Hilfsbereitschaft 248

Helfen Sie! 249

Warum sollte ich? 250

Campus Wirtschaftspraxis

Roger Fisher, William Ury,
Bruce Patton **DAS**
HARVARD-
KONZEPT
Sachgerecht verhandeln –
erfolgreich verhandeln

CAMPUS

1998. 17. Auflage. 271 Seiten
DM 39,80/sFr 38,80/öS 291
ISBN 3-593-34804-7

»Neben Sex ist Verhandeln das häufigste und problematischste Engagement unter zwei Personen, und zwischen beiden Aktivitäten besteht ein Zusammenhang. Dies ist bei weitem das Beste, was ich je über Verhandeln gelesen habe, und gleich wichtig für den Menschen, der sich um Freunde, Besitz und Einkommen sorgt, wie für den Staatsmann, der sich um den Frieden kümmert.«   *John Kenneth Golbraith*

Campus Verlag · Frankfurt/New York